Till Häst Genom Ryssland

Langlet, Valdemar Georg, 1872-1960

Nabu Public Domain Reprints:

You are holding a reproduction of an original work published before 1923 that is in the public domain in the United States of America, and possibly other countries. You may freely copy and distribute this work as no entity (individual or corporate) has a copyright on the body of the work. This book may contain prior copyright references, and library stamps (as most of these works were scanned from library copies). These have been scanned and retained as part of the historical artifact.

This book may have occasional imperfections such as missing or blurred pages, poor pictures, errant marks, etc. that were either part of the original artifact, or were introduced by the scanning process. We believe this work is culturally important, and despite the imperfections, have elected to bring it back into print as part of our continuing commitment to the preservation of printed works worldwide. We appreciate your understanding of the imperfections in the preservation process, and hope you enjoy this valuable book.

TILL HÄST
GENOM RYSSLAND

AF

VALDEMAR LANGLET.

Med illustrationer af ALEX. LANGLET.

STOCKHOLM.
FR. SKOGLUNDS FÖRLAG.

TILL

DE FÖRENADE RIKENAS SÄNDEBUD

I S:T PETERSBURG

KAMMARHERRE

LENNART REUTERSKIÖLD

MED VÖRDNAD OCH TILLGIFVENHET

INLEDNING.

I sommarnattens halfskymning stiger jag ombord.

Det är tredje gången under loppet af trenne år, som den finska ångbåten för mig österut, öfver hafvet, mot okända öden i främmande land.

Loss — sakta framåt! Långsamt, liksom tvekande börjar fartygets stäf aflägsna sig från kajen, medan linan som är fäst mellan akterskeppet och bojen sträckes och spännes, att man tror den skall brista. Sakta och betänksamt slår också propellern sina slag, till dess vändningen är gjord — då stannar den för ett ögonblick, medan trossen klargöres af den ensamme mannen, som i sin lillå båt ute vid bojen inväntat detta ögonblick, såsom han gjort så många hundrade gånger förut. Det är den sista förbindelsen med land som brytes, och det är nästan med saknad jag ser den lilla båten vända ensam åter till kajen, medan vi ånga ut genom sundet mellan Djurgården och Kastellholmen. För tredje gången under trenne år går jag att besöka det stora underlandet i öster, och för tredje gången känner jag samma säregna blandning af känslor — å ena sidan en vemodig beklämning att lämna fosterlandet och de kära, å andra sidan en hemlighetsfullt eggande undran och en sprittande, glittrande fröjd att åter få sticka ut till hafs och söka äfventyr i den stora, sköna, vida världen....

Den västra himlens ljusglans kastade ett svagt skimmer öfver Djurgårdslandets höjder och utställningens fantastiska takkonstruktioner. Industrihallens ljusa, lätta former, maskinhallens glänsande glastak, Nordiska museets massa, Strandvägens höga, stränga husrader, broarnas bågar, klippornas grå och gräsets gröna, vikens vaggande vågor — allt bildade tillsammans en dårande, tjusande helhet.

Fartyget var fullt af folk och alla talade de om det sköna Stockholm och om utställningen. Det veka, sjungande tonfallet röjde hos de flesta finnen — språket måtte nu vara svenskt eller finskt. Här och hvar hördes ock den böjliga ryskan med sitt outtömliga förråd af mjuka konsonanter och sammansmältande vokaler, tydligen voro samtliga passagerare utställningsbesökande, som vände åter till sitt land efter längre eller kortare besök hos den vackra Mälardrottningen, och deras tankar kretsade visst lika envist som mina kring ett enda föremål.

Jag kunde i min ensamhet ej låta bli att undra på den starka motsättningen mellan mig och alla de andra — de vände åter till sitt hem och de sina, förande med sig ljusa och glada minnen, angenäma hågkomster, som skulle gifva anledning till ännu mången njutningsrik stund i erinringen af det flydda, deras färd låg i det förflutna, och de återgingo nu till hvardagslifvets enahanda. Jag däremot reste ut till okända öden, bland människor, som få af mina landsmän sett, i ett land, hvars jord ännu färre trampat, och jag njöt i tankarne ej af minnen, ej af hvad jag sett och lärt, men af hvad jag hoppades framtiden skulle komma att bjuda mig.

Då slog mig den ännu starkare motsättningen däri, att medan den ena människan går till en *Worlds fair*, eller dylikt, för att uppsöka och beundra det samtiden skapat mäktigast och härligast inom industriens, konstens eller i allmänhet kulturens värld — så styr den andra sina steg till öknar och ödemarker, till gräsrika stepper eller otillgängliga berg, där industri, konst, kultur, åtminstone i den mening, hvari vi pläga fatta dem, äro något lika otänkbart som okändt.

Och i detsamma tänkte jag en hädisk tanke: *Om* det skulle vara möjligt, att allt detta, som vi med så mycken svett och möda arbetat oss till, dessa underbara maskinerier, dem våra uppfinnaresnillen kallat till lif, dessa konstens mäktiga skapelser, som fylla oss med beundran och hänförelse, dessa vetenskapernas tålamodspröfvande, mycket fordrande och litet gifvande gåtor, för hvilkas lösande den ene efter den andre arbetande anden gladt offrat lif och lefnadsglädje — tänk om ändå till sist allt detta är värdt ingenting och mindre än ingenting i jämbredd med slagen af ett enda enfaldigt människohjärta, som klappar för likars nöd, eller med den rörelse af kärlek, som kommer den trötte att sträcka ut sin hand för att stödja den ännu tröttare och som förmår den hungrige att gifva sitt sista bröd åt den som är ännu hungrigare? Om *det* är människans ädlaste mål att offra sig själf för andra, att gifva af sitt eget och att fordra intet för något, att förneka sig själf och för det godas och rättas skull påtaga sig lidande och död — hvad är den då värd, vår öfverförfinade civilisation, hvartill tjanar då allt vårt »kulturella» framåtskridande? Kunna manniskor blifva battre och lyckligare med Auerljus och boggievagnar, med separatorer, aggklacknings-apparater, dubbeltrådiga telefonledningar och flygmaskiner — då medger jag villigt att vår odling ar vard de tyngsta offer. Men klappar under den svenske torparens, den ryske musjikens, steppkosackens eller bergstatarens slitna troja ett hjarta lika maktigt af storsint sjalfuppoffring, af forsakelse utan lon, af upphojd godhet, som hos dem, hvilka nastan anda ifrån vaggan hela lifvet igenom njuta af civilisationens rikaste valsignelser — då vill jag svära vid allt hvad heligt hålles, att jag ej ger ett runstycke for alla dessa »valsignelser»; ty då aro de blott ett lysande, lockande lekverk for stora, blinda barn, som i dem finna ett intressant och roande medel for att — jaga ledsnaden på flykten!

Så ungefar gestaltade sig mina tankar, då jag vemodigt vinkat det sista afskedet till vanner och bekanta på kajen och långsamt sett utstallningsstaden och Nybrohamnen forsvinna och skymmas af Djurgårdsstrandens lummiga uddar. Sorlet på ångbåtsdacket tystnade mer och mer, vi voro ute i segelleden och passagerarne borjade forsvinna under dack. Då gick jag stilla till aktern af fartyget, stodde mig mot relingens racke och lat mina blickar vandas mot vaster. Tankarnes tyngande tryck trangdes undan — hur fortrollande skon låg hon ej dar, Malardrottningen, i ljum hogsommarnatt, kringfluten af vatten och omgardad af gronska, med strafvande, smackra spiror och med låga, mjuka massor, ofverstrålad af rodgul kvallrodnads skimmer! Och hon ar ju andå, tankte jag, i sin stolta skonhet en skapelse af just denna samma kultur, som jag nyss så bittert hacklade — och strax såg jag så tydligt for mig alla de mångfaldiga foretradena hos vår civilisation. Med nordiskt-vasterlandska, nyktert kritiska blickar betraktade jag nu mina föregående funderingar såsom åstadkomna genom en inflytelse af något slags ryskt-orientaliskt fantasteri, hvilket så fort som möjligt borde jagas på flykten. Naturligtvis — det var ju så dumt!

Men jag kunde ej hjälpa, att jag suckade för mig själf.

* * *

På ångbåten gjorde jag bekantskap med en ryss, en juris professor från Petersburg. Han var så till vida en ovanlig man, att det hvarken syntes utanpå honom att han var jurist, ej heller att han var professor. Jag skulle icke ha trott det, om han ej sagt det själf.

»Hvart reser ni?» frågade han efter en stunds samspråk om likgiltiga ämnen.

»Till Ryssland.»

»Och i hvad ändamål?»

»För att se kosacklifvet vid Don. Ni undrar kanske på mitt val, men saken är rätt enkel. Jag önskar se en jämförelsevis primitiv befolkning, så där tämligen oberörd af modärn odling, och jag önskar på samma gång lära mig ryska. Jag vet, att jag kunde

Kosack.

ur den förra synpunkten, som är mig viktigast, ha träffat ett bättre val — i Turkestan, Kavkaz och annorstädes; men därtill behöfves mera tid och mera penningar, än jag har till förfogande, och nöden har ingen lag. Dessutom har jag hos Dons kosacker bekanta, som kunna hjälpa mig tillrätta, om jag råkar ut för någon svårighet.»

»Ack, ni har alltså förut rest i Ryssland — ni känner vårt land och vårt folk? Säg mig, hvad menar ni om oss?»

»Uppriktigt sagdt ingenting alls, eller åtminstone högst obetydligt! Jag har knappast haft tillfälle förut att lära känna folket, de breda, djupa lagren, det är dem jag nu vill studera Men hvad tänker ni själf om Rysslands framtid?»

Ryssen strök sitt blonda skägg

»Ni har kanske märkt», sade han, »att vi ryssar äro i allmänhet antingen nihilister eller chauvinister, ibland till och med bäggedera Ja, förstå mig rätt och tag ej det förra ordet i dess gamla och hos er visst ännu gängse betydelse af något slags anarkist — sådana finnas hos oss numera knappast, eller göra i alla fall mycket litet väsen af sig. Jag menar nu därmed dem, som hoppas intet och tro intet och för hvilka alltså frågan om fäderneslandets framtid är af föga intresse Jag får bekänna, att jag förstår dem icke. Detta är kanske på samma gång en följd af och en grund till att jag tillhör den andra gruppen, chauvinisterna

»Vi *slavofiler*». fortsatte han, »såsom man kallar oss med ett namn som synes mig ett hedersnamn, då det ju betecknar att vi älska vårt land, vår stam, vår ras, — vi tänka högt om Ryssland

»Har ni läst Brandes, dansken? Då vet ni, att han kallar ryssarne 'den nation, som bär framtiden i sitt sköte'. Och hvarför icke? Utom det rent historiska berättigande, som, då Europas kultur *varit* bestämd af den romanska stammen och nu tvifvelsutan *är* det af den germanska, inrymmer åt det stora slaviska folkelementet framtiden — utom detta finnas, menar jag, särskilda omständigheter, som båda en kommande storhetstid för slaverna och framför allt för förgångsfolket bland dem, ryssarne

Ni känner tvifvelsutan en historisk lag, som bjuder, att

när ett folks utveckling nått sin höjdpunkt, skall alltid en reaktion komma, ett bakslag ofta lika starkt och lika hastigt, som framåtgåendet varit långsamt och trefvande. Det ha de gamla folkens öden lärt oss, och det är kanske mest ur den synpunkten deras historia ännu i dag är af ett så lefvande intresse för oss — det lär oss också i vår tid den romanska stammens snabba och stadiga tillbakagående, samtidigt med en allt rikare blomstring bland folken af germansk eller blandad nationalitet. Helt visst skola dessa ännu länge gå framåt och kanske nå en materiel och andlig utveckling, om hvilken vi nu ej kunna göra oss en föreställning. Men lika säkert är, att de redan inom sig bära fröet till förfall. Ett folks kultur är ett fruktträd, hvilket bär sina rikaste skördar, sina härligaste frukter just när stammen blifvit skadad af ett kräftsår, som äter sig in till den innersta kärnan. Skadan tycks endast göra blomstringen skönare, utvecklingen kraftigare, medan den i själfva verket tär på lifssaften; lifvets ros blommar yppigast strax innan den brytes — så kommer döden — 'i skönhet'.

»Tänk efter. Har någonsin ert folk och de öfriga germanska folken haft en mer lysande tid än nu — jag menar naturligtvis ej direkt ur maktens, men ur kulturens synpunkt sedt. Har människan någonsin förut så förstått att lägga hela naturen för sina fötter, att underordna sig alla hennes krafter? Afstånden försvinna, rummet plånas ut; tiden har man ännu icke kunnat hejda, men man drömmer om att härska öfver väder och vind. Vetenskaperna gå framåt med jättesteg, gränser skönjas ej för deras framsteg; nya industrier skjuta upp som svampar ur jorden; människokraften blir mer och mer öfverflödig — snart återstår intet annat arbete för människan än tankens. Och för detta utbildas anden mer och mer — ingen som kan göra sig nytta af bildningen behöfver sakna den, för ingen är vägen uppåt höjderna stängd. Hand i hand med arbetsfördelningen går utjämnandet af den sociala rangskillnaden och borttagandet af graderna i uppskattningen af och aktningen för olika slags arbeten. Det är ju en gyllene ålder, icke sant?

»Och ändå! Hvad är det som gör att så många förtvifla? Att så många, och inte sällan just de allra bästa, finna lifvet så föga värdt att lefva, så mycket fordrande och så litet gifvande, under det att det ju borde vara tvärt om, för alla som ha en insats att göra. — Jag tror, att det beror på den ensidiga riktningen *utåt*, som är karaktäriserande för hela tidehvarfvet. När någon en gång riktar blicken *inåt* och lägger handen på hjärtat och frågar sig: *hvarför* skall jag egentligen lefva, hvad är målet med mitt lif och mitt arbete? — då har han ingenting att svara sig själf. Och däraf kommer förtviflan. Kärnan i all utveckling är ju lifvet själft, men lifvet är tro och tron är entusiasm — och hvar finnes väl den ibland er? Den är död, den lefver blott hos skalderna och äfven hos dem med ett tynande lif; ingen förmår den rycka med sig, hänföra. Allt är så kallt och nyktert förståndigt, alla äro för kloka för att hängifva sig åt drömmar och fantasier. Den reela fördelen att komma sig fram i lifvet, att nå en uppmärksammad ställning i samhället, *det* är ett mål att arbeta för, det är en lifsuppgift, som till och med den minste pys förmår att fatta. En tryggad ställning, ett ekonomiskt oberoende — det är lösen, det är lifvet!

»Men så kommer det kanske en dag, då man vaknar upp och gnuggar sömnen ur ögonen. Man ser plötsligt med förfärande klarhet, att detta mål verkligen alldeles inte *är* något mål och att detta lif är så långt borta från hvad man skulle vilja kalla ett sant mänskligt lif, som natt är från dag — att på den väg, man valt, man aldrig skall nå fram till något som kan tillfredsställa den evighetslängtan, hvilken medvetet eller omedvetet finnes hos alla. Är man då ännu ung, så vänder man om och börjar på nytt; är man gammal och vis, så dör man.

»Och ett folk är som en människa.

»Liksom i drömmen går det framåt, framåt i utvecklingens eviga kretsgång. Men — en gång vaknar det. Är det då ett gammalt och vist folk, som sett släkte efter släkte läggas till de döda och som tagit arf efter förfäder i många led och samlat hos sig skatter af gångna tiders visdom, då lägger det sig också att dö i kall förtviflan.»

Så talade den ryske professorn från Petersburg. Eller kanske var det jag som sade det — huru skulle jag kunna minnas? Det talades så mycket och vida emellan oss där på ångbåtsdäcket i den ljumma högsommarnatten.

Månen höjde sig i öster mellan uddar och öar; brandgul hängde han i furornas toppar. Silfver göt han snart öfver vikarnes vatten, och vågorna glittrade.

»Ex oriente lux», sade professorn; nu var det säkert han som talade. — »Från östern kommer ljuset. Hvarför icke? Hvarför skulle icke en gång det ryska folket i spetsen för hela den slaviska nationaliteten spela den rol, som historien sparat åt det? Hvilket utseende Europas karta därförinnan måste få, om den öfver hufvud alls ändras, det veta vi icke, och det gör äfven i grunden detsamma. Viktigare, oändligt mycket viktigare äro de förändringar, som först måste försiggå inom den ryska samhällskroppen; men hvilka de äro, tillkommer väl icke oss att döma. Det allra viktigaste är dock, — och därpå hänger också frågan i sin helhet — finns hos oss i Ryssland den känslan, som vi talade om, denna tro på lifvet såsom ett lif värdt att lefva — och att gifva, denna entusiasm för det heliga, som ej frågar sig, kallt beräknande för och emot: *kan* jag eller kan jag *icke*, utan blott, i lågande mod: *bör* jag eller bör jag *icke?*

Jag tror, att den finns; jag tycker mig känna dess varma pulsslag ej mindre i det enskilda lifvet än i de stora rörelser, som hos oss jämt väckas och lefva. Jag gillar visst ej alls, icke ens i de allmänna grunddragen, en Tolstojs och hans meningsfränders läror, men jag kan på samma gång icke undgå att se, huru exempelvis just deras anhängare låga af en sådan där brinnande entusiasm, som föga reflekterar öfver möjligheten af målets *uppnående*, men söker sin egentliga och enda raison d'être i rättrådigheten och skönheten af sitt sträfvande.

»Jag känner icke västerlandet tillräckligt för att fälla ett omdöme, men jag lär väl i alla fall ej mycket misstaga mig, om jag menar, att hos er dylika rörelser ha svårt att vinna terräng. Den praktiske germanen vill gärna först, innan han börjar arbetet, hafva klart för sig om utsikter finnas att kunna uppnå målet; skulle de saknas, räknar han säkert en lönlös sträfvan för blott onyttig, fåfäng och dum.

»Ni känner edra landsmän och edra stamfränder bättre än jag», slöt ryssen sitt tal. »Ni har också lärt känna Ryssland, och ni ämnar ju nu ytterligare studera det. Vill ni lyda mitt råd, så försök att göra detta så mycket som möjligt utan glasögon.»

»Ni menar utan fördomar? Jag tror, att jag skall kunna göra det.»

»Nej, icke så; det faller af sig själft som alldeles nödvändig förutsättning. Men jag vill göra er ett förslag. Ni är ung och frisk, ni har krafter och är ej synnerligen rädd för att använda dem. Är det sant? — Nå, om ni icke är så beroende af kulturlifvets komfort, att ni ej för en eller annan månad skulle kunna undvara den, så försök att inte färdas likt en vanlig resenär, som med kurirtåg på några timmar ilar igenom ett helt guvernement och knappast lär känna annat än städer och järnvägsstationer. Gif er hällre ut på landsbygden ibland det stora, enkla folket någonstädes hvar som helst i Ryssland, t. ex. gärna bland edra kosacker vid Don — och *lef* då med dem deras enkla lif, bo hos en kosack, ät med honom, kläd er som han och deltag i hans arbete — endast på det sättet skall ni, om ni annars har förmåga därtill, lyckas intränga i hans åskådningssätt och förstå hans karaktär. Och vandra så från by till by, eller rid, om ni har lust, och sök att så mycket som möjligt sätta er in i folkets begreppssfär, dess tankar och seder; var öfvertygad om, att ni då, när ni en gång kommer tillbaka, är åtskilligt rikare på erfarenhet, än när ni reste ut, och har betydligt större förutsättningar för ett rätt bedömande. — Kanhända skall ni då också gifva mig rätt i hvad jag sagt om Ryssland och dess framtid....»

* * *

Rådet var godt, och jag följde det.

Så långt jag förmådde åtminstone. Ty människan är ett svagt käril och ett flyktigt ting, och jag får bekänna, att jag *kunde* tagit den ryske professorns råd ändå mera efter orden, än jag gjorde. Jag hade säkert då haft än större utbyte af min färd.

Emellertid är man ju här i världen hänvisad att taga sakerna som de äro, och det torde läsaren äfven benäget göra med mig och min bok. Jag ämnar för ingen del fördjupa mig i funderingar öfver några samhällsproblem, såsom en och annan efter denna inledning kunde frukta. Jag skall blott i all enkelhet söka skildra intrycken från min resa till landet vid Don, min vistelse bland kosackerna i en tjänares skepelse samt sist min långa ridfärd genom Ryssland från Donfloden till Petersburg. De allmänna betraktelser, till hvilka skildringen af mina öden kunna gifva en anledning, sparar jag åt läsarens egen fantasi — för så vida han ej alldeles saknar denna nyttighets- och nödvändighetsartikel, lära de väl icke uteblifva.

PÅ VÄG TILL KOSACKLANDET.

I.

På järnväg genom Ryssland.

Petersburg i Juli — tröstlösa sommarbild!

Jag hade förut besökt det ryska kejsardömets hufvudstad vid så godt som alla årstider, utom just denna; jag hade sett den om våren, då Nevafloden går högt och för med sig Ladogas brutna isar, då de otaliga små finska ångsluparne börja sin pipande och hvisslande fart på flodens hufvudarmar och alla kanaler, då det vimlar af förnäma promenerande i vagn och mindre förnäma till fots på Nevski prospekt och framför Vinterpalatset och på Litejni. I Maj och början af Juni hade jag sett parader på Marsfältet i vårsolens glans och barnens lekar under Sommarträdgårdens ljusgröna, doftande lindar; jag hade sett de eleganta ekipagen på Engelska kajen blifva mer och mer fåtaliga, i mån som deras ägare började befolka sina luftiga sommar-*datsjor* vid Pavlovsk och

Peterhof och Oranienbaum och Lesnoj och utmed Nevafloden; jag hade sett småhandlande, handtverkare och annat godt folk om aftnarne tända ändlösa rader af diminutiva kulörta lampor, upphängda på långa segelgarnssnören utmed trottoirkanten och brinnande till ära för Nikolaj Alexandrovitsj, kejsaren, eller Marja Feodorovna, änkekejsarinnan, eller Sergej Pavlitsj eller Pavel Sergeitsj och hvad allt de nu heta, furstar och storfurstar; jag hade i halfskum försommarnatt låtit mig gungas i vaggande båtar på stora och lilla Nevka, mellan Apotekarön och Petrovsk, och köras af sömniga isvostsjikar öfver hela deltalandet ut till Jelagin, den yttersta ön, med sina parker och dammar och kanaler, med trast och bofink i de väldiga trädens vårgröna toppar — ända ut dit bort till Point, den yttersta spetsen af den yttersta ön, där jag också om aftonen sett solen svalka sitt glödande anlete i Finska vikens blågröna vågor.... Och jag hade vandrat i snöslask och gatsmuts öfver fotknölarne i petersburgskt oktoberväder, då stånden vid *Sadovaja* — trädgårdsgatan — och i saluhallen på hötorget utbreda högar af glänsande frukter och fjälliga fiskar af alla möjliga slag från det vida tsarrikets alla håll och kanter — där allt, som smeker gom och öga, kan köpas, om man blott har godt om pengar. Och sist hade jag också ilat i små lätta isvostsjikslädar genom Petersburgs snöbetäckta gator, då vintern slagit brygga öfver Nevan, då kylan gör kinden röd och näsan hvit, då hvar och en, som möjligtvis kan, klär sig i päls, och då hästarne frusta ut hela moln af ånga, medan en blek vintersol förgäfves försöker få Isakskyrkans guldkupol att glöda och Amiralitetets torn aftecknar sin magra silhuett mot en kall, grönblå himmel — aldrig är trafiken starkare än då, aldrig ekipagen elegantare, där de ila fram i hvinande fart genom Bolsjaja Konjusjnaja, Morskaja eller Nevski; tvåvånings spårvagnar, fulla af människor både utan och innan, ofvan och nedan, köra tre i rad i midten af gatan, tunga omnibusar på klumpiga medar skrida trögt fram; arbetsåkdon, förspända med väldiga hvita percheronhästar, köra i oöfverskådliga rader öfver Nevans långa broar. Isvostsjikar och privata kuskar styra med oöfverträffad skicklighet sina lätta slädar genom vimlet — där vräka sig unga kornetter med fjun på läppen, löjtnanter med käckt uppvridna mustascher

Arbetsåkdon.

och högre officerare med vördnadsbjudande ryskt helskägg, allesammans klädda i den vackra, ljusgrå officerskappan — hos de talrika generalerna försedd med röda snören och rödt sidenfoder — och i den fula ryska officersmössan, som osökt erinrar om frälsningsarmén; där luta sig behagsjukt emot svällande kuddar unga, sköna damer i sobel och hermelin, och där åka knarriga gubbar, feta präster med bredskyggiga hattar och svallande hår, högdragna ministrar och andra potentater i dyrbara bafverpälsar. Poliser med värja och pistol i bältet hojta åt villrådiga formän, fårskinnspälsade musjiker och trasiga pilgrimer, cirkassier och kosacker med skramlande sabelgehäng, höga pälsmössor och vida, svarta, till marken räckande gethårs-*burkor* gå stolta som kungar sin väg rakt fram genom trottoirernas böljande hopar af ryssar, polackar, tyskar, fransmän, finnar, estländare och Gud vet hvad för nationer som i en babylonisk förbistring skrika om hvarandra på tjugu olika tungomål — bjällror klinga, kyrkklockor ringa, än här, än där, vaxljus och rökoffer tändas framför gatans helgonbilder, medan en mässande präst samlar kring sig en skara af troende, af sysslolösa syndare, folk af alla stånd och åldrar, de där af olika anledningar drifvas att köpa ett vaxljus eller en helig, osyrad brödbulle med madonnans bild stämplad ofvanpå och att under bugningar och korsande höra bibelord läsas på kyrkoslaviska, som de inte förstå — detta är Petersburg om vintern, ett brokigare virrvarr af bilder för öga och öra än kanske eljest någonstädes i Europa.

Och nu i Juli!...

Gatorna äro grå, husen, träden och människorna likaledes grå. Men Sommarträdgården är mörk, de urgamla lindarnas omfångsrika stammar äro fuktigt svarta; löfverket, så härligt om våren, är nu tätt som ett hvalf och därunder är skumt som på en vinterafton, marken står mörk med sitt tynande gräs, och till och med de hvita, smaklösa marmorbilderna — från Poniatovskis slott i Varsjav — förmå ej lysa upp det hela, barnen, som leka där, äro nu icke många och synas betryckta. De leka sina lekar med melankolisk likgiltighet, medan deras jungfrur dåsiga konversera med grå-, grön- eller brunklädda soldateleganter. Marsfältet bredvid ligger som ett stycke Sahara; en ensam vandrare på dess midt ser ut som en svart prick i en grå öken. Trafiken är ringa eller ingen, emedan värmen är så tryckande, att ingen vill röra sig, trottoirernas asfalt gungar under fötterna, husväggarna skulle svettas, om de kunde det, men glöda i stället, isvostsjiken sofver på sin kuskbock, dvorniken — dörrvaktaren — på bänken vid sin port, tidningsförsäljaren och blomsterflickan på hvar sin barrier i promenaden, och det är nära, att polisen, som står midt i gatan och ser sig om efter någon att gräla på, också slumrar till af brist på sysselsättning. Kommer man in i en butik t. ex. för att köpa en bok, så mötes man af biträdet — om han är vaken — med häpen förvåning, att man bara *kan* göra sig ett ärende i sådan temperatur; men kring vattenkioskerna och de kringvandrande citronkvassförsäljarnes bord med deras stora glaskanna och deras enda (eller högst två) dricksglas, där går kommersen friskt undan.

Dvornik.

Att söka en bekant är lönlöst. Grefvinnan Y:s svenske betjänt säger, att hans härskarinna är på sin *datsja*, professor M:s piga förtäljer, att professorn är i Finland, ett sömnigt biträde på *Russkoje Bogatstvo* upplyser, att redaktören, min vän K., den uppburne författaren till »Skogen susar» och »Den blinde musikern», njuter af svalkan i Rumäniens alpsluttningar — sådana svar får jag öfverallt, men högsta höjden är det ändå, när jag arbetat mig uppför fyra trappor vid Malaja Dvorianskaja och får veta, att min synnerligen gode vän P., ingeniör och ballongseglare i ryska armén, har rest till — Stockholm för att se på utställningen! Skall det ej kunna anses förlåtligt, att det undslipper mig en önskan angående utställningen, hvilken hvarken lämpar sig för att upprepas i kyrkan eller i en allvarsam reseberättelse?

Den ende, som öfver hufvud taget tycks vara hemma i

På Nevski.

hela Petersburg, är vår egen älskvärde envoyé, de Förenade rikenas sändebud som tager emot mig med den aldrig svikande välvilja, han ständigt visar resande landsmän. Mitt viktigaste ärende — att utbedja mig någon slags anbefallning eller legitimation för vistelsen bland kosackfolket vid Don — blef alltså uträttadt på det sätt, att ministern lofvade skaffa mig en egenhändig biljett från t. f. krigsministern, generaladjutant Obrutjev, kosackernas näst efter tsaren och tsarevitsj högsta befallande öfverhet. Biljetten, hvilken jag kort därefter mottog, blef mig sedermera till största nytta, ja, den var några gånger rent af nödvändig.

Jag hade således vunnit mitt förnämsta mål i Petersburg; som staden under omständigheterna inte på något vis var tilldragande, dröjde jag ej att skaffa mig en järnvägsbiljett

Gatuscen i Petersburg.

söderut, och redan aftonen af samma dag jag anländt satt jag i en andra klassens kupé på posttåget till Moskva.

Det var nu redan tredje gången jag färdades samma sträcka på Petersburg—Moskvabanan, hvilken till ära för kejsar Nikolaj fått namnet den Nikolajevska järnvägen. Den byggdes redan på denne kejsares tid och är alltså en af de äldsta i landet, på samma gång som den är en af de mest trafikerade och bäst inrättade. Då man betraktar en järnvägskarta öfver

Ryssland, faller det genast i ögonen, att hela den mer än 600 km. långa sträckan mellan Petersburg och Moskva går i en nästan fullkomligt rak linje. Det berättas med anspråk på tillförlitlighet, att när man vid banans byggande tvistade om de föreslagna riktningarna, drog kejsar Nikolaj med ens bokstafligen ett streck i räkningen och befallde med myndigheten af sin härskarvilja: »så och icke annorlunda skall banan gå» — och därmed ritade han efter linjal ett rakt streck mellan de båda hufvudstäderna. Genom denna kejserliga nyck blefvo både Novgorod, Valdai och andra städer på vägen länge utan fördelen af järnvägsförbindelse, hvilket väl mer än något annat bidragit till dessa städers stadiga nedåtgående. — Hela banan är dubbelspårig och tågmötena ske därför vanligen på linjen — under ett dånande rassel rusa de mötande tågen i full fart förbi hvarandra; det blir under några ögonblick mörkt framför vagnens fönster, en starkare skakning förnimmes jämte dånet, och så är allt förbi, innan man ännu knappt hunnit tänka till slut den förskräckliga tanken — *om* de af misstag hade råkat in på samma spår! . . . .

Faran härför är för öfrigt ringa eller ingen, ty ingenstädes bör en felväxling kunna komma i fråga; på stationerna äro den uppgående och den nedgående trafiken så fullständigt skilda, som det är möjligt, i det stationshuset ligger midt emellan banorna med en plattform åt hvardera sidan — från den ena stiger man på Moskvatåget, från den andra på Petersburgtåget, och linjerna stå icke med hvarandra i annat än fullkomligt tillfällig förbindelse.

De ryska järnbanorna borde för öfrigt redan genom den stora mängden af tjänstemän och betjänte vara bättre än andra skyddade mot olyckor, men tyvärr är det så i lifvet, att arbetets fördelning samtidigt också fördelar ansvaret och minskar den anpart, som kommer på hvar och en. Den resande främlingen förvånas gärna i Ryssland bland annat genom det stora antalet konduktörer, som man använder för biljettkontrollens skull; särskildt på Nikolaibanan medföljer en hel stab af sådana de dyrare tågen, och i en af vagnarne finnes inrättad en formlig byrå för biljettgranskning. Det är därför numera hart när omöjligt att kunna åka ens den minsta bit af denna bana utan biljett eller med sådan till lägre klass än den man begagnar sig af, något som förr lär ha varit mycket vanligt. Och hur skulle det i själfva verket kunna vara möjligt, då hvarje kupé mönstras af ej mindre än 3 konduktörer på en gång, af hvilka en — den lägste tjänsteanden — har till uppgift att tillsäga de resande, medan den andre knäpper biljetterna och den tredje — en mera förnäm herre — med händerna i fickorna på sin kinesiska råsilkerock uppmärksamt granskar både passagerare och biljetter. Till råga på allt får man icke ens behålla sin biljett under natten, utan den utlämnas till en fjärde granskare, som i utbyte ger ett stämpladt kontramärke, hvarefter biljetterna, sedan de granskats, numrerats och upptecknats i kontrollen, först på morgonen återlämnas till de respektive ägarne för att kort därpå vid ankomsten till Moskva åter afgifvas. Systemet lämnar, såsom synes, i byråkratisk omständlighet intet öfrigt att önska. En ryss som tydligen starkt beundrade detta åtminstone för våra förhållanden onekligen väl dyrbara maskineri, frågade mig en gång hvad vi hade för motsvarande kontrollsystem i Sverige. Jag var glad att kunna genmäla det vi så vidt jag vet ha intet alls, af den enkla anledning att vi icke behöfva något.

Såsom naturligt är, i betraktande af de långa vägsträckorna och de i följd däraf så vanliga nattresorna, har sofvagnsprincipen här fått en synnerligen vidsträckt användning, i det att så godt som hvarje nyare vagn är så inrättad, att den kan användas som ett slags sofvagn. I första-klass-

vagnen stå vridbara fåtöljer, som om aftonen förvandlas till
fristående bäddar; i andra- och tredjeklassvagnarne äro bankarnes vaggar uppfällbara och därigenom erhållas i hvarje
kupéafdelning fyra goda sofplatser, hvilket i de flesta fall är
tillräckligt för att gifva tillfälle till hvila åt de passagerare,
som så önska. Redan innan denna anordning blifvit allmännare genomförd, fanns åtminstone på en bana, Nikolai-banan,
tredje klass sofvagnar införda, i hvilka plats erhölls mot en
tilläggsafgift af c:a tre kronor. Bänkarne äro visserligen
ostoppade, men som ryssen, då han reser, vanligen för med
sig en hel bäddattiralj* eller åtminstone ett par mjuka kuddar
och en filt, så kan han inrätta sig bekvämt nog i en dylik
tredje klassens sofvagn.

Det var nu, som sagdt, redan för tredje gången, som jag
tillryggalade denna sträcka mellan Petersburg och Moskva,
och den kunde därför icke erbjuda så synnerligen mycket af
nytt intresse. Emellertid fördes jag osökt på tanken att göra
en jämförelse mellan denna min färd och den näst sista och
mellan publiken nu och då. Det var under kroningsfestligheten dagar, då trafiken sprungit upp så kolossalt, att, oaktadt
man insatt flerdubbla antalet tåg, biljetter ändå kunde utlämnas
blott till tåg, som gingo 3—4 dagar efter biljettens afstämplingsdag. Jag hade då lyckats få endast en tredje
klassens biljett utan sofvagnsplats och fann stationen så fullpackad af folk, som skulle resa, att, oaktadt jag infunnit mig
en god half timme i förväg, hvarenda plats i tåget redan var
upptagen. Jag nödgades därför med min reskamrat invänta
ett extratåg, som iordningställdes att afgå en timme senare
för att upptaga alla dem, som likt oss köpt biljett, men ej

* Betecknande för denna sed är, att i det inre Rysslands städer hotellpriserna vanligen äro beräknade *utan* sänglinne och filt, som den resande själf förutsättes medföra.

fått komma med. Folkträngseln såväl före affärden som sedermera inuti vagnarne öfvergick hvarje beskrifning. Endast den outtömliga ryska godmodigheten och tålamodet jämte det sinne för det humoristiska, som tycks vara folket medfödt, kunde förebygga, att tvister och trätor uppstodo. För öfrigt inrättade man sig högst familjärt — i skjortärmar och i strumpläster, om man hade några — sittande, liggande, stående och krälande på bänkar och golf, mellan öppna matsäckskorgar och säckar och bylten af de mest besynnerliga fasoner och den betänkligaste odör. En rödbrusig bonde med alnslångt, rödbrunt, böljande skägg, med en eldröd blus, mörkblå sammetsbyxor och höga, veckade stöflar, som lukta ryssolja långa vägar, förtäljer för hvem som vill höra på, hur präktigt allting är *u nass* — hemma hos oss — medan han ständigt kaflar upp sina vida, röda skjortärmar öfver de nästan lika röda armarne för att kunna med större fördel göra allt djupare grepp i grannens välvilligt erbjudna matsäckslåda; samtidigt utstöter han ett hvisslande ljud genom hålet efter en f. d. framtand och ser sig belåtet omkring, iakttagande verkan af sitt imponerande uppträdande. Från bagagehyllorna nedblicka rufsiga hufvuden, tillhörande individer, hvilka funnit det för trångt och obekvämt nere på bänkarne och som därför med suveränt förakt för reglementets föreskrifter placerat sig själfva på »hyllan», där de inrättat sig så godt omständigheterna medgifva, d. v. s. ungefär så bra som i en medelmåttigt rymlig likkista. Snart är ätandet i full gång utefter hela laget och afbrytes endast, då konduktören kommer in och viserar biljetterna; den, som inte har något, blir gästfritt bjuden, och de som ha täfla om att visa gifmildhet. Innan man tar något, vare sig af sitt eller andras, måste man emellertid blotta hufvudet, göra korstecknet några gånger och välsigna maten; sedan går det löst!

Men dricka måste man ju också. Fins någon som bjuder på *vodka*, bränvin? — Inte? Nå, då dricker man té. Åtskilliga ha med sig den oumbärliga *tjajniken*, tékannan af lergods, och de flesta hafva också en flaska af förtennt järnbleck för att hämta hett vatten uti. När nu tåget stannar vid någon station med buffet — och dessa äro legio i Ryssland — så börjar genast från tredje klassens vagnar en rusning af folk, som med en sådan bleckflaska i handen skynda sig till restauranten, där de mot den måttliga afgiften af två, tre eller fem *kopek* få fylla densamma ur den väldiga, sjudande kopparsamovaren. Så in i kupén igen, där man sedan inrättar sig så godt man kan med skedar och glas eller koppar. En väldig sockerbit går från mun till mun eller knäppes med hjälp af en tångliknande sax finurligt sönder i små, små tärningar; har någon med sig en citron, delar han broderligen några skifvor åt de andra för att sätta litet extra smak på det skäligen svaga téet; därtill användas ock med fördel skifvor eller tärningar af äpplen.

Medan ätning, drickande och prat som värst pågå i kupén, sedan man väl blifvit af med den besvärliga biljettviseringen, komma plötsligt ett par fötter i bastskor, åtföljda af ett par smala ben, inlindade i smutsiga linnetrasor, helt omotiveradt fram under en bänk. Hallå, hvem där? — och en groflemmad musjik halar raskt fram en sprattlande pojke, som gömt sig under bänken i den tydliga afsikten att slippa visa biljett.

Hvad är du för en gynnare — har du godt om mynt, så låna mig pengar — utan biljett reser ingen annat än till h-e — kanske har du *tuda-i-abratno* (tur och retur) dit — så hagla frågorna, mustiga nog, men alltid godmodiga, öfver den lille uslingen, men skämtet tystnar snart, då frågarne se hur han står där förskrämd och darrande, medveten om skuld,

Till häst genom Ryssland.

men bönfallande att ej bli förrådd; de irrande ögonen under den bruna, tofviga luggen söka ett vänligt ansikte och fyllas småningom med tårar, fingrarne nypa nervöst i den trasiga jackan, och läpparne röras utan att kunna frambringa en stafvelse. Då sträckas flera gifmilda händer fram — en ger en brödkant, en annan ett köttstycke, en tredje en gurka eller något annat, och samma kraftiga bondnäfvar, som dragit den lille ut ur hans gömställe, skjuta nu åter igen in honom dit, sedan en ömhjärtad *matusjka*, en bondgumma, kastat åt honom en filttrasa att lägga under sig, och alla lofva att ingenting yppa för konduktören då han kommer igen.

Men där finnes en Judas — en jude menar jag, en osnygg, lökluktande polsk jude, som förmodligen funnit sitt rättsmedvetande kränkt af att den lille stackaren sluppit betala, medan han själf gett ut dyra pengar; han visar konduktören på pysen och håller ett långt föredrag på flytande judryska om det himmelskriande i att den ene »schkall petale sin plats, men den andre fare kratis». Ett mummel af ogillande och häftiga rop af förtrytelse; konduktören visar ingen lust att närmare undersöka saken, och när min reskamrat, som är en from och ömhjärtad själ, ber honom låta pojkstackaren vara, förklarar han visserligen, att han absolut inte kan låta någon fara utan biljett, men drar sig samtidigt med ett godmodigt leende ut ur kupén, utan att göra någon vidare undersökning — till stor förargelse för juden.

Allmän triumf! Och nu får den påpasslige juden åter igen så mycket ovett som han väl ej hört sedan han var hemma i Polen. *Suckinsin* — son af en hynda — är inte det fulaste i raden af okvädinsord, med hvilka han af reskamraterna öfveröses för sitt ignobla beteende. Och när min vän lägger en rubel i sin hatt för gossens räkning, regna i densamma silfverslantar från många håll och kopparmynt från dem, som ej mera ha att gifva — alla skola gifva något, till och med juden tvingas under allmän, ohejdad munterhet att nedlägga ej mindre än tjugu kopek; han vågar ej annat som svar på min väns artiga, men bestämda invit.

Pojken, som på detta sätt får en summa så stor som han visst aldrig drömt att äga, allraminst nu, då han i hvart ögonblick fruktat att blifva hånfullt utsparkad, gripes af en glädjeparoxysm, som mynnar ut i ett tåresvall — han kryper på knä fram till min vän, omfattar hans fötter och kysser hans händer och ber honom skrifva sitt namn på ett papper, för att han må kunna lära sig det och ständigt ihågkomma det i sina böner — — — — sådan är den lättrörliga ryska naturen, till hvars grunddrag också hör en starkt utpräglad tacksamhetskänsla.

Hur lifligt stod ej denna rörande scen från min senaste färd på Nikolaibanan för mitt minne, då jag ånyo ilade fram öfver norra Rysslands vågformiga slätter, denna gång i en bekväm andraklass-kupé med hyggliga och stillsamma ryska medelklassmänniskor till reskamrater! Trots den stora olikheten i klädedräkt och seder igenkände jag dock så många gemensamma drag för den ena publiken och den andra. Först och främst ansiktets och kroppens typ — den breda, jämna, en smula låga pannan med buskiga ögonbryn, beskuggande ett par vänliga, klara, vanligtvis gråblå ögon; den något korta och breda, men kraftigt skurna näsan; munnen stor och fyllig, ofta leende och då visande ett par rader af de präktigaste tänder; så hos männen det långa, krusiga skägget, som bäres tveklufvet eller helt, räckande långt ned på bröstet, och som är den ryske bondens liksom den bildade mannens stolthet — hos kvinnorna åter det rika, liksom svällande, kastanjebruna håret, uppstruket från pannan och samladt i en stor, guldglänsande knut ned i nacken, ty den ryska kvinnan har verkligen, glädjande ofta, det hår, om hvilket Heidenstam sjunger:

> »— — det mjuka, varma kastanjebruna,
> som under Correggios' pensel brann,
> åt det vill jag räcka ditt äpple, Iduna,
> ty det håret, det håret bedårar en man.»

Och så gestalten, denna något satta, bredaxlade gestalt, hvilken hos männen ger intryck af en stadig, uthållig kraft, som väl ej är mäktig, kanske, af ögonblickliga, glänsande ansträngningar, men som i stället besitter en fond af seg och okuflig ihärdighet, trotsande olyckans svåraste slag, medan den åt kvinnan förlänar en viss slags värdighet och respektabilitet, som annars det en smula slarfviga klädesättet lätt skulle borttaga; för öfrigt är den hvad kvinnan beträffar i viss mån förvillande, då den mera döljer än låter komma till synes den yrande, lekfulla glädje och den stormande lidelse, hvaraf hon vid vissa tillfällen är mäktig.

Men det är ej blott de yttre karaktärsdragen, som äro gemensamma för ryssen i olika samhällsklasser. Den sunda, naturliga glädtigheten, som väl stundom öfvergår till ett en smula frivolt lättsinne, är tillsammans med den vemodstunga, ofta nog rent af hypokondriska lusten för spekulation kanske de mest framträdande dragen i den ryska nationalkaraktären hos så väl hög som låg. I full öfverensstämmelse härmed visar sig den ryska folkmusiken liksom de ryska tondiktarnes skapelser och den ryska folkpoesien liksom skaldediktens mästerverk vara genomströmmade af dessa båda hvarandra motsatta krafter, som ändå synas trifvas så godt tillhopa.

Ryssens gladlynta språksamhet gör, att man lätt nog kommer i samtal på järnvägs- och ångbåtsresor, och så hände sig, att jag rätt snart var inne i en animerad konversation med monsieur D., professor vid ett gymnasium i staden M. Han hade redan på bangården i Petersburg hört mig med en afskedstagande bekant samtala på det internationella språket Esperanto och tog nu detta som utgångspunkt för ett långt föredrag angående de internationella förbindelserna och Rysslands ställning till desamma.

Jag fann snart, att han i motsats till flertalet bildade ryssar, med hvilka jag tidigare gjort bekantskap, var fullkomligt genomsyrad af öfvertygelsen om den absoluta monarkiens och den kyrkliga ortodoxiens förträfflighet. Oaktadt min fullkomligt afvikande mening i flertalet frågor, som han berörde — eller kanske just på grund däraf — lyssnade jag uppmärksamt till hans argument; kanske skall det intressera mina läsare att få höra någon del af dem såsom ett exempel på, hur man ser saker och ting, då man är en äkta rysk-rysk panslavistisk slavofil — om jag så må uttrycka mig.

»Europa klandrar oss jämt och ständigt», sade han — »oss ryssar. Vi äro efterblifna, äro barbarer, asiater, orientaler, kineser, gud vet hvad, hållna som lydiga slafvar under den absoluta härskaremaktens knutpiska. Hvad är då Europa själft, som tar sig en så hög ton — i civilisationens och kulturens heliga namn? — Jag talar ej om ert land och Norden i allmänhet — jag känner därom i likhet med mina landsmän i det hela, tyvärr, allt för litet. Men se på de »stora kulturländerna», såsom de älska att kalla sig — England, Frankrike, Tyskland, Italien. Har den engelska utrikespolitiken någonsin varit annat än själfvisk? Man skyller Ryssland för utvidgningsbegär, men ingen kan påstå, att vi skaffat eller bibehållit åt oss kolonier och länder med så afskyvärdt grymma och tyranniska medel som engelsmännen. — Och Frankrike! Europa talar om korruption i Ryssland — vi hafva dock icke haft något Panama! Man fasar öfver lättsinnet och osedligheten hos oss — kunna de jämföras med dem i Frankrike, där folkmängden stadigt minskas, emedan kvinnorna ej vilja föda barn! — De sociala striderna i Tyskland och Österrike äro bland oss ännu okända och skola, om Gud tillstädjer, förblifva så ännu i många år. Och den tyska kolonialpolitikens d:r Peters, Emin Pascha och konsorter önska vi för ingen del att äga motstycke till — planlös blodsutgjutelse och ändamålsvidrig råhet blott för »Vaterlandsgrösse» har aldrig utmärkt den ryska politiken. — Jag vill nu till sist knappast tala om Italien — att med dess lysande kulturbetingelser, kanske de förnämsta i världen, så fullkomligt hafva förslösat sitt pund, är en synd mot den helige Ande. Man har förebrått oss, att vi moraliskt tagit parti för Abyssinien under det sista olycksaliga italienska kriget där, och man har tillagt oss själfviska bevekelsegrunder. Men behöfver man då nödvändigt vara egoist för att hålla med den svagare — fastän modigare — parten, den anfallne mot den anfallande? Om Europa ej ursäktar oss, att *vi* icke ursäkta Italiens misslyckade röfvartåg, så skola vi försöka att reda oss Europa förutan. Europa kan gärna kalla oss asiater; vi bekänna uppriktigt, att vi finna sällskapet i Asien alldeles icke sämre än det i Europa.

»Man förekastar oss vår eröfringslust. Men finns det då ingen, som vet, att alla krig eller åtminstone det ojämförligt största flertalet, hvari vi tagit del, uppstått emot vår önskan, och att Ryssland bokstafligen tvingats med i dem? Och hur många gånger ha vi inte fått kämpa för andra — utan lön! Rysslands politik är och har alltid varit fredsälskande, liksom ryssen i det enskilda lifvet hör till de fridsammaste folk i Europa. Alexander III har kallats fredsälskande, men han har i själfva verket endast fortsatt sina företrädares politik, att så mycket som möjligt undvika krig och i stället på fredlig väg söka vinna det önskemål, som under århundraden varit Rysslands — fria handelsplatser vid alla de haf, som omgifva oss. Detta mål ha vi omsider nått, och det vore numera löjligt att tillskrifva oss en aggressiv politik.

»Och lika litet som vi äro aggressiva i politiken, lika litet äro vi det i religionen. Vi tvinga icke någon att antaga vår religion. Har ni kanske lagt märke till den omständigheten, att medan katoliker och protestanter äflas och täfla om hvilka som skola vinna största antalet proselyter ibland andra folk, så har den ryska ortodoxa kyrkan aldrig sändt ut några missionärer och än mindre sökt med eld och svärd utbreda sin religiösa åskådning. Och ändå är det ett oemotsägligt och märkvärdigt faktum, att den ortodoxa kyrkan beständigt går framåt. Detta förhållande kan ej hafva någon annan förklaring, än att trots den ringa propagandan öfvergångarne *till* vår tro äro talrika, medan de *från* densamma äro få eller inga; den ortodoxa kyrkans renegater äro verkligen ytterst tunnsådda — hennes egenskaper äro sådana, att de, som en gång lärt känna dem, föredraga att hylla sig till hennes värmande sköte framför att kastas ut i den kalla världen.

»Därför, ser ni — slöt han — älska vi vårt tsardöme och vår ortodoxa kyrka. Vi, som älska Ryssland och vilja värna om vår urgamla stat, vi se dess bästa stöd i dessa båda urgamla institutioner — — —»

*   *   *

Det blef mig för hett där inne i kupén hos den vältalige professorn. Jag hade kunnat svara honom, att han ljög eller var vilseledd. Jag hade kunnat förtälja för honom om den ortodoxa kyrkans framfärd i Polen, Litthauen och de baltiska provinserna; jag hade kunnat berätta om kyrkors stängande, om lutherska och katolska prästers fängslande eller fördrifning, jag hade kunnat tala om, huru barn rycktes från föräldrarna och huru kosackpiketer gjorde anfall med fällda lansar emot en menighet, som intet annat förbrutit, än att den samlats för att dyrka sin Gud utanför sin stängda kyrka. Och vidare huru på andra håll unga män och unga kvinnor fingo lida de rysligaste kval för sin tros skull, midt i det heliga, toleranta Ryssland. Och jag kunde ha tillagt, att skaran dagligen växer af dem som hylla friare trosläror, och att den dagen väl en gång skall komma, då den ryska ortodoxa kyrkan icke mera äger annat än sina tempel, sina präster och — sina minnen.

Jag kunde sagt detta och mycket mera, och jag kunde påvisat felaktigheten i åtskilligt utaf hans politiska resonnement, men jag gjorde det icke. Hvarför? — Ty jag kände med skam och blygsel, att i *ett* hade han rätt: vi västeuropéer, vi bärare af århundradens, hvarför icke säga årtusendens kultur, vi äga verkligen ej rätt att peka finger åt Ryssland, att mena och säga: se där en vildstat, ett halfbarbariskt, murket, antikveradt samhälle. De skriande oförrätter, som tålas hos oss, det skärande eländet och nöden och missförhållandena i våra samhällen, de outplånliga skamfläckar, som häftats vid vårt politiska och sociala lif, göra oss sannerligen för Gud ej skickade att uppträda som domare. Låt oss vända blicken till oss själfva, innan vi klandra andra, låt oss söka hos *oss* de fel, vi äro så snara att upptäcka hos grannarne, och från dem i stället taga till mönster det goda de äga — var säker, att vi skola med båda dessa saker få tillräcklig sysselsättning. Det äckliga skrytet, de tomma bravaderna och det själfbelåtna prålet med inbillade företräden må få sin dom och gifva vika för ett ödmjukt erkännande af befintliga brister jämte ett ärligt uppsåt och ett samvetsgrant arbete för att afhjälpa dem.

Men natten sänkte sig öfver norra Rysslands slättmark; där solen brunnit i lågor, syntes nu blott aftonrodnadens sista svaga skimmer, och stjärnorna började tindra bleka men klara i sommarnatten, medan vårt tåg ilade in mellan Valdajs låga kullar och vida skogar, här och där afbrutna af en glittrande sjö. Lokomotivet utsände en kvast af gnistor, och så ofta maskinisten öppnade eldstadens lucka, lyste röken i purpur- och guldglans som en lång, ringlande drake ur sagan, hvarje sekund förändrande form, tills den i ett ögonblick uppslukades af natten.

Sänkt i djupa tankar gick jag till hvila och vaknade först på morgonen i Moskva.

II.

Hos Lev Tolstoj på Jasnaja Poljana.*

Moskva i Juli var icke mera tilldragande för mig än Petersburg. Jag hade besökt staden flere gånger förut och skulle ännu komma tillbaka; därför beslöt jag att nu stanna blott några timmar för att taga reda på om Lev Tolstoj vistades ute på sitt gods Jasnaja Poljana eller ej. Jag ville söka honom där för att få se honom i hans rätta omgifning.

Min plan var genast färdig; jag tog en isvostsjik och åkte genom »den hvita stadens» långa och trånga gator direkt till en bekant, på hvilkens biträde jag räknade för mitt ärende. Välkomnad med äkta rysk gästfrihet, fann jag min

---

* Det torde vara på sin plats att erinra om, att då förf. ansett sig kunna utan att begå någon indiskretion meddela en del enskildheter om det Tolstojska hemmet, sker det hufvudsakligen emedan tidt och ofta, särskildt i den periodiska pressen i utlandet, öfver samma ämne framkommit skildringar, af hvilka många utmärkt sig för ett mindre troget återgifvande af de verkliga förhållandena — att icke tala om de — lyckligtvis få — framställningar som afsiktligt förvrängt sanningen. Möjligen kan en och annan läsare genom de här följande sidorna få sin uppfattning af Tolstoj och hans familjelif en smula korrigerad — till det bättre!

vän genast redo att bistå mig, och snart satt jag tillsammans med honom i en droska på väg till Tolstojs hem.

Hvar bor grefve Tolstoj i Moskva? Sedan mitt första besök hos honom, två år tidigare, hade jag ett svagt minne af att det borde vara någonstädes i *Zubovo*, ett kvarter i motsatta ändan af staden, alldeles i utkanten; men *hvar* det var i Zubovo hade jag totalt glömt bort. Min vän hade emellertid en dimmig föreställning om någon sorts *Chamovnitjeski pereulok*, som borde vara den rätta gatan; dit fick vår isvostsjik order att köra.

En god halftimmes åkning i damm och hetta genom krokiga, smala, kullerstenslagda gator, kantade af hvita hus med gröna tak samt här och där en kyrka med förgyllda eller försilfrade kupoler — och vi äro framme.

»*Gorodovoj* — polis! *Chamovnitjeski pereulok, dom grafa Tolstova jestj?*» fråga vi.

»*Jestj*» — Det finns — är det lakoniska svaret, och därefter kommer som förklaring: — »åttonde huset på höger hand, bortom det stora röda.»

Om några ögonblick äro vi framme vid åttonde huset på höger hand bortom det stora röda. Det är ett enkelt tvåvånings trähus, å hvars portlykta är måladt med svarta bokstäfver *Dom grafa L. L. Tolstova*. Min följeslagare förvånar sig öfver initialerna L. L., då grefven som bekant heter Lev Nikolajevitsj; jag är dock i stånd att upplysa honom om att den store författaren numera egentligen äger ingenting alls, efter som han gifvit bort allting, och att detta hus tillhör hans son Lev Lvovitsj, gift med en min landsmaninna.

På vårt ljudliga ropande infinner sig portvakten Nikita; med sin röda blus, sin äktryska mössa och sina svarta sammetsbyxor samt höga stöflar är han en genuin typ för en hederlig Moskva-*dvornik* i ett bättre privathus.

Grafa doma njatu» — ordagrant: »af grefven fins ingenting hemma» svarar han på vår fråga och upplyser sedan välvilligt, att gamle grefven befinner sig med sin grefvinna och de två yngsta barnen på Jasnaja Poljana, 15 verst från staden Tula, men blott tre från stationen Koslovka — samt att unge grefve Lev Lvovitsj är borta i Finland eller »någonstädes åt det hållet». Hvarmed han förmodligen förstår Sverige.

Innan vi belåtna med upplysningarna aflägsnade oss, bådo

Tolstojs hus i Moskva.

vi att få kasta en blick på trädgården. Jag undrade först på den förvånade min, hvarmed den gode Nikita villfor min begäran, men när jag kom in i trädgården då förstod jag den godt. Ty där fanns verkligen ingenting alls att se; blott några mycket vanvårdade buskager. *Ett* fanns där dock, som för mig hade ett särskildt intresse; jag såg från trädgården den lilla veranda på boningshusets baksida, där jag för tvänne år tillbaka en sen juniafton suttit med en reskamrat och några af Tolstojs lärjungar, lyssnande till den gamles ord, så öfverväldigande i sin klara genomskådlighet, så bevisande i sin obevekliga logik och så gripande i all den oändliga kärlek till människorna de yppa och det till synes ouppfyllbara kraf de uppställa. Jag erinrade mig just, huru vi talat om de mänskliga fördomarne och huru denne människornas vän sagt:

»Vi måste gifva kärleken till Gud och människor dess rum. Vi måste arbeta på att gifva den större rum, än vi någonsin hoppas den skall kunna få — vi måste arbeta för idealet, äfven om det synes oss ouppnåeligt Det svåraste hindret är i de mänskliga fördomarne — de *måste* bort. Men det finnes så många, som kämpa emot. Det är som en krafternas parallelogram, i hvilken de båda komponenterna utgöras af å ena sidan egoismen och å den andra kärleken till Gud och människor. Den senare är idealet, en utopi, om ni så vill, som vi aldrig kunna helt och fullt förverkliga, men vi måste ständigt fara därefter, på det den förra ej må bli allenahärskande, så skall en medelväg nås, som är resultanten af de båda nämnda krafterna — och det är just hvad vi kunna vänta och hoppas af det jordiska lifvet.»

Från detta mitt besök hos Lev Tolstoj hade jag vändt tillbaka hem i sällskap med ett par af hans anhängare, och sedan vi under en lång promenad i den ljumma sommarnatten ytterligare diskuterat de väckta frågorna, hade jag slagit mig ned vid ett skrifbord och intill ljusan dag arbetat med att nedskrifva intrycken af detta mitt första oförgätliga möte med den *kanske* snillrikaste och säkert originellaste bland vår tids tänkare

Men jag återvänder till skildringen af det andra sammanträffandet.

Efter en kort nattresa från Moskva kom jag just vid soluppgången till staden *Tula*· tåget därifrån till *Koslovka*, närmaste station söderut, från hvilken jag till fots hade att fortsätta till Jasnaja, skulle afgå något senare på morgonen, och jag beslöt att använda den stund jag hade för att kasta en flyktig blick på staden.

Jag fann också snart nog, att det verkligen inte kunde bli tal om annat än en flyktig blick. Såsom ofta är fallet i

Ryssland befinner sig äfven här stationen ett godt stycke väg utanför staden. Om salig Dumbom hade lefvat i vår tid, skulle han tvifvelsutan hafva förvånat sig öfver att Försynen, som ju ändå i sin vishet

> — — »floder öfver allt placerat
> där stora städer stryka fram — —»,

visat en så betänklig brist på förutseende beträffande järnbanor och städer i Ryssland, att den låtit de senare »stryka fram» alldeles för långt bort från de förra.

Jag måste alltså nöjas med att från en liten höjd utanför staden ta denna i ett så att säga fågelperspektiviskt betraktande. Där uppe låg en liten vanvårdad och förfallen kyrkogård invid en gammal kyrka, hvars fönster väl en gång *varit* hela; uppklättrad på dess halft nedrasade mur såg jag nedanför mig Tula. Omgifven af gröna slätter, som vågformigt utbreda sig så långt ögat når, ända emot horisonten, och öfver hvilka floden *Upa* slingrar sig fram lik ett smalt blått band, låg den vidsträckta staden där, strålande i klaraste morgonbelysning. Solskenet glimmade från de talrika kyrkornas — de äro omkring 30 — guld- och silfverglänsande kupoler, spiror och kors, och återkastades af de hvita stenhusens erggröna, platta plåttak. På de breda, ändlöst långa och raka gatorna hade rörelsen ännu ej lyckats drifva upp de dammoln, hvilka annars, senare på dagen, lägra sig som en sky öfver hvarje syd- eller östrysk stad — allt strålade ännu i en så genomskinlig klarhet, att man tyckte sig kunna urskilja de minsta detaljer i kyrkornas och husens dekoration. Nere på den gröna ängen utanför staden betade hästar och bökade svin; gäss gingo i långa rader, med halsar och näbbar sträckta mot vinden bildade de, så här uppifrån sedda, långa, raka, hvita streck på den gröna mattan. I floden vattnades dragare; de drefvos ut i vattnet af barhufvade musjiker, hvilkas eldröda skjortor stodo i bjärt kontrast mot vattenytans och gräsets färger; kläder tvättades därbredvid af barbenta, uppskörtade kvinnor — deras lifliga samspråk nådde mig på min höga observationspunkt sammansmält till en kör med gässens och ankornas inte mindre lifliga snattrande.

På andra sidan floden syntes de stränga linjerna af kejserliga gevärsfaktoriets röda tegelhus, medan längre bort mot vänster Tsjulkovas hvitglänsande förstäder lyste i grönskan

ungefär likt förlorade ägg på en tallrik spenat. Till höger klättrade staden djärft upp på en kulle och slog sina hvita och grönskiftande armar fast om dess topp, som kröntes af ett ålderdomligt klosters långa, raka murar och mångfärgade, mångformiga kupoler. Men allra mest pittoreskt, härligt och strålande af alltsammans låg *Kreml*, fästningen, byggd under Jekaterina II och inneslutande Tulas båda yppersta tempel, af hvilka särskildt det ena, Himmelsfärdskatedralen — *Sobor uspenija Bogoroditsy* — öfverträffar alla öfriga genom sina imponerande former, sina kupoler, strålande i den skönaste himmelsblå färg och i guld och silfver, samt sitt härliga, höga torn, också det krönt af en gyllene, glänsande, lökformig kupol..... Det var flydda tiders och våra dagars Tula på en gång, det var gången storhet och nutida blomstring, som samtidigt stodo framför mig i anblicken af denna stad, hvilken med en ärorik historia förenar utsikterna till ett stadigt framåtgående i rikedom och inflytande. Ty Tula är det liknämnda, välmående guvernementets hufvudort och är en stad med nära hundra tusen invånare, hvilken är känd i hela Ryssland för sin storartade metallindustri; den är för ryssarne ungefär hvad Eskilstuna är för oss.

Jag klättrade ned från muren och tog min väg mellan kyrkogårdens förvildade björkar och ekar. Någonting låg därborta vid kyrkväggen. Jag gick närmare. En hop lumpor, trasiga klutar — någonting både till färg och form obeskrifligt, obestämbart. Nu rör det sig, krampaktigt, spasmodiskt. Hvad är det? Ur lumphögen sticker fram en hand, en arm — åh, det är blott en sofvande karl, som håller jakt på några alltför envisa små orostiftare. Med möda urskiljer jag också ett par ben och fötter, omlindade med smutsiga linnetrasor, tillsnörda med bastband. Men hvad nu — den utsträckta handen, som var den högra, följes af en annan, också den en högerhand! Jag vet ej hvad jag skall tänka, förr än jag får klart för mig, att under dessa trasor döljes också en annan figur — en kvinna. Ack, det är ett par af dessa samhällets elända, dessa parias, som draga omkring utan huld och skydd, som sakna ett hem och som äro fattigare än fågeln i hans näste, ty de hafva icke någonting till att luta sitt hufvud emot. Halfnakna i sina usla paltor ha de kastat sig ner här på backen för natten; där de ligga och sofva, lysa deras magra kroppar genom den eländiga klädnaden. Myriader af objudna gäster störa ständigt deras sömn, men blott de alltmera värmande solstrålarne och möjligen äfven den omedvetna känslan af att någon betraktar dem, väcker mannen; han reser sig halft upp, ser på mig, gnuggar sina ögon och betraktar mig om igen — i början en smula förskräckt, därefter blott nyfiket — han ser ju strax, att jag ej vill honom något ondt. Med en omild knuff väcker han kvinnan, som reser sig på armbågen, stirrande mot solen. När jag såg dem båda invid hvarandra, dessa de eländigaste bland elända, de mest förskjutna och de uslaste, delande en lott som var sämre än den sämsta, så fylldes mitt hjärta af ett oändligt medlidande, och jag kände det som ville jag gifva allt hvad jag ägde och därnäst mitt eget lif för att bereda dem och några af deras tusen sinom tusende likar ett en smula bättre och lyckligare lif. Men jag gaf dem hvarken allt hvad jag ägde ej heller mitt eget lif, utan då mannen bad mig om en cigarett, gaf jag honom hela tjugu kopek till tobak. Han såg på mig i stum häpnad. Men jag gick bort med smärta och bitterhet i hjärtat.

Så göra vi alltid, vi »öfverklassmänniskor» — vi brösta oss öfver känslor, som kantänka i finhet, styrka och ädelhet gå många gånger utanpå dem, hvilka tändas i de hjärtan, som klappa under arbetarens jacka, musjikens fårskinnspäls eller bondkvinnans tröja. Så till vida hafva vi nog äfven rätt, som de ju hos oss äro oändligt mycket mera spröda och delikata, invecklade och intensiva, dessa känslor, ty sådant hör det öfverfinade kulturlifvet till. Men hvartill tjänar allt detta, då resultatet däraf är så ringa — för uslingen en silfverslant och för oss själfva en stunds obehaglig och plågsam förnimmelse af att någonting är på tok och att *någonting*, ovisst hvad, *måste* göras — en förnimmelse, som jagas på flykten af första ljumma sommarfläkt, af en lärkas drill, af en intressant bok, ett angenämt samtal eller — en god middag!

Osökt rann mig i sinnet, då jag långsamt återvände till

stationen, hvad Tolstoj i en af sina böcker förtäljer om en allmosa. Han gick en gång med sin tjänare på en gata i Moskva, då de mötte en tiggare, som begärde en allmosa, — *radi Christa* »för Kristi skull». Tolstoj stannade och gaf ur sin börs två silfvermynt på tillsammans trettio kopek åt tiggaren, som öfverraskad af den frikostiga gåfvan betäckte hans hand med kyssar och bad Gud välsigna den gode gifvaren och alla hans barnbarn. I detsamma räckte tjänaren fram en smutsig kopparslant och sade åt tiggaren: »gif mig du två kopek tillbaka, ty jag vill gifva dig tre, men jag har blott ett femkopekstycke.» Tiggaren gjorde efter tillsägelse och Dmitri, eller hvad han nu hette, stoppade tyst på sig de återlämnade två kopeken. Tolstoj förvånade sig åt att tiggaren tackade Dmitri lika ödmjukt för de tre kopeken, som nyss honom själf för de trettio, och han log åt det löjliga i att växla en allmosa. Men efteråt kom han att tänka på, hurusom Dmitri, då han gaf sina tre kopek, egentligen hade gifvit ofantligt mycket mera än hans herre, som gaf trettio, i förhållande till bådas inkomster; Dmitri var alltså synbarligen mycket mera tack värd än han själf. Dock hade han varit så belåten att gifva sin gåfva och tyckt sig göra en god och berömlig gärning! Nu insåg han, att faktiskt var den icke ens så mycket värd, som när hans tjänare gaf åt en usling hälften af en liten växlad kopparslant!

Så krympa de mänskliga tingen och gärningarna samman, då man sätter dem i deras riktiga förhållande till hvarandra, eller, som Spinoza säger, granskar dem under evighetsljuset.

* * *

En halftimme senare steg jag af tåget vid Koslovkastationen.

Genom en härlig skogspark af väldiga löfträd med här och hvar inströdda tallar gick vägen till Jasnaja Poljana, alldeles rak och så bred som vore den afsedd för en hel krigshär. Efter tjugu minuters promenad hade jag hunnit slutet af skogen och satte mig en stund i skuggan af en väldig björk för att läsa några sidor i Stadlings intressanta bok »De religiösa rörelserna i Ryssland», den enda packning jag för tillfället medförde, med undantag af mina toilettsaker; det var ännu bittida på morgonen och jag ville ej komma allt för tidigt till Jasnaja. Fåglarne kvittrade gladt och vinden susade sakta i trädtopparne, medan jag läste om fängelse och död och förföljelse, om orubblig tro och hjältemod och själuppoffring.

Det började redan lida på dagen. Solen stod högt, fågelsången tystnade småningom, vinden susade icke mera, men de små krypen på marken surrade, hoppade, sprungo och kilade fram och åter i den heta sanden vid mina fötter med allt större lifligbet. Jag steg upp och fortsatte min promenad.

Min väg korsade den stora chaussén, som leder från Tula söderut mot Voronesj. Där mötte jag en rysk präst, åkande med sin familj. Höfligt, men icke utan en viss ironi, frågade jag honom om vägen till Lev Tolstojs hem.

»*Vot tam* Jasnaja Poljana»,' svarade han vänligt, visande på en trädbevuxen höjd i närheten. »Där är det», och han tillfogade åtskilliga upplysningar om den korta vägbit, som var kvar.

Tiggare.

Jag tackade, lyfte på min svenska studentmössa artigare än jag någonsin förr gjort för en ortodox rysk prest, och gick vidare. Först förbi en härlig talldunge och ett gammalt minnesmärke af sten med inhuggna vapensköldar — det var rågångsmärket mellan Jasnaja Poljana och närmaste ägor — därefter öfver en liten bro och sedan utmed en vidsträckt fruktträdgård med ett förfallet lusthus på en kulle i ena hörnet.

Snart stod jag vid tvänne väldiga, murade grindpelare, af hvilka den ena inneslöt ett rum, som synbarligen tjänade till hönshus. Till vänster låg byn Jasnaja Poljana, en vanlig rysk bondby, med små grå stugor af trä eller lera; rätt fram hade jag en lång allé af högresta popplar och lönnar, till höger fruktträdgården och en halft förvildad park, som sträckte sig fram på ömse sidor af den ståtliga och förr i världen säkert välhållna allén.

Jasnaja Poljana.

Jag gick långsamt uppför denna, nyfiken på hur jag skulle bli mottagen, då jag kom så här objuden, oväntad, utan rekommendationer och endast refererande till den flyktiga bekantskapen från mitt tidigare besök.

Vid slutet af allén fann jag en tydligen flitigt använd tennisplan, därpå en något »vild» trädgård, och bakom denna det enkla hvita tvåvåningshus, där Lev Tolstoj med sin familj bor om sommaren. På öfre våningens balkong visade sig just en lång, mager figur med breda, raka axlar och med böljande långt, grånadt skägg — det var den gamle grefven själf, som tog sin morgongymnastik i solbaddet.

Vid frukostbordet, som stod dukadt på gården under ett väldigt träd, fann jag en ung man, hvilken presenterade sig såsom kamrat till Tolstojs yngste son. Jag gaf honom mitt visitkort, där jag för bättre verkans skull skrifvit på det internationella språket Esperanto: *Amiko de Tregubov kaj Puĉkovski* — vän till Tregubov och Puĉkovski — två af Tolstojs hängifna anhängare, hvilka vid föregående tillfälle introducerat mig hos grefven.

Om några ögonblick hade jag tillfredsställelsen se Tolstojs präktiga, af åren ännu oböjda gestalt träda mig till mötes i porten. Han mottog mig med fryntlig och okonstlad vänlighet och påstod artigt nog, att han mycket väl kom ihåg mitt föregående besök hos honom i Moskva. Innan jag hunnit yttra något vidare, frågade han, om jag hade lust att deltaga i hans vanliga morgonbad; först nu lade jag märke till hans kostym, som var egendomlig nog att se, äfven för den som väl kände hans enkla vanor — den bestod nämligen till synes af alldeles ingenting annat än ett par simpla tofflor och en nattrock af tunn blå domestik, som sammanhölls kring lifvet af badhandduken! Jag hann knappast reflektera öfver det originella mottagandet, förr än vi redan voro nere vid det grefliga badstället — en liten med »vattenklöfver» öfvervuxen damm i parken.

»Badhuset» var af primitivaste slag, uppfördt af smala stänger och vassrör, och rymde endast med svårighet två eller tre personer på en gång. Toiletten gjorde mig föga mera besvär än grefven, då jag med afsikt klädt mig mycket enkelt, och snart plaskade vi båda två af hjärtans lust ibland de gröna vattenväxterna i dammen, simmande, frustande och sparkande i det för öfrigt ganska klara vattnet, muntra som ett par pojkar, de där sluppit undan skolmagistern. Då den gamle grefven dök upp ur vattnet med hår och skägg fullt af den ljusgröna vattenklöfvern, verkade han för mina ögon likt en gammal skarpögd men godmodig Neptun, som en stund frestats att i ungdomlig yra tumla om i sitt eget element. Han gladdes åt min simning och ville sedan, när jag steg upp ur vattnet, att jag skulle visa honom prof på vår bekanta svenska gymnastik, hvilket jag gärna gjorde, glad att jag tack vare gamle kapten L. i Uppsala ej behöfde komma min nation på skam i detta afseende. Han ville då själf låta se, att hans egna armar trots de sjuttio åren ej förlorat sin spänstiga kraft — med det resultat, att han så när stött omkull hela det bräckliga badhuset!

Under promenaden tillbaka upp till gården och medan vi tillsammans intogo kaffet vid bordet under det stora trädet, kunde jag knappast få fullt klart för mig, att denne kraftfulle, kärnfriske, glade och skämtsamme gamle, som jag nu hade framför mig, kunde vara samme ifrande, glödande, allvarlige sedlighetsapostel och samme obevekligt stränge filosof, som jag lärt känna i Tolstojs »Bekännelser» och »Hvad är att göra?»

Då vi druckit vårt kaffe, upplyste min värd, att han för tillfället var mycket ifrigt sysselsatt med ett intressant arbete *Om de sköna konsterna* och att han i sin bästa arbetstid, mellan kl. 10 och 2, ej lät störa sig af hvarken kungar eller tiggare. »För öfrigt», tillade han med ett vänligt leende, »måste ni vara trött af er promenad och badet; jag skall bedja, att man gör i ordning en soffa åt er i det svala lusthuset. När ni sofvit så länge ni har lust, kan ni promenera i parken med någon af de unga till kl. 2, då vi äta middag — sedan skola vi språka. Och till dess *Gute Nacht!*» slöt han leende och gick.

* * *

Middagen var öfver.

Den hade varat länge — längre än jag kunnat vänta hos honom, som enligt ryktet tagit den ryske bondens vanor till sitt föredöme. Fyra rätter mat och tvänne betjänter till uppassning — jag betraktade noga grefven för att se, huru han ställde sig till detta. — Han »ställde sig» icke alls, utan satt i all enkelhet och åt sin simpla grönsoppa jämte en annan rätt, också den beredd af trädgårdsprodukter — han har varit vegetarian i tio år utan att, efter egen utsago åtminstone, må annat än väl däraf. De många rätterna äro till för främmande och för familjen, som lefver en vanlig rysk adelsfamiljs lefnadssätt, om också jämförelsevis enkelt.

Men jag har ju glömt att presentera familjen — eller rättare sagdt de närvarande medlemmarne af densamma.

Där var nu först och främst grefvinnan. Sofia, grefvinna Tolstoj, tillhör en oadlig tysk familj, som likväl varit länge bosatt i Ryssland; hon känner och tänker därför så, som en äkta ryska. Den plats hon intager som maka till sitt lands störste skriftställare och ryktbaraste personlighet i våra dagar, är hon säkert bättre än de flesta i stånd att fylla. Med en ovanlig begåfning förenar hon de mest gedigna kunskaper och en otrolig arbetsförmåga. Hennes ställning är också ingen sinekur, särskildt i betraktande af att hon utom allt annat också i årtionden fått tjäna som sin mans enda sekreterare. Och hvad detta vill säga förstår endast den, som sett Tolstojs stil och som känner hans sätt att bearbeta sina manuskript; renskrifna, rättar han dem på nästan hvarje rad, ändrar, stryker ut och skrifver om; därpå måste de ånyo renskrifvas, ånyo rättas och så vidare i oändlighet. Och detta arbete har hört grefvinnan Sofia till. Det påstås med anspråk på tillförlitlighet, att hon så fått skrifva om somliga af Tolstojs verk ej mindre än femton, sexton gånger. Nu-

»BADHUSET».

mera är hon befriad från detta arbete; grefven har nämligen skaffat sig en skrifmaskin, på hvilken hans manuskript kopieras af en därför särskildt anställd person. Vid den sista rentryckningen lämnar maskinen sex kopior på en gång, hvilket möjliggör, att Tolstojs arbeten kunna samtidigt utkomma i autoriserade originalöfversättningar på flera språk. Man ser, att den store gamle med allt sitt förakt för konster och vetenskaper icke ratar dessas frukter.

Grefvinnan Tolstoj har öfver sitt uppträdande en viss nervös oro, som gör att man strax i början kanske ej finner sig så väl tillrätta med henne, men äfven vid en ganska ytlig bekantskap lär man mycket snart i henne uppskatta en ovanligt bildad, intelligent och nobel personlighet. Hon har, liksom de öfriga medlemmarne af familjen, aldrig fullt delat sin mans åsikter under det senare skedet af hans lif, oaktadt hon i många fall sympatiserar med dem. Hennes ställning har härigenom blifvit synnerligen svår, och det är alldeles påtagligt, att endast en kvinna med sällsynt intelligens, takt och omdömesförmåga skulle kunnat uppbära den så som hon gjort. Åt alla sina barn har hon gifvit den omsorgsfullaste uppfostran; fadern har så att säga endast mera passivt deltagit däri. Hon har ombesörjt och ombesörjer fortfarande utgifvandet af sin mans arbeten — Tolstoj förhåller sig numera själf absolut likgiltig till alla dessa romaner och berättelser, som världen beundrar, och han vill ej lägga två strån i kors för dem. Hon utöfvar på Tolstojs författareskap ett viktigt inflytande, dock kanske mindre nu än förr, då hennes omdöme oftare blef bestämmande; så är det till exempel mycket hennes förtjänst att *Krig och fred*, den berömda stora romanen i fyra delar, blifvit rensad från en del ohyggliga detaljer, råheter lagda i de uppträdande personernas mun och scener som för ett rent sinne skulle gjort njutningen af detta verk mer än blandad. »Jag kunde själf icke läsa arbetet», sade grefvinnan T. en gång till mig, »utan att fälla tårar af smärta, harm och förödmjukelse på mitt köns vägnar, och jag vet, att ingen annan renhjärtad kvinna skulle kunnat göra det; men hvarför skall man då utesluta alla sådana från njutningen af ett verk så härligt, så stort, så stolt som detta?» Den gången följde Tolstoj sin makas råd, men en annan gång lämnade han det obeaktadt — det var då Kreutzersonaten skapades. »Jag har aldrig fullständigt läst den boken», sade grefvinnan i ett samtal, »och jag hatar den; jag ville icke sätta den i händerna på någon af dem som jag älskar.»

Tolstoj, med sin äktryska, en smula naiva sorglöshet, ger ofta löften till höger och vänster, utan att så mycket tänka på deras innebörd och de eventuella följderna. En och annan gång har han genom sin älskvärda förbindlighet mot främlingar, hvilka icke alltid med finkänslighet och takt begagnat sig däraf, råkat i ledsamma situationer, som ofta klarerats endast genom hans hustrus kloka och energiska ingripande. En sådan händelse berättades mig en gång i den Tolstojska familjen på följande sätt.

T. hade skrifvit en artikel öfver ett ämne, som föranledde honom till skarpa utfall mot åtskilliga myndigheter, institutioner och förhållanden i Ryssland. Mot vanligheten hade manuskriptet ej genomgått den »husliga» censuren, innan det lämnades till tryckning i en ansedd rysk tidskrift, men denna tidskrifts redaktör, en klok man och personlig vän till Tolstoj, företog på eget bevåg i dennes intresse åtskilliga uteslutningar, hvaröfver författaren sedermera vid närmare betänkande kände sig rätt belåten. Emellertid hade en ung engelsman, mr C. kunna vi ju kalla honom, en något inbilsk och egenkär personlighet, lyckats på okändt sätt — troligtvis genom tryckeripersonalen — öfverkomma originalmanuskriptet och publicerade snart i engelska tidningar en till yttermera visso delvis förvrängd och skärpt öfversättning af det i och för sig nog skarpa originalet. Denna väckte stort uppseende; kejsaren själf och några af ministrarne uttalade öppet sin förvåning och ledsnad och klandrade skarpt och rättvist både ton och innehåll i uppsatsen. Engelsmannen, som råkade i förlägenhet, begaf sig genast till Jasnaja Poljana med en skrifvelse, hvilken efter hans uppgift till Tolstoj blott innehöll några vänliga ord om hans person och verksamhet, samt begärde grefvens underskrift härå för att sedan få publicera papperet. Tolstoj stod just i begrepp att med omisstänksamt förtroende sätta sitt namn under detsamma, då grefvinnan kom tillstädes och bad att åtminstone få se igenom skriften, innan den undertecknades. Engelsmannen blef förvirrad och undskyllde sig med att tiden ej medgaf dess genomläsande, han skulle bort med tåget o. s. v. Grefvinnan förklarade med oförminskadt lugn och mycken artighet, att han vore välkommen gäst i huset för huru lång tid han ville, men skrifvelsen *skulle* hon läsa.

Hon läste den också — och ref den omedelbart i stycken midt för hans ögon! Den innehöll nämligen, jämte en hel del superlativa loford öfver mr C., en bestämd förklaring af Tolstoj, att öfversättningen i det engelska bladet utgjorde ett det trognaste och mest tillfredsställande uttryck för hans tankar i förevarande fråga! — »Hade denna skrifvelse blifvit offentliggjord», sade grefvinnan till mig, »så hade min mans anseende fått en betänklig stöt; det bryr han själf sig visserligen ej om, men det finnes andra som göra det. — Engelsmannen var emellertid ej mycket glad på mig, då han reste», tillfogade hon med ett fint leende.

På detta sätt har Tolstojs hustru mången gång trädt emellan, då å ena sidan hans häftighet och å den andra hans godtrogenhet hållit på att kasta honom i svåra ledsamheter. Enligt hennes egen utsago är visserligen hennes inflytande i denna väg numera inskränkt till ett minimum, men jag hade själf nöjet att åtminstone vid ett tillfälle konstatera motsatsen. Tolstoj visade mig nämligen en gång manuskriptet till en tidningsartikel, sägande att han gärna velat publicera den, men afstått och lagt den åsido, emedan hans hustru afrådt honom. Grefvinnan var då bortrest, men när hon ett par dagar senare återvände från Moskva, kom han till mig och sade halft skämtsamt, halft allvarligt: »Hon har gifvit med sig nu — jag *får* offentliggöra den! — Ja, jag hade naturligtvis gjort det ändå», tillade han hastigt, »om jag ansett det riktigt, men det hade ju alltid varit ledsamt.» Förmodligen fruktade han, att man skulle tro det han stode under toffeln. Tolstoj under toffeln — den tanken är lustig nog för en hvar, som något närmare känner hans författareskap och hans personlighet.

Som grefvinnan satt midt emot mig vid bordet under det stora trädet ute på gården, där middagen serverades, hade jag godt tillfälle att iakttaga henne. Den höga, något smala pannan, de stora, bruna ögonen med den snabba blicken och för öfrigt ansiktets hela karaktär gifva hennes personlighet ett prononceradt uttryck af intelligent kraft, hvilket likväl en smula mildras genom de, om jag får så säga, »trefliga» händerna och en liten behaglig korpulens. De hastiga, något nervösa rörelserna tycktes mig förråda en genom psykiskt förmycketarbete något öfveransträngd fysik — en uppfattning som jag dock senare fann icke hålla streck. Grefvinnan talade fort och på flera språk: än på ryska till sonen Misja (Michail) och hans informator, en Basistof-typ, som en läsare af Turgeniev̊s Rudin strax måste känna igen — än på franska till mig och till den 14-åriga dottern Sasja (Alexandra) och dennas schweiziska guvernant — än på engelska till den andra guvernanten. Som därtill grefven med mig talade tyska, blef det hela ett slags babylonisk förbistring i smått, hvilket en gång förmådde Tolstoj att utropa: »Om vi nu allesammans, i likhet med vår gäst här, hade gjort oss den lilla mödan att lära och tala Esperanto, så vore det hela bra mycket bekvämare!»

Måltiden var nu som sagdt väl till ända, bordet afdukadt, och familjens alla medlemmar, utom grefven själf, skingrades hastigt åt olika håll.

Då började han tala.

I början sutto vi kvar vid bordet, men snart reste han sig upp, lifvad genom värmen af sina egna ord, och började vandra med mig genom allén, som förenar hufvudbyggnaden med sonen Lev Lvovitsj' landthus. Med händerna instuckna i det breda läderbältet, som sammanhöll hans grofva blus, och med sitt grånade hufvud obetäckt,

Lev Tolstoj.

gick han där nästan tvenne timmar och talade om konsten och om sitt nya arbete, vid hvilket han höll på att lägga sista handen.

»Jag har afbrutit alla mina andra sysselsättningar», sade han, »för att uteslutande ägna mig åt fullbordandet af detta verk, som mycket intresserar mig. Jag framställer där helt nya idéer, nya synpunkter — synpunkter, som efter mitt förmenande äro de enda riktiga och som skulle varit insedda och erkända för länge sedan, om icke människorna varit fångna i fördomar och inbillat sig tro och veta saker, om hvilka de i själfva verket ingenting vetat ooh ingenting alls kunnat tro. Hvad är konsten? Det vet ju hvar och en — det finns icke en lärare, icke en student, ja knappast en enda genomsnittsmänniska, hvilken som hälst, som inte genast har definitionen fix och färdig och dessutom kan räkna upp alla de olika arterna af konst: arkitektur, måleri, poesi o. s. v. Konsten är en verksamhet, som har skönhetens framställande till mål, heter det i sådana personers mun, och därmed anse de frågan besvarad och problemet löst.*

»Frågar man dem då helt enkelt hvad *skönheten* är, synas de öfverraskade af en så naiv fråga, skönhet — det veta ju alla människor hvad det vill säga; det är löjligt att ens begära en definition därpå! Men liksom i de flesta fall förhållandet är, att med ju större säkerhet, nonchalans och själf-

* Jag kan icke neka mig nöjet, att ur den under loppet af mitt arbetes fortgång på flera språk utkomna boken citera följande, just med afseende på denna punkt af vårt samtal intressanta bit.
 ... Men om nu konsten består däri (se den ofvan återgifna definit.), då är ju en balett, en operett också skön konst? kan man fråga.
 »Naturligtvis», svarar genomsnittsmänniskan, om också en smula dröjande. En graciös balett och en god operett äro i den mån att räkna till skön konst, som de låta skönheten uppenbara sig.
 Men till och med om vi nu inte skulle vidare fråga, hvad som skiljer en god operett från en dålig och en graciös balett från en som inte är det — frågor dem han knappast skulle kunna besvara — om vi i stället skulle fråga, huruvida man får till skön konst räkna teaterskräddarens och frisörens arbete, som dock bidraga att försköna dansösens och operettdivans gestalt och ansikte, eller parfymfabrikörens och mästerkockens — så skulle genomsnittsmänniskan väl i de flesta fall förneka, att en dylik verksamhet finge räknas för skön konst. Men däri misstager han sig, och detta just emedan han är en genomsnittsmänniska och icke har sysslat med ästetiska problem. Hade han blott sysselsatt sig med sådana, så hade han säkert läst i den store Renans arbete Marc Aurèle» att skräddarekonsten är också en konst, och att alla de människor äro ytterst inskränkta och dumma, som inte i en kvinnodräkt kunna finna en högre konst. »C'est le grand art», säger Renan. — Dessutom kunde han också i den lärde professor Köstlins verk *Weltschönheit, Versuch einer allgemeinen Ästhetik* och i Guyau's *L* problèmes de l'esthétique* läsa, att kostymkonsten samt smakens

JASNAJA POLJANA. Parken.

medvetande någon talar om en sak, desto mera oklart, obestämdt och förvirradt är hans begrepp om densamma, så är det ock med skönheten. Medan alla betrakta henne som en så enkel och tydlig sak, att det knappast är lönt diskutera om henne, så har under hela den tid ästetiken fortlefvat som vetenskap frågan »Hvad är skönhet?» alltjämt fått förblifva olöst, och i hvarje nytt ästetiskt arbete blir skönheten definierad på ett nytt och olika sätt.

Så kommer det sig, att de otaliga lärda och snillrika män, professorer, konstnärer, vetenskapsmän och skalder, som sedan Baumgartens tid — grundläggaren af den ästetiska s. k. vetenskapen — skrifva öfver konsten, alla hvar för sig uppställa nya teorier, nya system och åskådningar, rakt motsatta och stridande mot de föregående. Och allmänheten följer troget och lydigt med, som en fårahjord följer än den ene herden, än den andre. Knappt har en skola uppstått, förr än hon redan är nedsablad af en ännu nyare och denna åter af en annan. Efter någon tid dyker den första upp igen med åtskilliga modifikationer, och så komma åter igen nya och åter nya. Det enda de ha gemensamt, alla dessa »skolor», är själfförhäfvelsen, öfverlägsenheten, hatet och hånet mot de olika tänkande. Hvad som i dag gäller för högsta lag, är i morgon en gammal fördom för att åter igen om några år upphöjas till regel. Vi beundra taflor, musikstycken och poem, som våra farföräldrar skulle funnit barbariska, och vi skratta åt sådana, som deras smak höjde till skyarne; men än mera — bland dem, som äro söner af samma tid och samma land finnes icke *en* smakriktning utan hundra, hvar och en diametralt motsatt mot någon annan liksom de tallösa radierna i en cirkel.

»Blott en sak till hafva de, förutom det nämnda, gemensamt. Det är åsikten om moralens fullkomliga oberättigande till en plats i det ästetiska systemet, såsom en faktor vid bedömandet af den konstnärliga halten. Konsten är sitt eget mål, predikar man, konsten existerar blott för sig själf och har i sig själf sitt syfte; och så fordrar man, att vi skola tro en sådan pyramidalisk dumhet! Som alla falska filosofiska läror har också denna blott det enda förstuckna målet — att med tomma abstraktioner gifva ett sken af lagligt berättigande åt ett angenämt, tanklöst och luxuöst lefverne.

»Men de ljuga allesammans, de ljuga, säger jag er, medvetet eller omedvetet, och jag vill visa dem, att de ljuga! Jag vill visa dem allt det ihåliga och ohållbara i deras teorier, som ramla likt murkna bjälkar för en enda välriktad, kraftig stöt. Jag har arbetat länge på min bok, jag har samlat material till den i åratal, men jag är ledsen, att jag ej skrifvit den tidigare, innan folk ännu fått den fordomen mot mig, att allt hvad jag skrifver skulle vara paradoxer. Men sanningen måste ändå fram, tidigare eller senare, och jag vet, att hvad jag säger är sanning.»

Entusiasmerad af sitt ämne hade Tolstoj icke märkt, att allt hvad han dittills sagt var negativt, var blott kritik, och då jag gjorde honom uppmärksam på, att med endast sådan bygges intet system upp, fortsatte han:

»Jag ämnar ej uppbygga något system. Vi ha redan alldeles för många. Jag vill blott åt konsten vindicera dess rättighet att vara allmängiltig och af alla förstådd. Det viktiga är, att den intresserar folket och förstås af folket. Vi ha intet bruk för konstnärer som måla blott för sig själfva och för en klick beundrare. All äkta, sann konst förstås af den stora publiken — jag tvekar ej att uttala den satsen, att ett konstverk är skönt, i samma mån som antalet är stort af människor, som intressera sig därför och förstå det. Eller rättare: så *skulle* det vara, om smaken vore sund och naturlig och ej fördärfvad genom konstnärernas dumheter.

»Ni känner tvifvelsutan Rjepin och Ge, ett par af Rysslands förnämsta målare och för öfrigt mina personliga vänner? Nåväl, jag har gått med mina vänner bönderna i Tretjakovgalleriet i Moskva och iakttagit det djupa intryck dessa målares taflor gjort på mina ledsagares obildade, d. ä. ofördärfvade, sinnen. *Det* är den *stora* konsten uppenbarad inom måleriet.

»På diktens område, se på Dickens, Victor Hugo, Dostojevski — i alla land, af alla samhällsklasser förstådda och älskade, äro de och många deras likar representanter för sann och verklig konst. Eder Ibsen däremot till exempel förstår jag alldeles inte — förstår ni honom själf, ni som ju på sätt och vis är hans landsman?»

En så direkt fråga fordrade ju svar; jag fann intet bättre än Ibsens eget bekanta yttrande i anledning af polemiken om ett af hans arbeten — att förr i världen trodde han med en bekant personlighet, att det fanns ingen som förstod hans verk, utom Gud Fader i himmelen och han själf, men nu, sedan han läst kritiken, var han öfvertygad om att Gud Fader var absolut ensam om den saken.

Tolstoj log sitt vänliga leende: »Kanske har han rätt — jag tror dock nästan, att inte ens Guds visdom räcker till. — Ibsen har alltid förefallit mig affekterad, och jag tror att han med afsikt sveper in sig i sin gåtfullhet. Hans dunkel är för öfrigt till en viss grad förlåtligt i betraktande af att han är skandinav; ty dunkelheten — ni får ej taga illa upp — synes mig vara ert folk medfödd» — —

Samtalet länkades nu så småningom in på andra banor, till dess tiden var inne för grefven att börja sitt eftermiddagsarbete. Han gaf mig då en rysk bok i fransk öfversättning, betitlad *Le travail* och sade:

»Detta är en af de bästa böcker jag vet; den är skrifven af en bonde, som är min vän — Timofej Bondarev heter han — och utgifven med ett företal af mig. Jag råder er att göra bekantskap med den och att, om det ej redan är gjordt, öfversätta den till svenska. — Mot aftonen», tillade han i det han gick, »skola vi, om ni behagar, företaga en liten promenad med damerna för att hälsa på min gifta dotter Maria, som bor ett stycke härifrån.» — — — — — —

Utsträckt på marken under en hög platan läste jag Bondarevs bok. Med en viss ursprunglighetens talang och en entusiasmens friskhet lägger han ut sitt ämne. Späckad med bibelcitat har hans stil nästan en gammaltestamentlig klang, som ger kraft och öfvertygande värme åt hans ord; lyckligtvis har den franske öfversättaren undvikit sina landsmäns vanliga fel att, till förfång för originalets stilfärg, förvanska de enkla uttryckssätten och slipa om dem till välbildade, glättade, eleganta, fransyska fraser. Därför lyste det också klart igenom, detta den ryske bondens en smula kärfva och tvärhuggna språk, som i all sin enkelhet är så oändligt uttrycksfullt och innehållsrikt. — Med utgångspunkt från bibelordet »du skall äta ditt bröd i ditt anletes svett i alla dina lifsdagar» predikar Bondarev ett arbetets evangelium, så som kanske ingen före honom; med en hänsynslöshet, jämförlig med eller till och med öfverträffande Tolstojs egen, angriper han hela klasser och stånd af människor, de där förspilla sin tid med onyttigt lekverk, efter hans åsikt, i stället för att egna sig åt »ordentligt arbete». Ordet »du skall äta ditt bröd i ditt anletes svett» tager han i en bokstaflig, krass betydelse; endast i händernas och kroppens arbete ser han det verkliga uppfyllandet af detta bud, som han i sin blinda ensidighet gör till det förnämsta af alla — ja snart sagdt till det enda viktiga. En hvar, som på annat sätt än genom kroppsarbete skaffar sig det för lifvet nödvändiga, stjäl ur andras fickor. Grunden till alla olyckor och allt socialt elände ligger däri, att människorna icke åtlydt detta förbannelsens bud, hvilket är gällande för mänskligheten under hela hennes jordiska tillvaro lika visst som det där andra, det som samtidigt gafs till kvinnan — »med smärtor skall du föda din lifsfrukt». ......

Vi känna utan svårighet igen vissa delar af Tolstojs eget resonemang i dessa teorier. Då man ser, att han försett arbetet med en lång och mycket välvillig inledning, skulle man därför frestas tro, att det vore inspireradt af honom och att Bondarev vore en hans lärjunge. Så är emellertid icke förhållandet. Bondarev hade sina idéer fullkomligt färdigbildade, då han kom i Tolstojs närhet, och denne har ingen annan del i arbetet, än att han gifvit några råd beträffande dess indelning och själfva framställningen. Tvärtom hafva vi här ett nytt exempel på det starka inflytande, som Tolstojs egna läror och åskådning rönt af hans intima beröring med de ryska bönderna; som bekant har hans teologiska system — om man annars kan tala om ett sådant hos honom — i viss mån tagit sin utgångspunkt i den ryske bonden Sutajevs läror och sedermera utvecklat sig i innerlig öfverensstämmelse med åskådningarna inom vissa sekter bland bönderna; sådana äro t. ex. de bekanta *duchoborernas*, till hvilka jag för öfrigt vid ett senare tillfälle skall återkomma i min bok.

Jag fängslades af Bondarevs rätt paradoxa men snillrika och intressanta utläggningar till dess aftonsvalkan kom och därmed den utsatta tiden för vår promenad. Strax före densamma passade jag på att taga en liten fotografi af grefven och grefvinnan utanför byggningens veranda; tidigare hade jag fotograferat Tolstoj i hans favoritställning med händerna nedstuckna i läderskärpet, som omsluter hans midja, men enär belysningen i ingendera fallet var fullt gynnsam, lemna bilderna åtskilligt öfrigt att önska — de äro dock icke utan sitt intresse, då de gifva en viss, rätt god karaktäristik af gestalten.

Så begyntes då vår »lilla» promenad, i hvilken också deltog unga fröken Sasja, jämte guvernanterna och informatorn-Basistof. Sonen Misja och hans kamrat hade redan begifvit sig i förväg på sina hästar; sedan Tolstoj underrättat sig om

Tolstoj i sitt arbetsrum.
Efter en tafla af Repin.

att jag kunde rida, bestämdes att två andra ridhästar, en för honom och en för mig, samt en *trojka* för de öfriga skulle sändas efter och hinna upp oss på halfva vägen bort.

Först gingo vi genom den vidsträckta trädgården, i hvilken efter hvad man sade mig funnos ej mindre än åtta till nio tusen äppelträd! Några af de redan mogna frukterna, som man bjöd mig, kommo mig dock att med saknad tänka på Sveriges ljufliga, doftande astrakaner, dessa svenska äpplen med ryska namn, som ingen någonsin sett i Ryssland och som i doft och smak ännu icke öfverträffats af någon annan art på jorden.

Vi gingo fort, så fort att den lilla schweiziskan knappt kunde följa med. »Ici on ne se promène jamais», hviskade

Grefven och grefvinnan Tolstoj.

hon till mig, »on court, court».... Tolstoj tycker om att gå fort, och grefvinnan har vant sig att följa honom. »Ni tycker nog det ser illa ut, att ett gammalt fruntimmer vid mina år löper på det här sättet», vände hon sig till mig, »men ser ni jag är van vid det och tänker ej därpå. Det har min man lärt mig. Vi promenera mycket och föra ett rörligt lif; därför

njuta vi också ännu den bästa hälsa, båda två. Han där»
— och hon pekade på grefven — »både rider och åker
bicykel fast han är nära sjuttio år. Velocipedåkandet är jag
ej mycket med om, jag är rädd han skall förkyla sig. Men
sådant tänker han aldrig på.»

Det kunde man också se. Han gick i samma tunna blus,
som han burit hela dagen, och under hvilken hans magra,
men muskulösa, axelbreda figur markeradt aftecknade sig.
Det långa, gråa, böljande skägget och hans obetäckta hjässa
med silfver i håret gåfvo honom, samman med den egen-
domliga dräkten, utseendet af en gammaltestamentlig patriark,
som hög och allvarsam skred fram mellan oss andra, »sena
tiders barn». Allvaret var för öfrigt blott tillfälligt; vid ett
muntert ord, ett lekande skämt af honom själf eller någon
annan, jagades det bort som morgondimmorna af en sommar-
vind. Och de ibland så skarpa grå ögonen under de buskiga
ögonbrynen lyste då af en liflig eld, glada och goda som ett
barns — det var icke en gubbe med krokig rygg och knar-
riga tankar — det var en yngling med spänstig gång och
hållning, med en ynglings eld i det varma hjärtat, med en
skalk i ögat och med ynglingatankar i det stora fula hufvudet
under silfversprängdt hår. — — —

Vi kommo till en väldig hagtornshäck i kanten af träd-
gården — vi kröpo igenom. På andra sidan var en graf och
en vall — vi hoppade ned, vi klättrade öfver. Och så ut på
det gröna fältet, där herdegossar vallade sina hjordar och där
en liten bäck nederst risslade fram mellan gula blommor.
Vid bron, som ledde öfver, lades på ledstängerna äpplen åt
vallgossarne. Vi tågade vidare. En talldunge på ena sidan,
härliga, präktiga, storvuxna tallar. Midt framför oss björkar,
Tula-provinsens välvårdade, kulliga björkskogar. Så fram
genom uthuggningen, där jag på morgonen gått från Kos-

lovka. Solen förgyllde trädtopparne och kastade sneda strålar på marken. En fårahjord mötte oss — en lång, oöfverskådlig rad svarta, hvita, gråa och fläckiga får, med hängande, feta klumpsvansar. De tågade i led som en krigshär; bakom dem gick deras general, herden, med bössa och piska och vallhorn. På flankerna hans adjutanter, hundarne. Basistof-informatorn fick upp sin kamera och fotograferade — en ögonblicksbild i det sista, döende solljuset. Grefvinnan är stor amatör af fotografering; nu hade »Basistof» förtroende att hjälpa henne. I hennes samling af »hemmagjorda» fotografier finnas många bilder af högsta intresse, särskildt gruppkorten af familjen med Tolstojs vänner, som bruka komma på besök om somrarne och af hvilka jag kände åtskilliga, såsom t. ex. den gemytlige musikprofessorn T. från Moskva och ingeniören-öfversten Z. från Poltava, hvilka båda jag hade äran räkna till mina egna personliga vänner.

Närmare stationen råkade vi på de båda ungdomarne Misja och Serjosja, som tumlade sina små eldiga kirgisiska hästar i den breda, grönskande uthuggningen. De togo emellertid föga notis om oss, stackars fotvandrare, och vi fortsatte vägen till en plats ett stycke bortom Koslovka-stationen, tre kilometer från Jasnaja, där vagnen och ridhästarne upphunno oss. Grefven och jag stego till häst, den förre på sin hvita favorit, som trots en respektabel ålder är så eldig, att just ingen annan än han själf törs rida på den. Jag hade fått lilla fröken Sasjas högt älskade sextonåriga kirgissto, som sannerligen var föga mindre lifligt. »Basistof» fotograferade igen, medan damerna togo plats på trojkan — ett trespann af trenne små glada hästar i bredd framför en lång, smal vagn med ryggstöd i midten och öppna säten längsefter hvardera sidan.

Så bar det af. Vi ryttare hade snart lämnat den

snabba trojkan långt bakom oss och ilade i susande galopp fram öfver fältet. På ömse sidor majestätiska skogar och i kanten af dem täcka villor, där Tula-borna ha sina sommarnöjen. Men snart äro vi ute på det fria fältet, och hästarne ila än snabbare framåt.

I byn Avsionova göra vi halt ett ögonblick för att språka med några bönder — goda vänner och trogna grannar. Snygga hvitmenade lerkojor, blommor bakom rutorna, målade fönsterinfattningar och luckor, halm på taken. Brunnar med kvinnor omkring, alla i rödt, rödt och hvitt. Karlar i lysande röda skjortor, vida byxor och höga stöflar; skägget böljar långt ned på bröstet, den runda, ryska nationella mössan sitter djupt ned på det långa, hängande håret. Några strålar sol på det hela, mest på grefven och hans hvita häst — det är en tafla! . . . .

Öfver åkerfälten, öfver en liten bäck, och så äro vi framme vid en enkel landtgård. »Här bor min dotter Maria, som är gift med furst Volkonski», sade grefven; i detsamma öppnades gårdsporten af en person i en simpel bondkvinnas dräkt. »Det är en väninna till mig», presenterade Tolstoj, »som hjälper de unga. Hon är mycket god.»

Det var kanske en af de mest äkta anhängarne af hans läror. Uppfostrad som en fin dam, med alla en sådans färdigheter och talanger, hade hon öfvergifvit allt som band henne vid den värld, hvari hon fordom intagit en bemärkt plats, och ägnade nu sitt lif åt att hjälpa och biträda den som var i behof af hennes hjälp. Med händer, som en gång mjuka och hvita lekt på pianinots eller flygelns elfenbenstangenter och sömmat delikata broderier i silke och guld, mjölkade hon nu korna och föste fåren på den lilla egendomen, där hon var ett slags allt i alla för Tolstojs unga dotter och måg. Kring hennes gestalt, som förr varit höljd i dyrbara rober, hängde nu den ryska bondkvinnans simpla klädebonad, och hennes fötter, som väl fordom trippat i guldskinnsskor eller sidenkängor öfver bonade parkettgolf, voro nu instuckna i stora grofva karlstöflar, sådana som kvinnan af folket brukar, och trampade villigt åkrar och stigar. Men umgängeslifvets fina förbindliga sätt hade hon ännu alltid kvar, liksom också sin eleganta fransyska prononciation — hvar skulle man i hela världen finna en sådan typ annat än i Ryssland, i motsatsernas underbara land, där man så snart tröttnar på att förvånas!

Den unge fursten och furstinnan mottogo oss på sin lilla enkla veranda, och då snart därefter de öfriga medlemmarne af familjen anlände, sutto vi inom kort alla i otvunget samspråk kring den kokande samovaren med rykande téglas samt några skålar fulla af ryska äpplen. — Det ryska hemlifvets vackraste blomma — enkelheten, den glada, sunda, naturliga enkelheten — stod i denna milieu i sitt vackraste flor.

Det började redan bli mörkt, när vi togo farväl; jag tryckte varmt och hjärtligt den egendomliga »bondkvinnans» hand, och jag tillät mig till och med att på densamma trycka en vördnadsfull kyss, efter det gamla i Ryssland ännu helt vanliga bruket, som jag annars i egenskap af främling ej brukade iakttaga. — En tjusande färd i den ljumma, halfskumma sommarkvällen — stjärnorna blinkade redan stilla och vänligt från det djupblå fästet, när vi omsider svängde upp på Jasnaja Poljanas gård. Efter supén, vid brinnande ljus i en lummig löfsal, reste jag mig för att säga farväl och gå till stationen i afsikt att följa med nattåget, men blef vänligt öfvertalad att stanna kvar till påföljande morgon, då jag skulle blifva skjutsad till Tula.

»Om jag spelade schack?» Ja, något, svarade jag oförsiktigt, icke ihågkommande, att hvarje ryss är född schackspelare, och att min obetydliga talang måste stå sig mycket klent i schackspelets förlofvade land. Den stora salen i öfre våningen, där Tolstoj slog sig ned med mig vid ett schackbord, är ett rymligt och vackert rum med tre stora fönster å hvardera kortväggen; det ser dock en smula ödsligt och tomt ut genom möbleringens påfallande enkelhet. Ett väldigt matbord — familjen är talrik — en flygel, några stolar, ett tidningsbord med planschverk på — se där ungefär allt. I hörnen stå dessutom flera gipsbilder af Tolstoj själf, byster och små modeller till helbilder, gjorda af några bland Rysslands förnämsta konstnärer, en Rjepin, en Ge och andra. På väggarna hänga porträtt af anstora förfäder i styfva kras, spetsar och flor, generaler, furstinnor och grefvinnor, hvilka tyckas med förnäm nedlåtenhet blicka ned på den nuvarande herren till Jasnaja Poljana, den enkle anspråkslöse arbetaren, den store människovännen och filosofen.

Jag skulle betänkligt svika sanningen, om jag sade, att jag skötte mitt schackspel väl; min ovanlige medspelares »drag» på brädet intresserade mig mindre än dragen i hans anlete. Då jag såg, att han var trött, lät jag mina bönder gå någorlunda som de ville, med det resultat, att han tog de flesta af dem, liksom han dagligen håller på att »taga» Rysslands bönder, samt stängde in kung och drottning och alla förnämiteterna för mig, liksom han i verkliga lefvande lifvet går kejsare och konungar nära och tvingar de stoltaste andar att stanna för att ransaka sig själfva och pröfva sina hjärtan och njurar.... Så gjorde han mig matt....

Med ett vänligt leende och det kategoriska omdömet »Nein, Sie spielen nicht gut!» plockade han samman sina pjeser. Jag tog min dom med lugn och begärde ingen revanche, nöjd att en gång i mitt lif hafva blifvit besegrad af en bland Rysslands skickligaste schackspelare.

Värden visade mig själf det rum, där jag skulle bo — det s. k. biblioteket; i det han stängde dörren om mig, afgjorde han: »i morgon klockan nio gå vi och bada tillsammans.»

Biblioteket gjorde så till vida skäl för sitt namn, att där fanns böcker — eljest hade det föga som erinrade om ett bibliotek på en herregård på landet. Jag sökte mig genast några volymer af Tolstoj ibland det stora urvalet af sådana, öfversatta på alla möjliga tungomål, som försedda med smickrande dedikationer på titelbladen, stodo instuckna bland de andra på de simpla, oordnade hyllorna. Tillfälligtvis fäste jag mig vid »Der Gefangene in Kaukasus» och låg just försänkt i dess mästerligt liffulla skildringar, då dörren öppnades och Tolstojs höga gestalt syntes på tröskeln. Han ville veta, om jag saknade något, och då han såg att jag läste, frågade han hvad jag hade. Svaret syntes göra honom belåten, och jag finner nu till min öfverraskning i hans bok »Om konsten» att just *denna* novell är så godt som *det enda* af hela sin skönlitterära produktion, hvarpå han numera säger sig sätta något egentligt värde — icke af falsk blygsamhet, men på grund af sin förändrade lifsåskådning.

* * *

Efter badet och frukosten följande morgon kom åter en oförgätlig timme — ett samtal med Tolstoj, hvaraf nästan hvarje ord med eldskrift bränt sig in i mitt minne och mitt hjärta.

Det började med att jag gjorde honom en fråga, en fråga sådan som lärjungen gör sin mästare, fastän jag hvarken var eller är hans lärjunge — en fråga sådan som Herren Jesus en gång fick sig förelagd att besvara, då en hjärtevarm men världsglad yngling sade till honom: Herre, hvad skall jag göra, att jag må få ett evigt lif?

Tolstoj har skrifvit en bok som heter *Sjto djälatj* — »Hvad är att göra», och jag frågade honom nu med hans egna ord: hvad är att göra, hvad tillhör det en människa att göra, den där vill lefva ett lif i sann mening mänskligt? Jag tog till utgångspunkt händelsen där borta på kyrkobacken i Tula och förtalde för honom hvad jag sett och gjort och de bittra tankar mitt eget handlingssätt väckt till lif hos mig. Den skärande kontrasten mellan å ena sidan hvad jag gjort och å den andra hvad jag borde och kunde göra, hade hela dagen hvilat som en tryckande mara öfver mitt sinne och icke lämnat mig någon ro. Jag måste ju, om jag ville följa mitt hjärtas maning och kärlekens ovillkorligt fordrande bud, jag måste ju då offra allt hvad jag ägde — det var visserligen inte mycket, men dessutom alla mina förhoppningar och önskningar, mina planer på framtiden, mina studier, min verksamhet och hela mitt väsen. Var det nödvändigt, var det rätt, eller var det ens möjligt?

Tolstoj såg på mig forskande. Hans djupa gråa ögon, ömsom skarpa och blixtrande, ömsom milda som ett barns tycktes tränga till grunden i mitt innersta väsen och betrakta och väga mina innersta tankar. Så talade han.

»Det finns i världen blott två vägar för en människa, en kristen, en som vill lefva ett människan värdigt lif.

»Den ena är denna: Gif bort allt det du hafver till de fattiga, och alla dina ägodelar till dem som intet hafva; det är dig icke tillåtet att äga en klädnad mera än den, som du bär på din kropp, eller ett bröd mera än det, hvarmed du stillar din hunger. När du intet vidare äger, som du kan kalla ditt, mer än dina egna starka armar och ditt varma hjärta, när du öfvergifvit *allt* för att följa Honom, som bad dig öfvergifva till och med fader och moder och allt som band dig i världen — då skall du gå ut och bära de sjuka på

JASNAJA POLJANA. Från trädgårdssidan.

dina armar och värma de lidande med ditt hjärta, och åt den hungrige skall du gifva din sista brödbit, hvarmed du velat stilla din egen hunger. Själf skall du bära dagens tunga och hetta och för intet hjälpa dem, som lida lekamligen eller andligen och som behöfva din hjälp.

»Men den vägen leder ju till undergång, till döden genom brist och umbärande, genom människors ondska? Ja, det är sant, men undergång och död är bäst. Ett sådant lif i sex veckor, det är, tro mig», — och den gamle vände sig till mig med flammande blickar och slog sin knutna hand i bordet — »mera, oändligt mycket mera värdt, än ett sådant som mitt eller edert i sex och sextio år. Döden efter ett sådant lif af lidande är den välkomne förlossaren, befriaren, men lifvet, lifvet själft har lämnat djupare spår bland människorna, än den störste statsmans eller fältherres lif, den djupsinnigaste filosofs och tänkares.

»Det är blott skada, att den vägen kunna vi icke gå... Ja, en ibland oss har gjort det — Jesus Kristus, som dog på korset; han gick den vägen intill den sista milstenen och han fann också det slut på densamma, som är det enda möjliga. Han dog så som hvar och en af oss måste dö, om vi försöka och lyckas att gå hans väg — han dog som en missdådare, en ur samhället utstött. Och dock — finnes det någon, som djärfves påstå, att ett annat människolif i världen haft en så genomgripande betydelse för hela släktet som hans — i trots af att det långt ifrån nådde måttet af en vanlig människas lifslängd? Ja, *Han* kunde det, men jag känner ingen annan i världen, som kunnat det, och ni gör det icke heller.

»Hvad återstår då för oss, oss andra, svaga människor, som *vilja* följa honom, men ej kunna — hvad är för oss att göra?

»Det finns en annan väg, som väl ej är den rätta och som

ej leder till det stora, enda målet för hvarje enskild individ, men som närmar honom så mycket som möjligt till den rätta vägen, och som en gång kanske skall föra hela mänskligheten fram — i tidens fullbordan. Den vägen smyger sig *intill* den andra så nära som möjligt, och att gå densamma är, att söka förverkliga kristendomens idé *i möjligaste måtto*, så långt våra krafter nå och förmå. Det är icke heller *så* svårt, som man många gånger föreställer sig. Den kristna religionen är så enkel och lättfattlig, förstådd i sin renhet, att det har behöfts århundradens lärda misstydningar för att till sist göra den obegriplig för menige man, — gå blott till bibeln, till evangelierna, där skall du återfinna henne.

»Det är denna väg, som jag sökt följa, och det är den, som man följer, i fall man saknar kraft och mod att gå den andra. Jag bekänner uppriktigt, att det kan *jag* icke. Det sämsta af allt är, om man hycklar, om man säger sig göra något, som man icke gör eller kan göra. Kristus har en gång blifvit vred och det var för hyckleris skull.

»Man förebrår mig, att jag lär detta, men lefver annorlunda. Men huru är väl annat möjligt? Kan jag lära annat, än det jag inser vara det enda sanna, enda rätta? Och är det möjligt, att det finnes en människa, som icke någon gång erfarit, hurusom hon väl sett och förstått hvad som är rätt, men ej kunnat, ej förmått att *göra* det, huru mycket hon än längtat och trängtat därefter? Så är det med mig. Jag ser det rätta så klart och tydligt, att för mig ej finnes minsta tvifvel om hvad som är sanningen, den enda sanningen. Och denna sanning predikar jag för hvem som vill höra den, ty jag kan icke annat, och jag skulle önska, att jag hade hundrade röster för att kunna predika den än högre. Min största sorg är, att jag på onyttiga ting förnött så många af mina lefnadsår, dem jag kunnat använda på mitt arbete;

mot aftonen få vi alla bekymmer att hinna med vårt dagsverke, och jag tycker nu, att hvarje timme jag ej ägnar åt det verk, som är mitt, är en stöld från detsamma, ett brott mot min plikt.

»Tyvärr kan jag ej frigöra mig från omvårdnaden om min hälsa; jag tänker ofta på den och har omsorg om den, fastän jag vet, att det är orätt; men jag kan inte annat. Ty det är den ensam, som gör det möjligt för mig att äga krafter nog för att ännu tala till människorna. Och detta är det egentligen, som nu binder mig vid världen; jag tycker mig äga en plikt, en mission att fylla, då jag skrifver mina böcker och då jag talar till människor, såsom jag nu gör till er. Annars har jag öfvergifvit allt, som binder mig, men detta kan jag icke släppa. Mitt gods, mina ägodelar, min rang och ställning bekymra mig mindre än intet. Den berömmelse, jag vunnit som författare, har för mig alls intet värde, och det händer mig numera aldrig, att jag kostar en tanke på publikens omdöme, på hvad man skall döma och tycka om hvad jag skrifver. Till och med från känslorna för min familj har jag lyckats frigöra mig — jag uppskattar de mina som förträffliga människor, och jag underhåller med dem det bästa förhållande, enär de lefva i min närhet, men jag räknar hvarje människa för min broder, och den ene är mig icke kärare än den andre — det må nu vara släkt eller oskyld, landsman eller främling.

»Det enda, som är mig viktigt, är det arbete jag gjort och gör, eller som jag åtminstone tror mig göra, för mänsklighetens bästa. Och dock vet jag, att jag äfven häri felat, att jag gör mindre nytta nu, än jag skulle göra, i fall jag helt kunde följa min öfvertygelse.

»Ni tror på det andliga arbetets öfverlägsenhet, och ni menar, att den, som har gåfvor därför, gör rätt i att använda dem, hellre än att gagnlöst, som man anser, offra sitt lif på att följa sin öfvertygelse. Nå, låt oss taga ett par celebra exempel. Hvilket lif tror ni har varit af den större betydelsen för människorna, djupare ingripit och mäktigare verkat — en Goethes eller en Francesco d'Assisis? Den ene har strött snillrika tankar omkring sig, hvilka väckt till lif glädje hos några, undran och förvirring hos flera, sorg och förtviflan hos många. Den andre lät sitt snilles krafter hvila och lefde med sitt hjärta ett lif af helgelse och renhet, till hjälp för många medan han lefde, till tröst och hugsvalelse för ännu flera, sedan han dött, ja intill senaste tid. Hvilkendera var större och — nyttigare?

»Men det gifves många förutsättningar i en människas lif, som förhindra henne att fullt hängifva sig åt hvad hon vet vara det rätta. Så är det med mig och det arbete, hvarom jag nyss talade; jag kan icke lämna det, kan icke öfvergifva det, fastän jag vet, att många finnas, som stöta sig på mitt lif och därigenom dragas bort från att gifva mina läror deras värde. Och därföre stanna de i *sitt* lif utanför det område, dit jag annars hade kunnat ledsaga dem.

»Lifvet är ett underligt ting. Det är som en man, hvilken alltid blott står på den ena af sina fötter. Det finnes tvänne *jag* i människan — så länge det ena är lefvande och kraftigt, står hon på det ena benet, men när det andra jaget kallats till lif, då sker en fullständig omhvälfning och hon flyttar öfver hela sin kropps tyngd på det andra benet. Jag hade en vän — han är död nu; det var den store ryske målaren Ge, hvilkens taflor ni helt visst känner — som brukade om sig själf ett egendomligt uttryck; han sade nämligen en gång för omkring åtta år sedan, att han var blott tre år gammal, ehuru han i själfva verket var jämnårig med mig.

Han menade därmed, att det var tre år sedan han började lefva sitt nya lif. Så kan jag ock om mig säga, att jag nu är trettio år gammal, ehuru jag snart, efter vanlig räkning, går in i mitt 71:sta år. Lifvet, det verkliga, sanna, äkta mänskliga lifvet, begynner ej förr, än detta nya andliga jag börjar komma till utveckling; förut äro vi blott som embryoner, foster i moderlifvet.»

»Och de, som *aldrig* nå detta lif?» frågade jag nästan bäfvande.

»Om dem» — och nu antog Tolstojs ansikte ett svårmodigt uttryck — »om dem och om hvad som skall bli med dem veta vi intet, liksom öfver hufvud taget om dödens mysterier och om lifvet efter detta. Det är ett fel i alla religioner, af hvad namn de vara må, att de fördjupa sig i lönlösa, omöjliga spekulationer om det tillkommande, och uppgöra teorier om saker och ting, angående hvilka vi intet och mindre än intet kunna veta. De sammanblanda hvad som är sant och riktigt — att det finnes en Gud, att han är kärlek, att vi måste älska hvarandra — med en mängd påfund, föreställningar och dumheter, som ingen sanning äro, och allt detta kallar man med ett och samma namn för *sanning*. Och hvarje prelat anser sig innehafva den heliga nyckeln till sanningens tempel.» — — —

Tolstoj reste sig för att återgå till sitt arbete och jag för att säga farväl — farväl till honom själf och till ett af de minnesrikaste momenten af min färd. Då jag tryckte hans hand till afsked och tackade för allt hvad han gifvit mig, kunde jag föga hoppas eller ana, att ödet efter några korta månader åter skulle föra mig till Jasnaja Poljana och den gamles omedelbara närhet.

Några timmar senare satt jag åter i en skakande järnvägsvagn, på väg till kosackerna — söderut!

III.

Söderut.

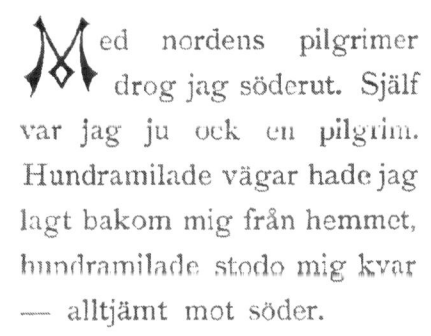

Med nordens pilgrimer drog jag söderut. Själf var jag ju ock en pilgrim. Hundramilade vägar hade jag lagt bakom mig från hemmet, hundramilade stodo mig kvar — alltjämt mot söder.

Pilgrimer.

Pilgrimerna, som, höljda i trasor, vandrade i stora flockar på vägarne och fyllde de packade järnvägsvagnarne med sina otaliga bylten och säckar, färdades till klostret Zadonsk eller till Krim eller till Jerusalem eller Gud vet hvart, men deras mål var ett och detsamma — att besöka en helig ort, att bedja för sina själar, att vinna syndernas förlåtelse och lära känna Guds kärlek.

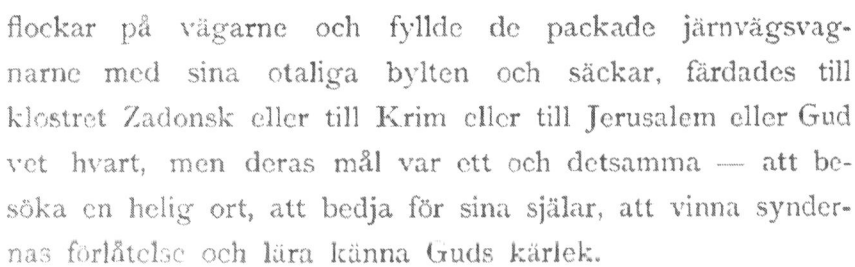

Då jag såg dem i deras elände och uselhet, i deras fattigdom och trasor, i deras förnöjsamhet och tålmodighet, i deras dumma, envisa, varma, naiva, hänförande tro, betogs jag först af medlidande, sedan af afund. Medlidande med deras eländighet, deras brist, deras nöd — afund öfver deras vissa förtröstan, deras enkla, ostörda tro och ro. Ty trots allt hvad jag fått och allt hvad jag lärt, saknade jag ändå hvad de hade. De sökte Gud, jag sökte människor. De ägde redan hvad de sökte — skulle jag finna mitt? Jag jäktades af en oro lika rastlös, lika pinande plågsam, som deras lugn var djupt, deras hvila ljuf. — Och jag var färdig att för min oros skull förbanna allt hvad jag läst och lärt och lefvat.

På järnvägsstationerna kommo de i skaror, trängdes som myror, myllrande kring ingångarne till sin myrstack. På

I väntan.

plattformerna sutto de, stodo, lågo, i hundraden. På en tom tralla, på några gamla säckar eller bortslängda lårar inrättade man familjelif. Husfadern skar för af det tjocka, svarta brödet och delade ut en grön gurka för hvar och en af de många munnarne. Hustrun matade sin minsta, ett litet kryp i röd kolt; pojkarne lekte, åto eller snörde med djupt allvar ihop sina bastskor och linnetrasorna, som de lindat kring underbenen. Flickorna packade beskäftigt de innehållsrika byltena. Kom ett tåg, rusade man genast upp — går det dit eller dit, kan man följa med? Ingen kan läsa, ingen förstår något om tåg och tidtabeller. Det enda man vet är, att det går fortare med tåget än på något annat sätt; vidare, att man får betala en summa pengar och erhåller ett papper, som tillförsäkrar en, att herr konduktören ej skall kasta ut en ur vagnen. Man vandrar med hela familjen till en station och slår sig ned på plattformen i ett passande hörn; någon gång, förr eller senare, går väl åt något håll ett tåg, som man med fördel kan följa med — i värsta fall får man gå vidare; på något sätt skall man ändå alltid komma fram till målet, det är — till klostret.

Emellertid fördrifver man tiden så angenämt som möjligt med att äta, sofva och dessemellan bedja framför *ikonen* (helgonbilden) i tredje klassens väntsal; eller förnöjer man sig åt solen och passar på att i dess klara ljus förrätta kärlekstjänster i hvarandras yfviga peruker. *Boch pomogajet* — Gud hjälper, och allt tar till sist en lycklig ända — förnöjsamhetens belöning i denna snöda, syndfulla värld!

Vid *Rjäsjk* fotograferade jag en sådan där okonstlad familj midt i dess frukost och morgontoalett, och presenterar den här till läsarens uppbyggelse. Den kan gälla som typisk för ressällskapet i tredje klassens vagnar å de blandade tågen i södra Ryssland. I snälltågen, som äro dyrare, är publiken en annan, men därför icke mindre intressant för främlingen.

Vid middagstiden kom jag till *Koslov*, en liten stad i Tambovska guvernementet. Koslov är en viktig knutpunkt i sydöstra ryska järnvägsnätet; som tåget här tog sig en funderare på ett par timmar, beslöt jag att gå ut och se på staden. De små sydöstryska städernas breda gator med hvitkalkade hus och med de oundvikliga akasiealléerna kände jag förut. Den djupa sanden, som hvirflar upp i moln för hvarje vindstöt, var mig ock välbekant; ej mindre de talrika, lika smutsiga och trasiga som godmodigt förnöjsamma isvostjikerna med deras rankiga fordon. Så basaren med dess många bodar, som allesammans förefalla att vara af ett och samma slag och innehålla samma slags varor — läder, järn, frukt och specerier — framför allt läder, sådant der äkta, aromatiskt ryssläder, som sprider vidt omkring sig en doft, den man i början finner oangenäm och kväfvande, men som man småningom vänjer sig vid och till sist nästan längtar efter, då man en gång lämnat Rysslands gräns och all slags »rysslukt» tusen verst bakom sig. — Och hästarne sedan, som, magra och ynkliga, ofta blodiga, alltid grymt smutsiga, stå rundt omkring, hvart man än vänder ögat, spända för stora, klumpiga *teljägor* eller föga smidigare *tarantasser* och *kibitkor*, en och en eller också två eller tre i bredd. Den höga, tunga selbågen, *dugan*, med dess pinglande klocka står upp öfver manken; långa läderremmar, skodda med ringar och plåtar af mässing och prydda nedtill med tofsar eller bjällror, hänga kring hufvud, hals, bröst och buk liksom hade hästarne blifvit utklädda för ett marknadsnöje. Och sist öfver alltsammans en brännande middagssol, som kommer människor och djur att flämta af mattighet, medan svetten tränger ut genom alla porer och blodet susar tungt i ådrorna och dunkar, att man tänker hufvudet skall spricka — allt detta var mig så välbekant sedan föregående resor, att staden Koslov först tycktes mig vara blott en gammal bekantskap, den jag efter någon tids frånvaro återsåg.

Dock har Koslov något, som höjer det öfver hvardagligheten. Det är dess kyrkor.

Jag har sällan, ens i hjärtat af Ryssland, i dessa gamla städer från de åldriga storfurstendömenas tider, sett en sådan profkarta på olika tidehvarfs ryska byggnadskonst och smak, en sådan rikedom i färg och form, en sådan omväxlande karakteristik. Jag vet ej deras namn, dessa kyrkor och katedraler, jag vet ej när och af hvem de byggts, ej åt hvilka helgons dyrkan de äro invigda — jag vet blott, att de helt enkelt äro hänförande i sitt barocka bizarreri, i sin originella växling mellan runda och grofva, kantiga och spirande former samt färger, som i allt sitt mattade djup, sin klara skarpa och sin verkningsfulla kontrast aldrig stå skrikande mot hvarandra, eller mot den djupblå himmelen, eller mot det gröna gräset på slätten därborta i bakgrunden.

Från kompakta hvita murar höja sig väldiga cylindrar, som uppbära gyllene, försilfrade eller himmelsblå kupoler, mellan dem är taket gräsgrönt. Höga, genombrutna torn med spiror så spetsiga som synålar, i sin förgyllning glänsande likt eldpilar eller likt smala, spetsiga flammor, som vilja slicka skyn, andra torn med massiva, mäktiga, tunga former, som ge ett öfverväldigande intryck af hänsynslös, obehärskad kraft; åter andra, smidigt eleganta utan att vara smala, kraftfullt allvarliga utan att vara klumpiga — ett brokigt virrvarr, men ett förtjusande — — —

Jag vet ej, om Koslov har sina händelser och öden förtalda, om dess namn återfinnes på bladen i någon gammal krönika eller någon modern, lärd kultur-, krigs- eller konsthistoria, icke häller om det ens eggat en kringdrifvande turist till en anspråkslös skildring, men jag vet, att det skänkt mig en oförglömlig njutning under ett par korta, ensamma timmar — — — — — — — — — —

På aftonen *Grjasi*, en liten by äfven den i Tambovguvernementet, är liksom Koslov en knutpunkt för järnvägarne. Namnet betyder på ryska »Smutsen», och efter hvad man sagt mig lär det ej vara oförtjänt under vissa årets tider.

Men nu i sista dagarne af Juli lyser solen från en ständigt klarblå himmel öfver södra Rysslands slätter, och all smuts och lera har torkat och hårdnat ihop till fastheten af cement.

Det var här i Grjäsi jag skulle möta min vän baningeniören Sergej Alexandrovitsj, en bekant från i fjol, som lofvat introducera mig hos kosackerna — jag var nu icke långt ifrån deras land. Som jag emellertid ej väntade ho-

Dunja och hennes kamrater.

nom förr än fram på natten, företog jag en promenad i den vackra aftonen. Jag tog vägen genom byns gropiga gator fram öfver det gräsbevuxta torget, där man höll på att bygga en ny kyrka, och sedan vidare ut på de nyskurna hvetefälten.

Kring ett par kojor af halm stojade ett halftjog bondjäntor. Det var skördeflickor, som slutat dagsarbetet. Byarne i Sydryssland äro stora och ägorna oskiftade; därför har mången så långt till den teg han skall plöja och skörda, att det under skördetiden blir fördelaktigast att hållas både dag och natt på platsen. Det var synbarligen också därför, som flickorna af den afskurna säden uppfört åt sig dessa runda halmhyddor, i hvilka de tillbringade nätterna; räfsor och skäror, som stodo uppställda mot den ena hyddan, tydde på, att arbetet för dagen var slutadt.

Utanför den andra halmkojans öppning stodo några af de gladaste flickorna och betraktade mig nyfiket, då jag närmade mig dem. De besvarade vänligt min hälsning, och den djärfvaste af dem, en vacker jänta, klädd i en kort, eldröd kjortel, nedanför hvilken hon visade ett par kraftiga, bara ben och bruna, välformade fötter, tog till orda på ett språk, hvaraf jag ej förstod ens hälften. Så mycket begrep jag, som att det var ryska, men ovan vid dialekten kunde jag ej tolka den tillkrånglade rotvälskan. Jag svarade något på min knaggliga ryska, fick svar igen och så vidare, utan att hvarken hon eller jag just begrepo något af hvad den andra sade. Jag skrattade, Dunja — eller hvad hon nu hette — skrattade, och de andra flickorna skrattade. Det språket förstods tydligen bättre å ömse sidor; ögon- och teckenspråket äro båda internationella. Och så uppstod en konversation, som borde kunnat öfversättas på ungefär följande sätt:

Fråga: Hvem är du, hvad heter du och hvarifrån kommer du?

Svar: Jag är Vladimir Viktorovitsj och kommer från andra sidan hafvet. Och hvem är du?

Dunja, från byn Alexikovo. Är du *njemets*, tysk?

Nej, *schvet*, svensk.

Fråga: Hvad vill du oss?

Svar: Fotografera. — Och jag visar på kameran, som jag bär i handen.

Fråga (med tydlig bäfvan): Hvad är det där för en liten djäfvulsk tingest, du har. Gör den ondt?

Svar: Inte alls.

Men när jag höjer kameran, knäpper på slutaren och tar några steg tillbaka för att få en position, från hvilken jag kan fotografera dem, fly alla flickorna förskräckta in i halmkojan.

Alla utom Dunja från Alexikovo. Hon stannar, fastän rädd, och samtalet fortsättes.

»Stanna du kvar, ty du är vackrast, och jag vill rita af dig i min svarta låda.»

»Rita bara!» Dunjas ansikte uttrycker en med fruktan blandad tjusning. Hon betraktade min kamera ungefär med samma uttryck, föreställer jag mig, som den stora cobran i Indien, då den ser på ormtjusarens silfverkula.

Efter hand tittade de andra flickorna åter igen ut genom kojans öppning, och då de sågo, att ingenting farligt skett, kommo de en efter annan fram och ställde sig med handen skyggande mot den sjunkande solen, för att tydligare kunna se hvad jag förehade. Och just då passade jag på att »knäppa af»! Så fick jag på plåten icke blott Dunjas trefliga figur med de duktiga, bara benen och den korta, röda kjolen med de hvita banden, samt det vackra, solbrända ansiktet, men också alla de öfriga jäntorna, som af fruktan för trolleri velat löpa sin kos.

Hälsande med gentilezza, gick jag min väg ifrån dem och drog mig uppåt en gård, där man tröskade säd i en stor loge. Logen var skäligen primitiv och kan väl löna att beskrifvas. Den bestod egentligen endast af ett kolossalt tak, som stödde direkt på marken utan några sidoväggar; en flätad halmtäckning hvilade på långa, smala stänger, som stöttades inifrån. På utsidan lågo också stänger för att hålla halmen fast. Därinne larmade något slags tröskverk eller också en kastmaskin, hvars beskaffenhet emellertid ej kunde närmare utrönas på grund af det moln af damm och agnar, som gjorde luften tjock därinne och kommo de arbetande att te sig som dimfigurer. Marken bestod af tillstampad jord och af fönster fanns naturligtvis ej spår. Halfkväfd af dammet slog jag hastigt till reträtt, undrande på, att människor kunde vistas och arbeta i en sådan atmosfär.

Jag gick ned till stranden. På det stilla, lugna vattnet, som slingrade sig i vida bukter öfver den mörkgröna slätten, syntes ej en krusning, utom då någon liten fisk slog en vågring på ytan. Solen höll just på att gå ned i väster och speglade sig i vattenytan med en glans, som nästan bländade ögat; närmare mig syntes vattnet blått, med rosenröda och guldfärgade, seglande skyar. Så löses en båt från den motsatta stranden, lätta årslag föra den ut på flodens midt och slå spegeln i stycken, en mjuk, melodisk kvinnoröst med vemodig klang sjunger sakta en lillrysk folkvisa — sakta glider båten, sakta glida tonerna öfver vattnet, den pipande syrsan har tystnat, hundarne i byn skälla icke mera och långsamt sänker sig solen vid steppens gröna rand — — —

Ingenting kan förliknas vid en lillrysk folkvisa, ingenting kan jämföras därmed. Orden äro föga värda, vanligen, men melodien så mycket mera. Jag hör nästan aldrig en sådan utan att få tårar i ögonen — tårar af medkänsla, af vemod, af sorg, kärlek — jag vet icke hvad. Jag har hört dem, dessa sånger, sjungas af härliga, veka, smältande röster, ackompagnerade på en dyrbar flygel i lyxfulla salonger; jag har hört dem sjungas fyrstämmigt af män, som samlats efter dagens arbete kring en eld ute på marken invid stranden af floden, som rinner genom byn, och jag har hört Sofia

Vojevodskaja sjunga dem i Krimkhanens hvitmenade, hvälfda grafkammare, vid det underbara palatset i *Bachtji-sarai*, krimfurstarnes gamla hufvudstad — men mera vemodsfullt gripande, mera rörande barnsligt har jag aldrig hört dem återgifvas, än just denna afton, då den okända flickan sjöng för mig i kvällens stillhet, medan båten gled fram öfver Voronas blanka vatten — — —

Sången tystnade, båten försvann, och jag vände långsamt tillbaka.

Det var redan nästan mörkt, då jag återkom till byn, där ett marknadsnöje var i färd att börja på »torget»; en brokig publik vandrade utanför ett tält, där någon »artist» annonserade »oöfverträffliga» föreställningar med hittills aldrig sedda cirkuskonster, — men jag gaf både de oöfverträffliga cirkuskonsterna och den brokiga publiken på båten och gick till stationen för att hvila mig litet under de få timmar, som återstodo till min väns ankomst.

I första klassens väntsal stå stoppade soffor i långa rader tvärs öfver golfvet, och på dem sofva de resande, som i Grjäsi invänta ankomsten af ett eller annat tåg. Ryssen, åtminstone inom medelklassen, är i allmänhet ekonomisk och tycker inte om att på sina resor få lof att bekosta sig hotellrum, så mycket mindre som han är van att på resor föra med sig både filt, lakan, kuddar o. s. v.; därför finnas sällan järnvägshotell på mindre orter. I stället äro väntsalarne inrättade med beräkning att kunna användas för natthvila, och de med grå linneduk öfverklädda sofforna äro vanligtvis tillräckligt många för att bereda plats åt alla som önska. Liksom den sparsamme ryssen sofver i väntsalen, så intager han också gärna sina måltider där, men aktar sig noga att från disken rekvirera något annat än téglas och kokande vatten samt en liten tékanna — tom! Té för han själf med sig, socker och citron afven, gradde begagnas ej Bröd med »tilltugg» af *kolbasá* det ar korf, eller skinka och dylikt, har han vanligen också i matsacken; men hufvudsaken ar andå, att man får några glas riktigt hett och godt té att sorpla i sig. —

Jag hade sofvit några timmar på min soffa i den höga, luftiga vantsalen, då jag vacktes af att en hurtig rost ropade ett vanligt »valkommen!» i mitt öra; yrvaken såg jag ett mörkt, svartskäggigt ansikte alldeles framför mitt eget och fick i detsamma en smällande kyss midt på munnen. Det var min van Sergej Alexandrovitsj, baningeniören, som på äkta ryskt satt gaf mig broderskyssen till välkomst i hans bygder.

Snart sutto vi i hans prydliga tjanstevagn vid en rykande samovar och pratade om minnen från mitt förra besök hos honom och hans eget i Sverige samma år på våren. Kosacker och ryssar, svenskar och finnar, stockholmsutställningen och kejsarkröningen, svenska studentnöjen och rysk politik tjänade i brokig blandning som ämnen för vårt samtal. Men jag måste närmare presentera den vän, som skulle spela en så viktig roll i mina kommande öden.

Sergej Alexandrovitsj — jag namner honom *par discrétion d'amitie* blott »med namn och farsnamn» som ryssarne säga — tillhör en af Rysslands, ja, en af Europas noblaste familjer. Han ar namligen, oaktadt den tamligen anspråkslösa ställning han intager som distanschef vid Syd-Orientbanan, ättling i rätt nedstigande led af ett regerande furstehus, som räknar sina anor långt tillbaka i tiden.

Hans farfars farfar var ännu en stor sultan, som med den österländske despotens oinskränkta härskarmakt rådde öfver sina undersåtars val och ve och hvars viljas nycker obetingadt lyddes af ett folk som skälfde i dödsfruktan.

Han kunde dock icke hindra, att Jekaterina den andras

oemotståndliga makt och Suvorovs segrande härar fördrefvo honom från makten och härligheten i hans orientaliskt praktfulla palats, från trädgårdar och slott och hustrur och från hundrade tjusande slafvinnor — det var blott en historiens Nemesis, som straffande lade sin tunga hand på hans släkt, hvilkens medlemmar i tidigare ätteled med mord och rof och plundring satt sig i besittning af det rike, som då med den starkares rätt blef deras och som nu med samma rätt blef arfvingen fråntaget. — En ensam flykting, fördrifven från sina fäders land, slog han sig ned i Kaukasiens berg, där han åtminstone fann sig

Sergej Alexandrovitsj.

omgifven af ett folk, som bekände hans fäders tro, och ej af de förbannade *giaouri*, hvilka drifvit honom ut ur hans paradis. Här fick också den forne härskaren lägga sitt gamla trötta hufvud till ro, och här lyckades hans son och sonson småningom arbeta sig upp till välstånd och rikedom.

Då kom olyckan ännu en gång öfver de gamla tatariska khanernas familj. Rysslands örnar flögo djärft till storms mot Kaukasiens fjäll; blodig rasade striden på bergssluttningarna, turkar och tatarer, kristne ryssar och armenier färgade strömmarne röda med sitt blod, gödde marken med sina ben. Fram och tillbaka vajade segerns palm för ostadiga vindar. Än var det nordanstormen från Rysslands slätter, som mäktig och brusande rusade fram mellan klyftorna och slog ned allt, utan att ens låta hejda sig af Elbrus' taggiga, hotande spetsar, eller Kasbeks hvitglänsande, mäktiga hjässa. — Än var det glödande varma ökenvindar från söder, som fyllda af gnistrande damm och stoft, heta som eldens flammor, brännande och förbrännande allt, rusade samma väg mot norr, lika oöfvervinneligt, lika hänsynslöst brutalt dödande allt lif och lefvande. — Det var tvänne de väldigaste krafter som där möttes — å ena sidan den ryska kolossens utvidgningsbegär och den slaviska nationalitetens förmåga af ett långsamt men segt och oemotståndligt framryckande, å andra sidan bergsbons okufvade frihetskänsla, understödd af den muhammedanskt-orientaliska fatalismen och en i lifsåskådningen eller kanske mera i blodet liggande fullkomlig likgiltighet för allt hvad faror och död heter.

Men de ryska örnarne segrade, och fjättrar slogos kring Kavkaz' fria berg. I den heta striden begrafdes mycket under ökensand och fjällflod; khanernas ättling förlorade lif och egendom — allt. Rysslands härar togo inom sina leder hans sexårige son, och i tidernas fullbordan blef af gossen Sulejman Girej Khan en välskapad officer i kejserliga ryska gardet, i sitt ortodoxa ryska dop kallad Alexander Nikolajevitsj — en hyllning åt Alexander II, hvilken af kejserlig nåd behagat teckna sig som fadder för det högättade dopbarnet.

Denne Alexander Nikolajevitsj var min väns far; modern

var en rysk adelsdam. Då Rysslands örnar ännu en gång sträckte till flykt mot söder och kanondundret genljöd i Balkanbergens klyftor, stred Alexander Nikolajevitsj såsom vapenkamrat för dem som dödat hans fader och sköflat hans hem där stupade han, ännu ung, för en kula från sina fäders trosförvanter.

Ett konungarike, ett vidsträckt härligt jordagods i Kaukasus' dalar och sist en ädel, storsint fader hade Ryssland röfvat från Sergej Alexandrovitsj. Det skulle därför vara föga under, om han vore nihilist, socialist, anarkist, kommunist eller något annat fasansfullt i samma väg; men i stället är min vän Sergej Alexandrovitsj lyckligtvis en af de hyggligaste, godmodigaste och mest laglydiga undersåtar, som »den hvite tsaren» äger i sitt vidsträckta rike.

Tatarblodet, som, fastän icke obemängdt, flyter i hans ådror, ger sig väl tillkänna i ett och annat, och ansiktsbildningen liksom hela figuren skiljer sig afgjordt från den ryska typens; hans skarpa, nästan guldbruna ögon sitta en liten smula snedt emot hvarandra, nedre delen af ansiktet är finare än hos ryssen, skägget svart, glest och styft, håret kort, rakt, glänsande blåsvart. Men oaktadt sin orientaliska typ är Sergej Alexandrovitsj en äkta ryss i hela sitt väsen, dock en varmblodig, vek och känslig sydryss — med alla dennes förtjänster och fel i hög grad utpräglade.

Någon har sagt, att ingen nation frambringar smidigare världsmän än den ryska, mera angenäma sällskapsmänniskor, mera bedårande societetslejon. Jag vill icke påstå, att min vän är ett exempel på sanningen af detta omdöme; men han har den där underbara förmågan, som så få af oss besitta, att tjusa och vinna hvem helst han talar med, att öfvertyga människor om det riktiga i sina åsikter, att få dem till att gå in på hvad som helst bara för att göra honom till viljes och att uppbjuda alla sina krafter för att tjäna honom med sitt bistånd eller offra för honom hvad ingen annan skulle kunna förmå dem att offra. — Själf är han varmblodig och het, färdig till handling i ett ögonblick, modig i faran, djärf när det behöfves, med nerver af stål, lika snar till hat och kärlek, mera stark än djup i sina känslor, ofta styrd af ögonblickets ingifvelser, lätt entusiasmerad, men lätt glömmande, frikostig, ja, slösande på löften, men icke alltid så snar att hålla dem, gästfri som en nomad, flyktig i sina tycken, ömsom kallt beräknande, ömsom lättsinnigt varmhjärtad, älskare af musiken till passion, af hästar, idrott och strid, likaledes alltid färdig till nöjen, så snart de ha nyhetens retelse, men snart tröttnande, lämnande en halfdrucken bägare, arbetsam till ursinne ibland, lat till det otroliga eljes — kort sagdt en människa, som man antingen kan älska eller hata, eller rättare, än det ena, än det andra — men aldrig ingendera...

Sådan var den man, som satt midt emot mig vid det lilla bordet i vagonen. Vårt samtal fördes uteslutande på det internationella språket *Esperanto* — liksom för att ytterligare för mig egga retelsen af samvaron med en i och för sig så egendomlig personlighet. Medan tåget, pustande och skakande, ilade söderut, steg den gråa morgongryningen högt på himmelen, lyste in genom vagnsfönstren och kom våra flämtande, fladdrande stearinljus att synas bleka; snart kastade den uppgående solen sina långa, sneda, matta strålar öfver de ändlösa fälten, som i det genomskinligt lätta morgontöcknet syntes gråa, gula och opalfärgade. Téet hade kallnat, samtalets ifver hade domnat en smula, och ögonlocken visade en betänklig böjelse att vilja falla ihop en bäddad säng utmed hvardera långsidan af vagnen inbjöd till hvila, och snart slumrade vi båda in vid vagnshjulens enformiga rassel, sedan »slafven», den lydaktige *Korisjkoff*, som i egenskap af tjänande broder residerade i en liten särskild sidokupé, fått befallning att väcka oss vid *Bugry*.

Vid Bugry såg jag, nymornad, de första kosackerna. Brunbrända, skäggiga ansikten, brunt, yfvigt, lockigt hår — äktryssens kännetecken, i motsats till de finska och tatariska stammarnes afkomlingar, som ha rakt hår — rysk militärmössa med bredt rödt band kring kullen, höga, veckiga stöflar, vida pantalonger, de s. k. *sjarivari*, med breda, eldröda revärer och så utanpå den röda *rubasjkan* eller blusen stundom en lång, mörkblå lifrock, med röda snörkanter — så sågo de alltså ut, mina blifvande kamrater, och sådan var den dräkt, hvari jag snart skulle ståta i byn Filonovskaja, min resas slutmål.

Tåget ilade vidare; under vägen till stationen *Burnak* satte jag med tillhjälp af befintliga attiraljer och den förträfflige Korisjkoff — en gammal bekant från i fjol — min person i någorlunda presentabelt skick. Korisjkoffs ändlösa vattenösningar höllo dock på att göra mig förtviflad. I Ryssland anses icke, att man kan tvätta sitt ansikte och sina händer på vanligt europeiskt, civiliseradt vis i ett handfat, utan en tjänande varelse måste stå till hands med en gifmild vattuflaska, så att man får tvätta sig i ständigt rinnande vatten; ryssen slipper därigenom att, som han föraktfullt säger om vår toalettprocedur, »tvätta sig i sin egen smuts». Sättet är onekligen tilltalande, friskt och renligt, ehuru tyvärr oanvändbart i länder, som icke bestå sig med sådana bataljoner af hvarjehanda slags tjänsteandar som Ryssland. Och onekligen är det litet genant att inte få lavera sig solo och på egen hand.

Från Burnak fingo vi besök och ressällskap af en annan ung distanschef, *natjalnik distantsij*, som af sin kollega, min vän, blifvit inbjuden att möta och medfölja till hans hem i staden *Borisoglcbsk*, vår närmaste destinationsort. Den nykomne, hvilken presenterades såsom Jurij Dmitritsj K., var född kosack och redan därigenom för mig en *connaisance à faire* — ej mindre dock genom sina personliga egenskaper, dem jag delvis redan nu och ännu mera sedan fick lära mig uppskatta. Jag kan nästan säga, att det var han, som, andligen taget, förde mig in bland kosackerna, liksom Sergej Alexandritsj gjorde det lekamligen, och hans ord må därföre stå som en afslutning till den del af min bok, hvilken jag benämnt: På väg till kosacklandet.

Jurij Dmitritsj sade:

»Vi kosacker äro ett folk, som icke tycka om att likställas med ryssarne. Vi äro ännu — hvad vi alltid varit och hvad vi äro stolta att vara — en stat i staten. Vi tala Rysslands språk, vi äro tsarens lydiga undersåtar, vi äro goda fosterlandsvänner och gå villigt dit plikten kallar oss — men säg blott icke, att vi äro ryssar! Vi äro ett folk för oss med egna, ärfda förordningar, egen styrelse och egen, fäderneärfd frihet. Vi hafva aldrig varit slafvar under snikna egendomsägare — ja, större egendomsägare finnas öfver hufvud än i dag icke ibland oss. Våra förfäder voro den fria steppens söner, ingens herrar, ingens slafvar, fria män med fria seder och fria lagar. Denna urgamla frihet har ock satt

Kosacker.

sin stämpel på vårt folk; medan den ryske bonden står bugande med mössan i hand för en hvar, som tillhör herreklassen, behåller kosacken sitt frimodiga lugn i alla lifvets förhållanden. Han är ingen något skyldig och har ingen att ödmjuka sig för.

»Ser ni», fortsatte Jurij Dmitritsj, »vi äro egentligen *alla* stora godsägare, eller rättare sagdt små», tillfogade han med ett leende. — »Hvarje myndig man hos oss har redan genom sin egenskap att vara son till en kosack och född i en kosackby rättighet att göra anspråk på en lika stor jordlott, som hvilken som helst annan medlem af den by, där han är skattskrifven.

Kaukasisk kosack.

Vid de på vissa bestämda mellantider återkommande ägodelningarna blir hela byns gemensamma egendom indelad i ett antal lotter, motsvarande antalet af myndige män, samman med halfva antalet myndiga, ogifta kvinnor, eller änkor. Sedan får hvar och en taga i besittning den del, som kommer på hans lott. Kvinnan får, som jag nämnde, half lott; om hon gifter sig, går hon den dock förlustig; dör hennes man, får hon behålla hans lott till nästa omdelning; då erhåller hon ånyo en halflott. Kvinnoemancipationen är således, som ni ser, icke fullt genomförd hos oss; vi ha dock alltid hunnit ett stycke före ryssarne, ty i flertalet af Rysslands provinser är det så stäldt, att kvinnan får alls ingen del i jorden. Påtagligt är, att detta måste mycket bidraga till att skapa hvad man skulle vilja kalla ett kvinnligt proletariat, något som naturligtvis är en ytterst betänklig kräftskada för samhället.»

»Nå, men ni själf, Jurij Dmitritsj, och andra af edra landsmän», frågade jag, »som lefva i liknande förhållanden, såsom aflönade tjänstemän, långt borta från fädernebygden — erhålla också ni hvar och en sin lott?»

»Naturligtvis», svarade han; »och detta är just det storartade i organisationen — en organisation, som i mångt och mycket, tror jag, närmar sig till att vara en lösning af den sociala frågan. Vi äro egentligen, ser ni, stora socialister, och vi ha sedan århundraden tillbaka hos oss förverkligat ett slags 'Utopia', ett land, där alla äro lika. Bland oss kunna nästan icke förekomma några fattiga, ty alla ha lika del i jorden.

»Därför skall ni ock i själfva verket på få ställen finna så litet af verklig nöd som hos oss. Invånareantalet är lyckligtvis ännu ej för stort för det odlade jordområdet, så att en hvar kan få ett tillräckligt stycke; skulle folkmängden ökas, så finnas ännu stora, odlingsbara marker, där f. n. endast gräs och buskar växa. Se», utropade han och sträckte handen mot söder — »där ligger det, vårt stora, sköna, härliga steppland; ändlöst breder det ut sig emot horisonten så långt blicken når och mycket, mycket längre, hundrade och åter hundradetal af verst i alla riktningar. Två millioner människor, två millioner donska kosacker lifnär det nu med sina alster, men ingenting i världen hindrar, att det skulle kunna gifva näring åt två eller tre gånger så många, ja, kanske än mera — hvad vet jag?

»Vi andra», slutade han, »vi, som gått ut i världen, i det stora, vida Ryssland för att bryta oss nya banor och vinna vårt bröd på andra ställen, vi kunna naturligtvis ej sköta de jordstycken, som komma på vår andel. Jag har för min del anslagit afkastningen af min jordlott till hjälp åt en skola, och så hafva många med mig gjort. Men ni kan vara öfvertygad om, att, när en gång den dag kommer, då mina händer och min hjärna icke längre förmå att uträtta det arbete, som ligger dem före, då jag är trött på världens strider och då kampen om äran och brödet icke längre har någon lockelse för mig, — då är det allt Jurij Dmitritsj, som snör sin ränsel ihop och samman med barn och blomma vandrar tillbaka till den by vid Donflodens stränder, som sett mig födas.

»Där väntar en liten stuga med målade fönsterluckor och sirade dörrstycken på sin rättmätige innehafvare, och där afdela byns äldste hvart femte år en ny jordlott äfven åt 'Jurij Dmitritsj, natjalnik distantsij, frånvarande'. Där är mitt barndomshem och där skola mina söner en gång, då jag somnat in för alltid, sluta till mina ögon och vaka kring min *lit de parade* i den fäderneärfda hyddan, såsom jag en gång gjorde åt min fader.»

Hans bruna ögon fingo ett svärmiskt uttryck och riktades någonstädes mycket långt bort i fjärran; det en smula knotiga ansiktet med den långa, nästan svarta luggen, som hängde rätt ned i pannan, blef, trots sin fullkomliga saknad af »klassiskt jämnmått», nästan skönt i sitt barnsligt längtande svärmeri — jag förstod honom så väl och mina tankar gingo drömmande mot norden, mot Sverige, mot fager Södermannabygd, med susande björkar och gröna ängar och vikar med speglande vatten.

Men vi åkte alltjämt vidare mot *kosackernas land*.

I TJÄNST HOS KOSACKER.

I.

Min första dag i kosackbyn.

Sergej Alexandrovitsj hade lofvat att föra mig till kosackerna.

Länge nog såg det ut, som om af det löftet skulle bli ingenting. Den ryska gästfriheten är större än den ryska företagsamheten, och som jag nu en gång var gäst hos Sergej Alexandrovitsj, så måste jag underkasta mig att förblifva det, till dess jag med lock och pock kunde förmå honom att låta mig resa. Vistelsen i hans hem var för öfrigt uteslutande angenäm, men min längtan drog mig till kosackerna.

Då lät Sergej Alexandrovitsj en afton befallning utgå, att hans tjänstevagn skulle kopplas vid det ordinarie nattsnälltåget söderut, och tidigt nästa morgon vaknade vi vid stationen Filonovo.

Filonovo är en rätt viktig station på ryska syd-orientbanan, midt emellan staden Borisoglebsk, därifrån vi kommo, och Tsaritsin vid Volgastranden. Platsen ligger i norra delen af de Donska kosackernas land, endast sex verst* aflägsen från kosack-*stanitsan* (byn) *Filonovskaja*, hvilken jag för den närmaste tiden valt till min uppehållsort.

Sergej Alexandrovitsj hade tidigare varit distans-chef i Filonovo och ägde sedan den tiden åtskilliga inflytelserika bekantskaper i den närbelägna byn, bland dem fredsdomaren Dmitri Ivanitsj, hvilken genom sin kunskap i det internationella språket Esperanto skulle blifva mig till mycken nytta under min vistelse bland kosackerna. Min kännedom om ryskan var nämligen ännu till dags alldeles för bristfällig för att tillåta mig börja mitt kosacklif utan någon förbindelselänk med den bildade världen. Jag kunde ju icke på förhand veta, huru kosackerna skulle upptaga, att en främling kom och ville lefva ibland dem, och erfarenheten visade mig också snart nog, att jag för uppnåendet af min afsikt behöfde anlita både de anbefallningsskrifvelser, som jag genom vår minister erhållit, och det bistånd, jag genom mina nyförvärfvade vänner kunde få.

Huru skulle vi färdas de sex versten från stationen till byn? *Naturligtvis* till häst; var väl något annat möjligt i kosackernas land och på kosackernas vägar? — I *tarantass*

---

* En *verst* är obetydligt längre än en kilometer.

kanhända? Tarantassen är ett klumpigt åkdon af trä med en väldig vagnskorg af flätade vidjor, hvilande på ett underrede af fyra långa, sviktande stänger. Korgen fylles med doftande hö, och hvilande i detta åker man egentligen inte illa, ehuru de s. k. vägarnes skick är det eländigaste tänkbara.

Men vi skulle nu rida. Man ledde fram ett par kosackhästar, små, usla kampar, så magra, att refbenen syntes, och med bogarne drypande af blod efter — som jag trodde — grymma piskslag. Sedermera lärde jag mig, att blodstrimmorna på hästarnes skinn om sommaren alldeles inte härrörde från piskan, utan äro en naturlig egenhet hos rasen; dagligen spricker huden sönder på flere ställen, särskildt på halsen och bröstet, och lämnar aflopp åt några droppar klarrödt blod. Såret läkes dock omedelbart och lämnar aldrig ärr efter sig.

Kosackerna mena, att dessa åderlåtningar äro en följd af hästarnes eldiga lynne, och att utan sådana skulle de alldeles förlora både matlust och arbetskraft. De tänka sig förmodligen förhållandet ungefär på samma sätt, som den ryske bonden, hvilken, då en gång en resande beklagade sig öfver mängden af loppor och löss i hans stuga, svarade: »*Nitjevo batjusjka* — gör ingenting, far lille, de bara rensa blodet.» — Kanske är det äfven så med detta fenomen hos hästarne, att det »bara rensar blodet»; jag har åtminstone aldrig lyckats få en mera tillfredsställande förklaring på detsamma.

Våra hästar buro naturligtvis kosacksadlar af den nationella typen, hvilken är tämligen olika hvad man annars i denna väg är van att se. På ett underlag af filt och skinn hvilar en trästomme med ett högt horn både fram- och baktill; mellan dessa ligger den lösa *padusjkan* eller sadelkudden af läder, hvilken fasthålles af den mellersta bukgjorden.

Kudden är på bättre sadlar stoppad med fjäder, men kosacken i krigstjänst använder padusjkan till förvaringsplats för en del af sin packning. Ett par stora läderstycken hänga ned från sadeln och skydda hästens sidor från att nötas mot ryttarens knän. Stigbyglarne, som alltid spännas mycket korta, äro förenade med hvarandra genom en särskild läderrem för att inte flyga i sär, då kosacken midt under vildaste galopp släpper af dem och med hela sin kropp glider öfver till hästens ena sida, för att dölja sig för en fientlig skytt. Därför är den tunga sadeln också fastspänd med tre starka gjordar af läder, så att den ligger stadigt och ej går rundt, äfven när det frestar hårdt; skulle en rem springa af, tjäna de båda andra som reserv.

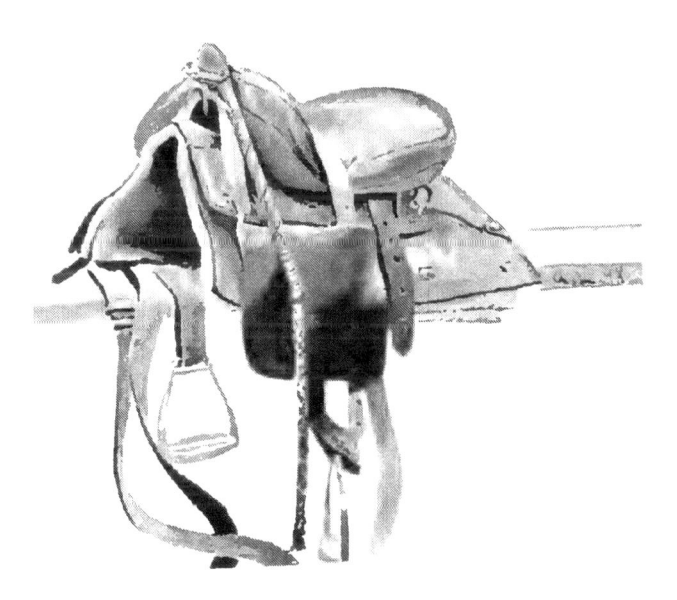

De till utseendet oansenliga kosackhästarne höra till världens på en gång uthålligaste och snabbaste springare. Tillfredsställda med knapp och dålig föda, härdade mot både köld och värme, äro de för krigsbruk nästan oöfverträffliga, och det är tvifvelsutan till icke ringa del deras förtjänst, att kosackregementena räknas som det ryska kavalleriets obestridligen allra viktigaste element.

Vi fingo på vår ridt från Filonovo till byn snart se hvad de dugde till. Aldrig har jag hos våra starka, men tunga hästar sett ett sådant lopp, som de hade, dessa små, magra, steppfödda pegaser. Knappt hade vi lämnat stationsområdets ljusgröna akasieallé bakom oss, förr än de utan vidare satte af i ursinnigaste galopp med en hejdlöst ilande fart och med den envisaste ihärdighet, som af intet lät sig hållas tillbaka — så är synbarligen deras natur och vana. Emellertid var deras steg ytterst behagligt, jämnt och mjukt, och den egendomliga sadeln visade sig särdeles bekväm äfven för mig, som var ovan vid den. Längre fram fick jag grundad anledning att uppskatta kosacksadeln såsom den i alla afseenden bästa af de olika modeller, jag hittills ännu pröfvat.

Den vida, gröna slätten låg jämn som ett golf, genomfluten af Bysulukflodens ringlande bukter; endast här och där afbröts enformigheten genom svaga, vågformiga höjningar eller den låga randen af en tät buskmark. Till en början följde vi en primitiv väg, som förde fram mellan de odlade fälten närmast stationen. Men snart hade vi endast några obestämda hjulspår att hålla oss till; steppen låg rundt omkring oss orörd af plog och harf. Här och hvar passerade vi någon liten bäck, som slingrade sitt silfverband genom den grönskande gräsytan; vid en af dessa funno vi ett tatartält uppslaget. Det var synnerligen enkelt: två par störar, ställda i kors, på dem en tvärslå och öfver alltsammans ett filtskynke, som hängde ned till marken — egentligen blott ett tak, *voilà tout*.

Ägaren till denna härlighet var ej hemma, men Sergej Alexandrovitsj, som ju själf är half tatar och som en smula kände till familjen, höll in sin häst och petade med ridpiskan i ett hoprulladt bylte kläder, som låg på skuggsidan af bostaden. Därvid utvecklades ur byltet först en liten pojke, som ingenting annat hade på sig än den lilla nationella, svarta mössan af krimskinn, hvilken bäres af hvarje tatar, och sedan en käring, som hade så mycket mera. Hon besvarade nådigt vår hälsning, med välbehag hållande till godo att tituleras *knäginja*, d. ä. furstinna, ett privilegium för de gifta kvinnorna inom hennes folk, uppburet icke utan en viss värdighet. I likhet med sina medsystrar bland Volgatatarerna, till hvilkas stam hon hörde, var hon ej beslöjad; tatarerna i östra Ryssland liksom på Krim börja allt mera antaga ryska seder och bruk, ehuru de sällan öfvergifva sin muhammedanska religion för den rysk-ortodoxa. Inom kosacklandet bo de spridda nästan öfverallt, men förekomma ingenstädes i större grupper; i det hela spela de ungefär samma roll här som judarne annorstädes i Ryssland, ehuru de på grund af sin redbarhet åtnjuta ojämförligt mycket större aktning. Som handelsmän draga de omkring från by till by och äro sällan länge bofasta på samma ställe; bodhandeln åter ligger mest i händerna på ryssar och armenier, enär kosackerna själfva i allmänhet äro lika omöjliga för handel som för handtverk.

Längre fram på steppen betade hjordar af kosackhästar, alla små och seniga, liksom de vi redo, samt af brunröda nötkreatur. Hästarne hade båda frambenen hopbundna med grofva tåg eller remmar, för att de icke skulle galoppera bort; de kunde nu endast med små, mödosamma jämfotasprång långsamt flytta sig framåt, för att ombyta betesställe. Hornboskapen åter vaktades af små pojkar i kosackens sommardräkt — en röd eller blommig *rubasjka* (blus), uniformsmössa med bredt, rödt band och dito benkläder samt höga stoflar. Då och då mötte vi en gnisslande teljäga, förspänd med två par oxar, eller en af hästar dragen tarantass, som rullar lätt och rör upp moln af damm; kosackerna hälsade vänligt sitt *sdrasti* — god dag — och tycktes ej det minsta förvånade att se oss i ursinnig fart jaga fram öfver steppen.

Många minuter voro ej förflutna, innan vi fingo byn i

sikte; tre kilometer hade vi då redan tillryggalagt, men hästarne fortsatte utan synbar ansträngning sitt snabba, vilda, men jämna lopp, och vi kunde icke förmå oss till att hejda det härliga framåtilandet för lösa tyglar. På löddriga hästar sprängde vi till sist in på Filonovskajas område.

Floden Bysuluk flyter fram genom byn i vida, långa bukter. Öfver en af dessa redo vi på en lång, låg bank, byggd af ris och halm på i vattnet nedslagna pålar och täckt med jordtorfvor och sand, så att den liknade en vanlig väg. På ömse sidor vidgar floden ut sig till en öppen vik, där vattnet knappast strömmar; till vänster kransas denna af mjuka, silfverglänsande pilträdsdungar, till höger skymta byns halmtäckta stugor fram mellan höga, djupgröna popplar. På stranden är lif och rörelse; kosackkvinnor i brokiga kläder, med blommiga dukar öfver solbrynta hufvuden, stå barbenta, med uppskörtade kjolar, och tvätta i floden ömsom sina kläder, ömsom sina barnungar, som, hel- eller halfnakna, tumla om i vattnet och leka hök och dufva på stranden. Gäss och ankor snattra om hvarandra, hundar skälla, hönsen skrocka, och stora, feta svin gå trygga och böka i den mjuka marken. Ute på floden synas båtar, somliga breda och flata, liknande våra ekstockar, andra långa, smala, uthuggna ur en enda trädstam likt vildarnes kanoter; de flesta framdrifvas med blott en bredbladig åra, manövrerad af en karl i aktern på båten. Öfver alltsammans lyser söderns sol med bländande glans; taflan är lika full af behag som den är originell.

De små, fyrkantiga stugorna med sina spetsiga, åt alla sidor sluttande halmtak, äro uppförda i enformiga rader utmed långa bygator, hvilkas slut förlorar sig i ett aflägset fjärran — byns område är mera vidsträckt än en vanlig svensk småstads. Gårdarne hägnas af flätade stängsel, videkvistar och rötter, spjälade korsvis mellan upprättstående pålar af manshöjd; på samma sätt äro kreaturens fållor stängda. Dessa sakna som oftast tak; blott de för vintern afsedda ha sluttande halmtak, hvilande på ohuggna, knotiga stolpar. Den fyrkantiga gården omgifves på tre sidor af så beskaffade uthus; på den fjärde, den åt gatan, står i midten stugan och där bredvid gårdsporten. Porten är hög och bred, har oftast ett särskildt skyddstak af bräder med utsågade prydnader och är äfven ornerad med sågade snirklar. Stugan är skild från gatan genom en gång med flätverk framför. Därinnanför växa små pilar, här och hvar också blommor. Mångenstädes varseblir man fyra höga pålar, som uppbära en korgflätad inrättning, fylld med jord; från hästryggen kunde jag se, att däri odlades grönsaker — det var ju »hängande trädgårdar», om också i all anspråkslöshet. Motivet till en sådan anordning var likvisst säkert ej lusten för omväxling och originalitet, utan helt enkelt den praktiska nyttan — det, som växte så där uppe i luften, var åtminstone fridlyst för hönsen. De hvitkalkade stugorna med knutar af stadiga stolpar äro uppförda af störar och lera samt täckta med halm; fönsterkarmar och luckor äro utskurna och sågade i naiva, men pittoreska mönster och målade i klart lysande färger.

Gatorna äro mjuka af fotsdjup, stoftfin sandmylla; när det regnar, måste det vara nästan omöjligt att taga sig fram. Bättre blir det just ej längre in i byn, men husen äro där ansenligare, prydligare. Några äro byggda af trä, vackra nog, med präktiga, grönmålade plåttak — grönt är i Ryssland den mest omtyckta färgen för tak. De vackra, vajande pilarna äro påfallande talrika äfven inne i byn; det beror därpå, att nedslagna pålar af pil pläga grönska, om marken är fuktig; så plantera pilträden sig själfva. Bjärta blommor lysa innanför fönstren; här och hvar hänga hvita gardiner. »Där är popens, byprestens, hus», säger min följeslagare och pekar på en nätt stuga af huggna stockar, med stora, klara fönster, med prydnader och utsprång på det plåtklädda taket och med en bredstegad, väldig trappa upp till förstugudörren.

Midt emot ligger ett annat hus, visserligen mindre och halmtäckt, men ändå rätt ståtligt, af trä, icke af lera.

Här stiga vi af, här bor fredsdomaren, Dmitri Ivanitsj. En kosack öppnar porten och tar våra hästar om hand — det är fredsdomarens dräng.

»*Dmitri Ivanitsj doma?* — Är han hemma, din herre?»

»*Doma*», lyder det lakoniska svaret, och i nästa ögonblick kommer utrusande ur huset en liten, jovialisk herre, som med synbarlig och högljudd fröjd kastar sig om halsen på min vän Sergej Alexandritsj och kysser honom upprepade gånger på båda kinderna och midt på munnen.

»*Otjen, otjen rad* — mycket, mycket välkommen; vi ha väntat dig så länge, både min hustru och jag!» — I detsamma visar sig i dörröppningen en vacker liten kvinna med rena, liksom genomskinliga drag och med ett ljust, sympatiskt leende öfver det fina ansiktet.

Sedan också hon hjärtligt hälsat min vän, blir det min tur att välkomnas af fredsdomaren och hans fru Jelena. Presentation är öfverflödig, ty jag är ju redan väntad, och för öfrigt tager man det aldrig så noga med detta i Ryssland. Man bugar sig och säger själf sitt *imja-i-otjestvo* — namn och farsnamn, ordagrannt öfversatt — alltså t. ex. *Jelena Vasiljevna* — *Vladimir Viktorovitsj*, till er tjänst.

»Välkommen, Vladimir Viktorovitsj», sade fredsdomaren, och nu fick jag också min anpart af omarmning, kramning och kyssar — dock icke af *madame*, såsom man lätt kan tänka sig. »Välkommen till oss och blif här länge; mitt hus är ert, och det lilla jag äger står till er tjänst.» — I sanning en storsint gästfrihet, om man får taga den efter orden!

Och det är åtminstone icke långt ifrån, att man verkligen kan så göra! I alla fall här. Hederlige Dmitri Ivanitsj, Filonovskajas gemytlige fredsdomare, hur väl minns jag inte ditt fula ansikte och din vackra själ! Liten och oansenlig, rödhårig och rödskäggig, med de små, smala ögonen plirande bakom guldbågade glasögon och med den roliga, lilla näsan, som satt i ditt runda, rynkiga ansikte, ungefär som ögat i ett skrumpet vinteräpple, var du just ingen skönhetstyp, och de bläckiga fingrarna samt de bra nog slarfviga och icke alldeles obetydligt fransade kläderna bidrogo just inte till att höja glansen af din yttre uppenbarelse, lika litet som din konversation eller ditt uppträdande var världsmannens. Men så kunde det i stället sägas om dig, som det en gång i tiden blef sagdt om Sven Dufva, att *hjärtat* det var godt.

Vänligare själ än dig har jag sällan sett, och ädlare icke heller; hjärtats godhet lyste ur dina små, fula ögon, och det rena sinnets adel talade i hvarje din tanke — ack, jag ville, om jag kunde, genom dessa rader resa en liten vård öfver ditt okända öde, lägga en blomma på din fåfängt sökta graf! Hvar är du, är du död eller är du kanske blott *lefvande död?* Jag vet det ej, och jag frågar ej — det är farligt att fråga i Ryssland...

Men bort med dystra tankar!

Té och sylt och kakor och kakor och sylt och té hos fredsdomarens, och dito dito hos Pavl Andreitsj, »juris» doktor i byn, samt ändtligen ungefär detsamma hos atamanens — se där min entré i Filonovskajas societetslif. Alltefter vedertaget bruk i ryska småstäder.

Atamanens? Hvem är atamanen?

BYGATA.

Atamanen är detsamma som byöfversten, borgmästaren, mären eller hvad vi nu vilja kalla honom. *Ataman* eller hetman är ett gammalt kosackord, som öfver hufvud taget betyder anförare, men så småningom fått bemärkelsen af en chef för ett visst förvaltningsdistrikt inom kosacklandet. Atamaner finnas af många grader, allt från den mycket oansenlige *chutorski ataman*, som är något mindre mäktig i Ryssland än en vanlig fjärdingsman i våra bygder, ända till *veliki ataman*, som är ingen mer och ingen mindre än *tsesarevitsj* själf, den kejserlige tronföljaren, alla kosackernas självskrifne anförare och hufvud.

Den ataman, som här är fråga om, var *stanitsjni ataman* och Filonovskajas världsliga öfverhufvud; alltså därstädes en betydligt mäktig man. Annars var

Atamanen.

han till sin sociala ställning reservlöjtnant vid 1:sta Donska kosackregementet och således icke egentligen en af denna världens store. Han hette Pugatjev, alldeles som den bekante upprorsmakaren; när vi sedermera blefvo närmare bekanta, hörde jag honom ofta skämta om sin påstådda härkomst från denne.

Denna gång hade emellertid min visit hos atamanen en

halft officiel karaktär; såsom ansvarig för ordningen i byn måste han med klara papper förvissas om, att min ringa person och mitt oskyldiga företag att lefva som kosack bland kosackerna icke vore af höga vederbörande sedda med misshag. Enär mitt svenska pass i trots af den franska och tyska öfversättningen var honom skäligen obegripligt, måste jag nu rycka fram med general Obrutjevs anbefallning, som vår minister i S:t Petersburg så vänligt skaffat mig. Hr atamanen läste med synbar tillfredsställelse den lilla biljetten och — stoppade den i sin skrifbordslåda. Jag fann det oartigt att protestera, ehuru jag måste erkänna, att jag kastade en lång blick efter mitt dyrbara dokument, fruktande, att aldrig mer få återse det. Mina farhågor visade sig emellertid ogrundade, när jag sista dagen af min vistelse i byn infann mig hos atamanen för att säga farväl, drog han ut samma skrifbordslåda och räckte mig kortet åter; dessförinnan hade han dock visligen kopierat detsamma för att ha någonting att stödja sig på i händelse af möjliga obehag, något hvarmed man i Ryssland aldrig bör underlåta att räkna.

Sedan jag vid tébordet fått nöjet göra bekantskap med fru atamanskan och ett till synes obegränsadt antal små atamanungar, beslöts det, att vi skulle gå ut i byn på spaning efter en kosackfamilj, som vore hågad att taga mig till sig. Atamanen lofvade oss vänligt sitt biträde, och tågade vi alltså i väg på vår expedition, tre man starka.

Det visade sig nu, att företaget var rätt kinkigt. Den ene kosacken hade ett att invända, den andre ett annat, men alla betraktade med en viss misstro främlingen, som ville slå sig ned ibland dem. Jag förstod ju föga af underhandlingarna, som fördes emellan kosackerna och mina vänner, men minspelet och gestikulationerna tala hos söderns folk ett tungomål, tillräckligt begripligt för den, som aldrig så litet lärt sig att tyda det.

Vi började efter åtskilliga fruktlösa försök till sist nästan förtvifla, då jag på en gång fann, att atamanen själf alldeles inte hade någon klar föreställning om hur jag ville hafva det. Han hade visst fått för sig, att hvad jag önskade var ett rum med inackordering, och jag undrar egentligen alls icke på, att kosackerna, som i allmänhet äro trångbodda, ej ville göra sig något omak för en person af så pass tvifvelaktig halt, som jag säkert måste hafva förekommit dem.

När vi nu vände det så, att frågan här gällde, om man kunde finna anställning för en frivillig, lönlös arbetare, som ingenting annat önskade, än att få deltaga i familjens dagliga lif och i de förefallande göromålen, då ställde sig saken annorlunda. Den gode atamanen ledsagade oss genast till en familj, som bodde vid torget nära kyrkan och som han hoppades skulle taga emot mig. Äfven där stötte vi på motstånd, men med auktoritet och vältalighet i förening genomdref atamanen, att jag ändå skulle få komma. Största betänkligheten befanns ligga i att man fruktade, det jag skulle efter arbetstidens slut begära en betalning, som man visst, efter en pröfvande granskning af mitt utseende och en antagligen därpå hvilande uppskattning af mina färdigheter, icke ansåg sig kunna ge. För att undanröja alla farhågor i denna väg bad jag emellertid att själf få nöjet öfverlämna några rubel såsom ett bevis på min obegränsade aktning och som en passande ersättning för att jag skulle få äran arbeta hos herrskapet. Denna idé mottogs med välvilligt bifall, och vardt jag alltså städslad som dräng för trenne rubel — dem jag själf betalade till husbondfolket! Som kosackerna voro borta i arbete, uppgjordes öfverenskommelsen tills vidare med två hemmavarande, kvinnliga medlemmar af familjen, den gamla farmodern Olga Markovna samt hennes dotter Avdotja Stepanovna, Dunja eller Dunjasja kallad. Man försäkrade mig emellertid, att detta var fullt tillräckligt bland kosackerna, ty föräldramyndigheten är så strängt respekterad, att ingen son skulle våga ändra, hvad modern dekreterat — churu visserligen *hustruns* vilja här som annorstädes mången gång betyder mindre än intet.

Men det var icke tid att längre dröja hos Olga Markovna och Dunja; jag måste ännu till kvällen hinna skaffa mig en fullständig uppsättning af kosackkläder, ty i min »civiliserade» kostym var jag bland kosackerna omöjlig. Jag skulle då genast hafva tilldragit mig uppmärksamheten. Och detta var nu alls icke min mening; utan tvärt om. Det gällde därför att göra sig så »vanlig» som möjligt, ur kosacksynpunkt sedt — ehuruväl jag för svenska ögon kanske nog skulle tagit mig litet konstig ut.

En bod i basaren försåg mig med en blommig *rubasjka*, en blus af tryckt engelskt kattun; i en annan köpte jag kosackmössa af mörkblått kläde med vid, platt kulle och med ett rödt band omkring. Hos tyghandlaren Jakovlev fick jag tala med byns mästare bland skräddare — en ryss, ty kosackerna äro som nämndt aldrig handtverkare. Han lofvade att för det tydligtvis rätt billiga priset af 90 kopek sy mig ett par utmärkta *sjarivari* af svart tyg med breda, eldröda passepoiler, ett par byxor, sade han, öfver hvilka en kosack med rätta skulle kunna vara stolt.

Återstod alltså egentligen *ett* att skaffa, på en gång nästan det viktigaste och det svåraste — det var stöflarne. Ett par kosackstöflar äro nämligen inga vanliga stöflar — det fick jag snart erfara. För det första äro de så långskaftade, att när man dragit upp dem ända till knät, har foten ännu inte hunnit mer än halfvägs till sin plats. Och för det andra, om man lyckligt och väl kommit öfver denna svårighet, så yppar sig genast en annan — stöfvelfoten visar sig inuti snarast lik en ut- och invänd igelkott, i det att halftumslånga, hvassa träpliggar oförsynt sticka fram på alla håll. När man med slika mödor ändtligen synat ut ett passande par, tager skohandlaren med orubbadt allvar fram ett nätt instrument af ett medelmåttigt järnspetts ungefärliga storlek och tyngd samt börjar därmed undanrödja de ur djupet af stöfveln uppskjutande dolda vådorna. Framgången är i allmänhet tvifvelaktig, men jag lyckades verkligen i detta fall med ungdomlig entusiasm hypnotisera mig till den öfvertygelsen, att allt var bra, ända tills jag nästa morgon fann otaliga ömma punkter och till och med djupa sår i mina stackars fötter. En kosack hjälpte mig då på det enkla och flärdlösa sätt, att han lade hvetehalm i botten på stöflarne; med den anordningen trampade jag dock utan vidare men mina tunga kosackfjät i en hel månad eller jämt så lång tid, som behöfdes, för att piggarne skulle hinna bli afnötta och halmen kunna tagas bort. Stöflarne tjänade mig emellertid troget både under mitt åkerbruksarbete och sedan under hela min långa ridfärd utan att jag ändå, som Karl XII. till sist måste låta skära dem bort af mina fötter. Vare detta sagdt som en *mention honorable* för det ryska lädrets smidighet och styrka; som exempel på dess prisbillighet kan anföras, att plaggen kostade i svenskt mynt hela sju kronor! Och ändå anförtrodde mig kosackerna efteråt, att jag blifvit lurad på affären. O, snöda värld!

* * *

På kvällen fick jag all min härlighet i ordning och presenterade mig i det närmaste som en äkta kosack — dock med en högst ostilenlig, men tyvärr oumbärlig, pince-nez på min näsa.

Sergej Alexandrovitsj, min trogne vän från Borisoglebsk, som egentligen hade förtjänsten af att allting hittills gått väl för mig, reste åter till sitt land igen, sedan han först visligen lagt sina vänner på hjärtat att stå mig bi med råd och dåd. Han aflade dessutom med mig ett besök hos mitt nya »husbondfolk», där jag nu hade tillfälle att göra bekantskap med den ene af kosackerna, Pavl Stepanitsj, Avdotia Stepa-

Mitt hem i Filonevskaja

novnas broder. Jag fick nu också veta, att deras familjenamn var *Fokin*.

Sergej Alexandrovitsj sökte så godt sig göra lät klargöra för Pavl Stepanitsj Fokin ändamålet med min vistelse i byn, men jag är icke alldeles öfvertygad om, att denne då begrep det. Det var emellertid tillräckligt vunnet, att han såg vänlig ut och försäkrade, att jag skulle få det bra. Pavl Stepanitsj visade sig, då jag lärde närmare känna honom, vara en bra karl, med hvilken jag blef synnerligen god vän;

hans största fel var dels att han satte nästan för högt värde på penningen och dels att han höll hustrun, den förtryckta och blidsinnade Marja Varfolomejevna, väl mycket på mattan. Detta senare kom sig dock förmodligen mest af att han ville taga revanche af henne för det förtryck, som han själf led ofvanifrån af ej mindre än trenne myndigheter — i främsta rummet modern Olga Markovna, sedan systern, den kropps- och handlingskraftiga Dunja, samt till sist dennas man, den något buttre svågern Avrelian.

For alltså Sergej Alexandrovitsj, och jag följde honom ett stycke på väg utom byn. Just i solnedgången sade jag honom farväl ute på steppen och tackade honom för hvad han gjort för mig; jag var ju genom hans hjälp vorden en kosack bland kosacker, och det kom numera an blott på mig själf att draga nytta af min ställning. Från hästryggen räckte jag honom handen till afsked och kysste hans svartskäggiga kinder; så sprang jag ur sadeln, och han jagade vidare öfver steppen ensam, förande min häst vid tygeln.

Inom några få ögonblick synas den ensamme ryttaren och den lösa hästen bredvid honom blott som ett par små, svarta punkter på den gröna slätten, och i aftonens halfdager vänder jag allena med betänksamma steg tillbaka till stanitsan. Då jag vandrar hem genom bygatorna samma väg, som jag på förmiddagen kommit, fäster jag ingen mötandes uppmärksamhet; jag är ju nu blott en vanlig kosack, som om aftonen vänder från arbetet hem till de sina för att äta och sofva.

Väl hos Fokins, finner jag alla samlade vid kvällsvarden. »*Dobrij vetjer* — god afton», hälsar jag, och »*Blagodarju vas* — tackar», svaras från alla håll. Där är nu först och främst Olga Markovna, mormodern, med hvilken jag gjort upp mitt engagement, och hennes dotter, den manhaftiga

Dunja, som är bred som en dörr och stark som en björn, men godlynt och välvillig till öfverflöd. Där är vidare sonen Pavl Stepanitsj, gift med den mildögda Marja. Pavl Stepanitsj ler förtjust och Marja förläget, då jag tar deras lille gosse, pysen Vanja (Ivan), i mitt knä och småpratar med honom så godt jag kan på ryska.

I ett hörn af rummet sitter den af männen, som jag ännu ej hade sett; Avrelian heter han och är gift med Dunja, hvilken är honom lika undergifven, som hon är befallande mot brodern Pavl. Avrelian är en groflemmad gestalt med breda skuldror och med ett energiskt hufvud; det långa, täta, mörka skägget, som helt betäcker nedre delen af hans icke osköna ansikte, den kraftigt skurna näsan, den breda pannan och det rika, mörkbruna, skäligen oklippta håret gifva honom ett mera karaktäristiskt ryskt utseende än svågern Pavl.

Avrelians och Avdotjas dotter Vanda är också med, en rätt vacker flicka om femton år, i en klädning af eldrödt bomullstyg med små hvita blommor; lifvet sitter högt upp under armarne, efter det vanliga bruket bland de ryska bondflickorna, och kjolfållen når icke längre än till knäna; barbent och barfotad för hon sig med de elastiska, om också en smula tunga rörelser, som ofta äro för det ryska bondfolket egendomliga; det är icke grace och icke värdighet, det är något af båda och på samma gång ingendera delen. Hos de äldre blir gången snart ovig och vaggande, i samma mån som musklerna förlora sin spänstighet; hos de yngre åter är tyngden blott en fördel, enär den förhindrar en alltför stor snabbhet och ledighet i rörelserna, hvilka lätt kunde synas oroliga, om de saknade just den där lilla värdigheten; så ser man ofta unga, ryska kvinnor af folket med en gång, som skulle väcka afund hos prinsessor.

Med Sjurenka, dotter till Pavl Stepanitsj och syster till lille Vanjusja, var sällskapet fulltaligt; hon var blek och mager och hade ett rätt betryckt utseende.

Vi satte oss till bords, dock icke utan att först hafva gjort korstecknet flere gånger och bedt den gode Guden välsigna maten. Bordet stod, som sig bör, i det »heliga hörnet», där brokiga helgonbilder med glänsande mässingsramar hängde på väggen. Emot dessa vände man sig, då korstecknet gjordes, och man bugade sig därvid med mycken vördnad.

Midt på det aflånga bordet ställde den gamla Olga Markovna fram en väldig träskål med rykande soppa; det var *sjtsji*, kålsoppa, den ryska nationalrätten, hvars namn våra västerländska tungor hafva så svårt att uttala. Åt hvar och en gafs en målad träsked af ryskt arbete, och där sutto vi nu snart allesammans som kattungar omkring en mjölkskål och kappades om hvem som fortast kunde sörpla i sig så mycket som möjligt af den ångande soppan; så snart skålen var tom, hämtade den gamla genast mera ur stenkrukan, som stod på glöd i den heta ugnen.

Bröd bestods också efter hvars och ens behag; Avrelian skar åt oss med en täljknif mäktiga skifvor af en fet bulle. Brödet var hvetebröd, väl bakadt och af en svag, angenäm syrlighet, men alldeles mörkt, nästan som vårt rågbröd. Jag trädde i mig så mycket som möjligt däraf, ty kålsoppan höll på att fastna mig i halsen, då jag måste dyka ned med min flottiga träsked i samma fat som åtta andra kosacker, stora och små. Jag visste nu visserligen mer än väl, att jag stundom på en ansedd restaurant i en modärn storstad kunde råka ut för det som ur renlighetssynpunkt till och med är ändå värre, än att äta kålsoppa ur samma skål som kosackerna, med en träsked, som utan att diskas tjänat icke en, men kanske tio herrar före mig. Men kulturmänniskan är nu en gång sådan, att hon sist af allt vänjer sig af med just den så att säga konventionella renligheten — den, som väl mest och egentligen ligger i en tyst, men allmän öfverenskommelse om hvad som får anses renligt eller ej. — Emellertid tog jag Nansen i hågen och gick friskt på, förnöjande min själ med erinringen om, huru han och hans män en gång voro tvungna att *slicka af* den smutsiga botten i tältet för att ej gå miste om en burk utspillda konservärter — wenn einer reisen lernen will, der schweige nur fein still!

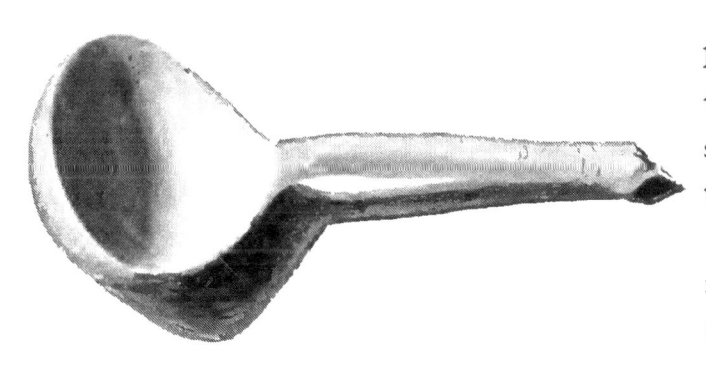

Efter kålsoppan kom *kasja*, bohvetegröt, därpå kokt småfisk med potatis. Kosackerna slukade fiskarne med ben och allt, och jag väckte något löje, då jag fann för godt att med min slidknif afskilja vissa, enligt min åsikt, mindre njutbara partier; potatisen var oskalad och åts på det sätt, att man flådde af den ena sidan och sedan behändigt sög ut resten af potatisen med läpparne. — Det hela skulle egentligen hafva afslutats med en vattenmelon som dessert, men af en anledning, hvarför jag längre fram skall redogöra, uteblefvo melonerna både denna afton och vid alla följande måltider någon tid bortåt. I stället torkade man sig förnöjsamt om munnen med fingrarne eller tröjärmen, gjorde med tacksamhet för andra gången korstecknet för helgonbilderna och satte sig sedan mätt och belåten på en väggfast bänk eller pall för att prata en stund och smälta maten.

Avrelian snodde sig af gammalt tidningspapper en papyross

HEMMA HOS FOKINS.

med dålig rysk *mahorka*, eller hemodlad bondtobak, en sådan där lustig, strutformad och knäböjd papyross, som det lägre folket i Ryssland tyckes anse för höjden af jordisk njutning; jag behöfver väl knappast upplysa, att lukten af denna hemgjorda tobak är afskyvärd och nästan outhärdlig.

Pavl Stepanitsj, som ej var rökare, tuggade solrosfrön och spottade med oöfverträfflig skicklighet de knäckta skalen ut på golfvet, på samma gång som han åt upp den lilla, sötaktiga, mandelsmakande kärnan. Jag blef ock bjuden på läckerheten, men afstod, då jag ännu inte hade lärt den svåra konsten att utan hjälp af fingrarne skilja skal och kärna endast med tungan. Tuggandet af solrosfrön är en i synnerhet i mellersta och södra Ryssland ytterst allmänt förekommande vana eller rättare ovana, som gifvit upphof till en hel jordbruksgren, solrosodlingen. Personer, som vilja lägga bort att röka cigarett, gripa gärna till denna originella slags »njutning» som tröstemedel; ofta kan dock det ena bli en lika stor ovana som det andra. Så t. ex. lärde jag en gång känna en förnäm dam, som just af dylik anledning började äta solrosfrön och som sedermera aldrig kunde upphöra därmed; hon gick ständigt med en påse sådana i fickan och begagnade alla både möjliga och omöjliga tillfällen för att i smyg tillfredsställa sin passion.

Avdotja Stepanovna hvarken rökte eller tuggade solrosfrön; i stället ägnade hon sig med ifver åt ett noggrant utforskande af min både yttre och inre människa, hvilket hon redan under måltiden med fördel påbegynt.

»*Vladimir Viktorovitsj*», sade hon med den egendomligt släpande och sjungande akcent, som kosackerna hafva, och med användande af mitt ryska *imja-i-oljestvo*. »Vladimir Viktorovitsj, har du ej en hustru hemma och en sådan där liten parfvel som vår Vanjusja här? Och hvad säger din hustru om att du far öfver hafven och genom vida länder långt bort ifrån henne och blir borta i månader och veckor?»

»Min hustru säger ingenting alls af den enkla anledningen, att jag ännu inte har någon, och äfven om jag hade en, skulle hon sannolikt inte heller säga någonting, därför att jag då skulle vara så förfärligt sträng emot henne, att hon inte vågade motsäga mig. Kvinnan skall ju vara sin man underdånig, heter det», tillfogade jag med en sidoblick åt Avrelian.

Avdotja Stepanovna skrattade och började nu hålla ett korsförhör angående mina föräldrar, bröder, systrar, min samhällsställning, titel och sysselsättning, min fars dito, mina bröders dito, ändamålet med min resa, om min far skickat mig, om mina bröder skickat mig, om någon myndighet eller någon general sändt mig, eller om jag möjligen kom *po svojej volje* — af egen fri vilja, — hvilket dock ansågs mindre antagligt. Ty hvad hade väl en främling från landen på andra sidan hafvet att göra här ibland kosackerna, hundradetals verst från sitt hemland, utan släktingar, utan bekanta, utan att vara befalld af någon högre vilja än sin egen?

Förklaringen att jag kommit hemifrån för att här se, huru kosackerna vid Don hafva det, för att lefva deras eget lif, arbeta med dem, äta med dem, kläda mig som de och i allt vara som de — alltsammans endast därför, att det intresserade mig att lära känna detta, mottogs med en höflig, men betydligt tvifvelsam tystnad; man höll synbarligen för visst, att detta var en förevändning, uppfunnen i brist på någon trovärdigare.

För att uppfylla artighetens fordringar återgäldade jag de talrika frågorna om mina förhållanden med liknande om mitt värdfolks, så omfattande och vidlyftiga, som det öfver hufvud var med mina bristfälliga kunskaper i ryskan förenligt. Ibland svaren förstod jag väl icke ens halfva antalet, men af en gifmild natur begåfvad med en viss skådespelareförmåga, lyckades jag ingifva kosackerna den föreställningen, att jag i alla fall begrep större delen, något som kom dem att få en rätt hög tanke om mitt språkgeni. Samtalet skulle f. ö. under andra förhållanden varit en praktisk omöjlighet, särskildt i betraktande af att kosackerna, ehuruväl de tala det storryska språket, bryta på en dialekt, som i mångt och mycket närmar sig lillryskan, af hvilken jag kände mindre än intet. Men lyckligtvis är det ryska folket i besittning af en sällsynt stor förmåga att förstå tecken och gester, halfva satser och outtalade meningar; äfven människor ibland det simpla folket behärska desslikes sina uttrycksmedel så väl, att de vanligen kunna för främlingen göra begripligt hvad som är af nöden, äfven om hans språkkunskap är i klenaste laget. Denna iakttagelse hade jag redan tidigare haft tillfälle göra under mina båda föregående resor i Ryssland, då jag tagit mig ganska väl fram nästan alldeles utan kunskaper i ryskan. De främmande språken, inberäknadt det internationella Esperanto, voro mig naturligtvis till nytta endast i umgänget med mera bildade personer. Men teckenspråket gjorde god tjänst, där inte de andra räckte till; som väl är, äro dess uttryckssätt ju tämligen lika öfverallt.

Kosacken, som stiger tidigt upp om morgonen, är därför också kvällsömnig. Klockan var föga öfver nio, då vi bröto upp från köket, där aftonmåltiden för bekvämlighets skull intagits, och gingo till hvila — kosackerna tillsammans i dagligstugan och jag, ensam, i helgdagsrummet. Båda ligga bredvid hvarandra åt gatan, med dörr emellan sig, och hafva hvardera två fönster. Jag häpnade öfver att åtta personer skulle ligga allesammans i ett enda af dessa båda små rum, men jag kom mig ej för att erbjuda plats inne i det andra, som jag disponerade. Något annat än »plats» fanns också, inom parentes sagdt, ej att erbjuda, ty sängar äro för den simple kosacken en okänd lyx. Bäst är en hylla nära spisen — där ligga de gamla och småbarnen; men ungt och friskt folk, som inte äro så noga om värmen, sofva godt på golfvet eller också, om sommaren, ute under bar himmel; den sistnämnda vanan fann jag småningom för godt att göra till min.

Kosackens aftontoilett är hvarken vidlyftig eller långvarig; han drager af sig stöflarne och rocken och lägger sig sedan omedelbart i det hörn han genom erfarenhet funnit bekvämast. Läsaren kan lätt tänka sig, att jag af omständigheterna hänvisades till att följa samma enkla, fördomsfria metod; hela min bädd bestod nämligen blott af ett par ordentliga, ganska mjuka fårskinnspälsar, utbredda på golfvet. Jag offrade en lång, tung, fåfäng suck åt tanken på ett par rena, hvita lakan, en hårdt stoppad madrass och en dito örngåttskudde, slängde så mina nyförvärfvade kosackhärligheter i en vrå, släckte den lilla, rykande lampan och kastade mig rak lång på min torftiga bädd. Länge hölls jag vaken af dagens brokiga minnen och genomgick dem ett efter annat, medan jag med blicken följde månstrålarnes lek på de ojämna golftiljorna....

Så ändades min första dag i kosackbyn Filonovskaja.

II.

Tröskningen.

Morgon. En gråblek dager faller in genom de små fönsterna. Klockan är tre. Jag har blott sofvit i fem timmar — måste man redan stiga upp?

I kammaren till vänster höras röster, och snart börjar Olga Markovna slamra i köket, som ligger invid den andra väggen.

Ett lurfvigt kosackhufvud stickes in genom köksdörren för att se om jag är vaken. Jo, var lugn Avrelian, drängen din skall väl inte försumma sig första morgonen åtminstone!

Ambitionen kan sätta fart i benen till och med på folk som äro nyss väckta. Det dröjer inte många minuter förr än jag klifver ut i kammaren. Alla ha redan lämnat den. På golfvet blott några klädesbylten, som tydligen tjänat till bäddar. På hyllan vid spiseln ett par andra bylten, som snarka. Det är de båda minsta barnen; de få ännu sofva. Hvad jag afundas dem! Och gäspande går jag ut på gården.

Där står Pavl Stepanitsj och tvättar sig. På ett snöre, fästadt i takfoten hänger en vattenkruka. En liten kruka af järn med två pipar. Vickar man på den ena af dem så rinner vattnet ut öfver ens fingrar. Är man då lycklig nog att äga en tvål, så kan man tvätta sig ganska bra. Och om man bara ser riktigt bedjande på Avdotja Stepanovna, så skickar hon flickan Vanda efter den bättre af husets två handdukar, då kan man också torka sig. Handduken får man behålla för sitt privata bruk under hela sin återstående vistelse i byn Den är grof och inte särdeles ren, smal som två handers bredd, men mycket lång och prydd med röda spetsar i ändarne. Den blir inte precis renare af träget bruk och inte mycket bättre heller för att den en och annan gång tvättas af Dunja Man skulle nog önska sig ett par af de hvita, vackra handdukar som fredsdomarens fru, Jelena, så vänligt erbjudit till låns. Men man näns inte, ty Dunja kunde bli ledsen. Och den stora, feta, kraftiga Dunja är så hjärtans god, att man inte vill göra henne ledsen.

Man begagnar sig därför af hvad som fins och fröjdar sig åt det klara, kalla vattnet i den lilla järnkrukan. När vattnet tar slut, fyller Vanda strax på mera.

Enfin — bland mera barbariska sätt att tvätta sig är detta med järnkrukan inte det dummaste. Håll bara icke på för länge med toiletten, ty då skrattar man åt dig! Och det går icke för sig.

Fort färdig alltså! Ser det ut att arta sig till frukost sedan? Knappast. Till arbete då? Föga mera Alla vanka omkring och försöka se ut som de vore sysselsatta, men ingen uträttar något som är vidare bevändt med Man frågar om man skall hjälpa till med något — och får ett småleende till svar. Man hjälper ändå och finner själf, att man blott går i vägen. För hvad? *Bych snaret!*

Man lägger armarne i kors och väntar. Midt på gården hålls den argsinta hunden Tjk, han skelar på en med sina ondskefulla, gula ögon, men afståndet till hans kula är lyckligtvis större än längden af den bastanta kedja, som lär honom

»VÅR GÅRD» HOS POKINS.

begränsningens svåra konst. Man kan därför med tyst förakt återgälda hans hätska blickar och oförsynt fräcka skall. Men man aktar noga sina byxben och stöfvelskaft för grannskapet med hans grinande käft.

Hönsen matas af den milda Marja. Tre små hvita grisar tränga sig fram som snyltgäster vid taffeln, men få sig med fart en ordentlig sats på det rosenröda trynet och draga sig sårade tillbaka, vemodigt grymtande öfver svikna förhoppningar.

En stor sugga skrider gravitetiskt fram öfver gården — hon motas ut på gatan till sin egen skam och andras varnagel. Gässen komma med sträckta halsar och flaxande vingar; de få litet korn och afskräde och äro mycket lyckliga. Två grå kattor slicka kokett sina tassar, där de sitta uppkrupna på hvar sin teljäga. Sparfvarne flyga från halmtaket till gården och från gården till halmtaket eller sitta i rader på brunnskaret. Tupparne gala, och tre stora, bruna råttor promenera med en oförskämdt trygg uppsyn öfver gården, kråkor och kajor kraxa och kretsa kring bykyrkans torn strax i närheten — lifvet har öfver allt vaknat.

Man står som sagdt med korslagda armar och ser på detta vaknande, växlande, rörliga lif. Under tiden ljusnar det mer och mer; himlen får morgongryningens blekblå färg med rosa- och violett-teinter. Snart glimmar solen fram i jublande, gyllene prakt och slungar slösande sina ljusknippen ut öfver *stanitsan*. Kyrkans gröna tak glänser, kupolerna glindra och fönsternas rutor glöda som eld. På gatorna drifva kosackjäntorna i uppskörtade kjolar mjölkkorna till steppen; det är ett bölande, ett råmande, ett lif och ett väsen, att man kan mista hörseln.

Man ser och ser, man känner och känner. Man ser det vaknande lifvet i byn, man känner dess kraftiga pulsslag och andetagen af sju tusen kosacker, som just nu gnugga sömnen ur ögonen och tvätta sig rena under små järnkrukor med friskt vatten. Man glömmer alldeles bort, att man är här för att arbeta, för att lefva, lefva folkets lif, icke för att iakttaga, njuta och berusa sig med harmonier och disharmonier i ljus, färg och ton.

Hvad var det alltså man skulle göra i dag? — Tröska. — Visst, men hvar? — Här finns ingen lada, ingen loge, icke ens en plats för någondera. Nå, förklaringen kommer, när den kan.

Emellertid har klockan närmat sig fem utan att något synbart resultat är åstadkommet. Man börjar gäspa, gäspa åt alltsammans, åt djuren, åt människorna, åt solen, åt ljus, färg och ton — det var allt skada, att man ej fick sofva ett par timmar till!

Då får man af värdinnan en stor skål med gräddmjölk, i en *garsjok* hämtad upp ur källaren, — ett hål i marken, klädt med halm och täckt med ris. Till mjölken kraftigt svart surbröd — det är en måltid för konungar och tsarer.

Under tiden spänner Fokin framför en teljäga sina två magra, smutsiga och blodiga kampar, som fridfullt tillbringat natten i en fallfärdig videhägnad på gården. Stakar och räfsor och pinnar och mycken annan bråte lastas i teljägan jämte en kruka med vatten och diverse mat. Så sätta vi oss upp, Fokin och jag, och åka till tröskplatsen, i utkanten af byn; de öfriga skola komma efter senare. Vägen går genom den förnämsta gatan. Först öfver torget med kyrkan och basaren i fonden. Sedan förbi fredsdomarens ämbetslokal och atamanens hus med de blommande oleandrarne, postkontoret med sin svarta ryska örn och sin gröna breflåda samt Semjon Varfolomejevitsj' hus, dar skiljedomsnämnden brukar sammanträda om söndagarne, efter andra mässan. Öfver allt likadana små hvitstrukna hus af lera med toppigt halmtak; blott här och hvar ett af trä med ljusgrön plåttäckning. Öfverallt samma flätade stängsel af klufna videkvistar, samma väldiga gårdsportar med öfverbyggdt, snidadt tak; sirade fönsterluckor, målade i flera färger, höga pumpstänger midt på gården, lika dem som brukas hos oss; flockar af höns, gäss, svin och ankor.

Den långa gatan sträcker sig åtminstone en hel verst i en enda rak linje. Vid slutet af den finns en damm, på hvars andra sida resa sig dungar af höga, silfvergrå pilar; till höger skymtar man floden.

Här är tröskplatsen.

Nu är nödvändigt att veta, att all jord hos kosackerna tillhör det allmänna, det är kommunen, byn, stanitsan. Stanitsan med de till henne hörande småbyarne utan kyrkor *(chutora)* äger ett visst jordområde, som hvart tredje, femte eller tolfte år nyskiftas mellan rättsinnehafvarne. Sådana äro alla till området hörande män, ogifta kvinnor eller änkor, som nått myndighetsåldern. Männen få hela lotter, belöpande sig till tolf, femton eller tjugu *desjatiner* — ungefär lika många tunnland — åkerjord; kvinnorna blott halfva. Emellertid kan på detta sätt en familj, där det finnes flere vuxna söner, få ett ganska betydligt jordstycke på sin del. Sker dödsfall eller giftermål under tiden mellan skiftena, så tillfaller den lediga lotten de närmaste släktingarne, intill nästa delning, hvilken göres med hänsyn till de sålunda ändrade förhållandena.

Då ingen därför kan påräkna att år efter år städse få behålla samma jordstycke, lönar det sig icke att uppföra lador för säden ute på fältet och logar för tröskningen. Och i själfva byn finnes inte plats. Där skola ju sjutusen själar bygga och bo på ett rätt inskränkt område.

Det betyder för öfrigt mindre, ty man har i alla händelser ingenting att bygga af. *Ljäs* — skogen — är intet annat än en vidsträckt hed med låga buskar, där boskapen i de täta snåren af rysk lönn, hassel och ek söker skygd mot sommarens brännande middagssol.

Kosackerna göra som fåglarne under himmelen, de församla icke i lador. Hvartill skulle det också tjäna — i hela Augusti månad faller under skördetiden ej en droppe regn. Man behöfver därför ej kosta en tanke på att torka eller skydda säden. Den torkar sig själf och skydd tarfvas ej. Så fort den mejats, föres den på vagnar till stanitsan och lägges i stack. Där, i kanten af byn, har hvarje hushåll sin utmätta plats, omgifven med en flätad hägnad eller en planterad rad af träd. Gator och vägar åtskilja kvarteren, som ligga i regelbundna rader; med sina i form af stugor upplagda halmstackar, med sina träd och sina stängselhäckar är denna halmstad på afstånd förvillande lik en verklig by.

Sädesstackarne ligga kring den fyrkantiga tröskplatsens alla sidor; under loppet af tröskningen blifva de småningom nedtagna, men uppföras igen af den uttröskade halmen; det hela bibehåller därigenom samma utseende.

Marken i midten är särskildt beredd för sitt ändamål. Den består af fast lera, hårdt tillstampad och soltorkad, så att dess yta är jämn som ett golf. Men ogräs kunde slå in i den, regnet blöta upp den och förstöra den. Därför breder man ett tjockt lager af agnar och »boss» däröfver, så fort tröskningen är slut; så skyddad står den sig präktigt till nästa år.

Hit var det således vi kommo, jag och Fokin, — till tröskplatserna. Vår var jämförelsevis stor, ty hushållet hörde till de förmögnare. Två vuxna kosacker med hvar sin jordlott, skall man veta, och därtill enkan Olga Markovna med en half — det är icke småsaker, det är icke att skratta åt.

Därför ägde man också åtskilligt sådant som andra fingo

se sig om efter. En *pluch*, d. ä. en mekanisk plog af järn med två billar och med hjul framtill, en harf med järnpinnar och till sist, hvad mera är, ett tröskverk. — Andra fingo tröska med slaga, med trävältar eller tunga teljägor, men Pavl Stepanitsj och Avrelian hade sitt tröskverk.

Det var en dyrbar och märkelig inrättning. Den tarfvar sin särskilda beskrifning.

När vi kommo till platsen, fanns egentligen ingenting att se af hela tillställningen. Där stod bara en blåmålad låda på ett håll, och en bra bit därifrån, midt på ena sidan af tröskplatsen, en grof påle i marken. Allt det andra hade vi med oss i vagnen eller letade vi fram det någonstädes ur sädesdösarne och ur jordens innandömen.

Ett stort kugghjul af järn fästes med möda kring pålen; ett par långa bjälkar lades i kryss tvärs öfver och passades med åtskilliga svårigheter tillsammans i räta vinklar. Detta var dragbommar och vandring. I en ränna på marken sträcktes en lång järnaxel. Dess ena ände var försedd med sneda drifkuggar, som passade till det nämnda vandringshjulet; den andra kopplades till ett väldigt drifhjul af trä. Därifrån gick en ändlös läderrem till »trumman», eller den ofvan omtalade blå lådan, i rät vinkel emot järnaxeln. Trumman var inrättad ungefär som vid våra vanliga svenska tröskverk; cylindern därinne sattes i roterande rörelse, då vandringshjulet med hjälp af dragbommarne fördes omkring.

Naturligtvis kunde icke Pavl Stepanitsj klara sig med allt detta utan Avrelian. Pavl Stepanitsj kan öfver hufvud taget icke klara sig med någonting alls utan Avrelian. Pavl är en äkta ryss, godsint, vänlig, munter, sorglös och oföretagsam, utan förmåga af initiativ, och han böjer sig gärna för en starkare vilja. Sådana finns det ju också godt om där hemma modern, systern och så svågern Avrelian — först och främst Avrelian.

Nog tycker Pavl Stepanitsj ibland, att Avrelians kommando kans rätt tungt, men på samma gång är det en underbart behaglig känsla det att ej behöfva besluta något och att inte bära ansvar. Man gör hvad man blifvit tillsagd, och blir det inte bra, så får någon annan skulden. Man behöfver inte besvära sig med att tänka mycket — och att tänka är så mödosamt! Man somnar lugnt om kvällen, viss om, att Avrelian i morgon nog lär veta, hvad som skall göras. Ty Avrelian är klok, mycket klokare än man själf

Därför gör man sig ingen öfverdrifven brådska på troskplatsen. När man hunnit fram dit, spänt ifrån hästarne och plockat ur teljagan hvad man fört med sig, lägger man sig lugnt till hvila i halmen för att vänta — vänta på Avrelian. Och som man stigit tidigt upp, dröjer det inte länge, innan man somnar och sofver de rättfärdiges sömn, midt i solbaddet.

Långt fram på morgonen kommer Avrelian Och nu börjar den kinkiga hopsättningen af troskverket. Avrelian befaller, Pavl Stepanitsj och undertecknad lyda. Emellanåt blir mig upprorsandan för svår — det är, när jag ser de opraktiska ryssarne bära sig allt för bakvändt åt med söndertagning och hopsättning af skrufvar, muttrar, kuggar och andra järn. Då tar jag beslutsamt arbetet ur handen på den häpne Avrelian och visar honom ett uppenbarligen mera enkelt och praktiskt sätt: i början protesterar han, men finner sig snart nog och ler godmodigt emot mig, då han ser resultaten Pavl Stepanitsj står gapande af förvåning att någon kan kritisera — och detta ändå med framgång — den välaktade Avrelian.

Med svett och möda, med yxa och knif, med tjära och

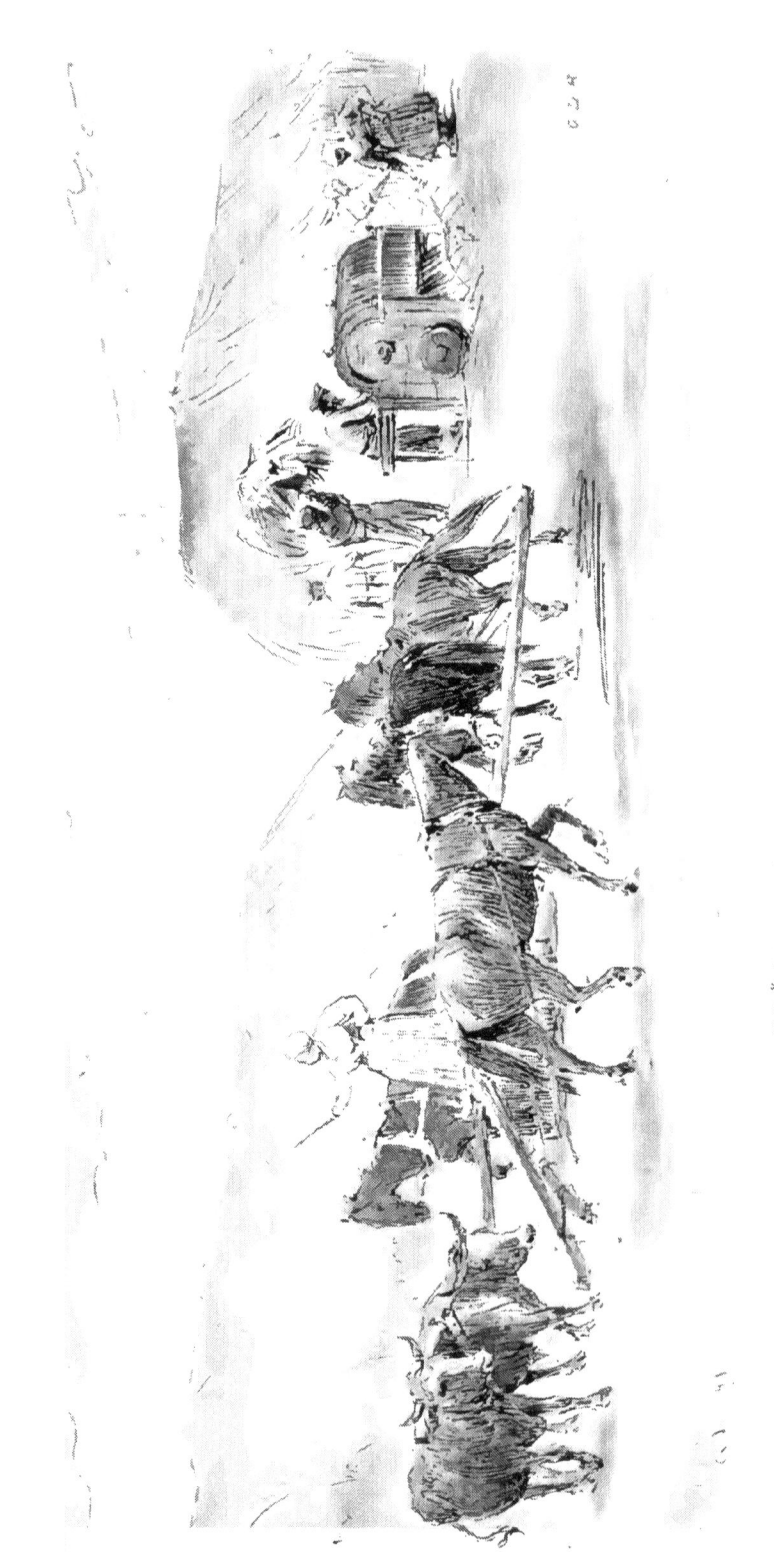

TRÖSKNINGEN HOS FOKINS.

olja har tröskverket till sist gjorts brukbart. Det är då redan långt lidet på förmiddagen. Ännu återstår emellertid ett viktigt förarbete, innan själfva tröskningen kan börja. Platsen måste befrias från det lager af agnar, som täcker den till skydd mot väder och vind och ogräsfrön.

Med räfsor och kvastar börja vi kratta, skrapa, sopa och feja marken så fin som ett parkettgolf. Agnarna sammanföras i stora högar för att vid trösktidens slut åter användas till sitt förra ändamål.

Jag arbetar i mitt anletes svett och lyckas för andra gången tillvinna mig bifall. Pavl Stepanitsj rent af beundrar min omsorg och min ordentlighet — som, oss emellan sagdt, verkligen går åtskilliga gånger utanpå hans egen.

Men därmed har jag också nått gränsen för mina framgångar. Då vi emot aftonen alla samlades och började tröskningsarbetet, fick jag en uppgift, med hvilken jag stod mig tämligen slätt. Den var att med en högaffel af knottrigt björke släpa ned från dösarna fång efter fång af säden och bära fram till Avrelian, som »matade» cylindern; denna slungade den tröskade säden med halm och agnar på marken, där Avdotja och efter henne hela raden af familjens öfriga kvinnliga medlemmar med sina räfsor skilde agnarna från hvetet.

Oaktadt de mest energiska ansträngningar, understödda af en god portion fåfänga, hade jag svårt att få arbetet tillräckligt fort ur händerna; det var städse med en allt starkare känsla af tillfredsställelse jag då och då hörde tröskverket stanna, för att man skulle kunna kasta undan säden, som i guldgula högar samlade sig nedanför cylindern. Den sköts då tillsamman i stora högar på den hårda, tilltrampade marken; under de pauser, som härigenom uppkommo, hade jag tillfälle att en smula förbereda mig på så sätt, att jag från de höga stackarne kastade ned stora sädesfång på marken; jag behöfde då under arbetets gång blott bära fram dem till matarebordet.

Emellertid gick det väl an första dagen, då vi blott under några aftontimmar arbetade riktigt allvarligt. Värre blef det den följande.

För det första kändes, då jag vaknade, alla mina leder sönderbrutna; jag hade genomtrött gått till hvila och hade sofvit som en sten, men när jag skulle stiga upp, förekom det mig ungefär som hade jag själf föregående dagen passerat tröskverkcylindern. — För det andra var allting nu genast i ordning för tröskningens fortsättande, och det fanns ingen förevändning för ett *dolce far niente* på tröskeplatsen.

Vi begåfvo oss alla dit ut strax på morgonen, och solen hade knappast orkat upp öfver horisonten, då tröskverket redan började surra. Vandringen drogs af två enbetshästar och två par oxar. De sköttes allesammans af Pavl Stepanitsj, som från den upphöjda platsen på midten af vandringshjulet såg öfver dem alla och med sin långsnärtade läderpiska höll de latare i tukt. Alla dragarne voro vid mulen bundna i den närmaste dragbommen och kunde därför utan tömmar hållas till att gå sin regelbundna kretsgång; ville någon bli efter, så fick han sig genast ett välriktadt slag af den förfärliga piskan. Då Pavl Stepanitsj tröttnade att skrika och slå och samtidigt själf vridas rundt omkring, ryckte Avdotja in i hans ställe, och hon lade icke heller fingrarne emellan. Pavl öfvertog då hennes göra, och däröfver var jag i hemlighet mycket glad, ty som han, framför de andre, tycktes ha fattat en synnerlig vänskap för min person, begagnade han alla möjliga tillfällen för att underlätta mitt ovana arbete.

Fram på morgonen, när solen började bränna, togo vi

TRÖSKNING MED TELJÅGA.

oss en hvilostund. Det var frukosttid. En *garsjok* med sur mjölk togs fram, därtill svart bröd och grått bröd och kokadt kött. Och där sutto vi allesamman med korslagda ben och åto och pratade; konversationen mellan mig och kosackerna började redan gå mera ledigt. Jag begagnade gärna alla stunder för studier, läste, skref, frågade och antecknade. Uttalssättet blef mig mera förtroget; de vanligare uttrycken började jag behärska. Den ryska grammatiken är visserligen svår, men för samtalsspråket betyder det ej så mycket; man gör som en svensk diplomat i Petersburg en gång skämtsamt tillrådde mig — man sätter orden i nominativform och sväljer ned ändelserna; den ryska ordakcenten är så stark, att de obetonade stafvelserna merendels uttalas mycket otydligt.

Vid middagstid rastade vi ånyo. Solen brände så hett, att hvarken människor eller djur förmådde arbeta vidare; svetten flöt i strömmar bara man rörde sig. Af damm och smuts hade vi blifvit nästan svarta i synen, och öfver hela kroppen stucko oss agnfjällen, som i mängd smugit sig in vid hals- och ärmlinningar af den vida kosackskjortan. Enda räddningen blef ett bad i Bysuluks böljor. Ehuru ej kallt, var vattnet dock uppfriskande och återgaf åt den uttröttade kroppen en del af dess smidighet.

Till tröskplatsen kommo senare på besök kosacker ifrån de andra arbetsställena. Man hade hört talas om, att en främling fanns i byn; nu ville man se honom och fråga hvem han var, hvarifrån han kom, hvad han ville m. m., m. m.

Icke många satte väl fullständig tillit till uppgifterna. Hur skulle man också kunna tro, att en främling, som vore en vanlig människa, hade rest två tusen verst, öfver haf och genom många städer bara för att komma och tröska hos oss!! Bara för att lefva som en af oss. Liksom om det vore något märkvärdigt, kantänka! Liksom om det alls lönade mödan att färdas om det också vore bara till närmaste stanitsa för den saken!

Nej, nog förstod man bättre. Nog måste först och främst den resande vara en annan, än den han gaf sig ut för. Han måste vara en stor och mäktig herre, en furste eller en hög ämbetsman, hvilken hade makt öfver många människor, han, som kunde resa så långt, *po svojej volje* — af egen fri vilja, utan att vara skickad i tjänsteväg. Och för det andra måste det väl ligga något hemligt ändamål bakom hans färd. Säkert ville han räkna kosackerna, eller se och spionera på deras vanor och lefnadssätt och på deras hästar och vapen, för att sedan bland de sina förtälja därom och kanske komma åter med sina män, för att försöka fråntaga kosackerna deras jord. — Kanske vore han också en simpel äfventyrare, som ville mörda och stjäla och fly bort under natten — en ulf i fårakläder, som närmade sig med vänliga miner men mörka afsikter.

Icke att man sade sådant till mig. Det hade ju varit ogästvänligt och dessutom oförsiktigt. Men man sade det till hvarandra, och några misstänksamma miner kunde man icke dölja. Senare fick jag af mina vänner fredsdomaren och atamanen höra, hvad man fruktat af mig, och att man bland annat bedt atamanen fråntaga mig den stora finska *puukko-*knif, som jag bar vid bältet; särskildt hade Olga Markovna, mormodern, fruktat, att jag med den om natten skulle döda dem alla!

De, som ständigt togo mig i försvar mot ohemula beskyllningar, voro Pavl Stepanitsj och Avdotja Stepanovna, hans manhaftiga syster. Men jag visste ännu alls intet om dessa ordstrider och svarade blott trohjärtadt på alla frågor. Och den princip, jag från början följde, ställde

VID STRANDEN AF BYSTUK.

mig fort nog på den bästa fot till dem jag kom i beröring med. Enkla, okonstlade naturmänniskor vinner man, tror jag, alltid lättast genom gladlynt uppriktighet, obegränsad tillit, godmodig vänlighet — en varelse, som icke är alldeles fördärfvad, blyges att göra något ondt åt den, som utan fruktan eller misstanke gladt förtror sig till honom.

I gengäld för besöken gjorde jag kontravisiter hos kosackerna — egentligen för att studera de olika arbetsmetoderna. Ty icke alla kosacker är det gifvet att, i likhet med mitt förmögna husbondfolk, äga ett tröskverk.

Somliga tröska med slagor, såsom ju ännu brukas här och hvar äfven i vårt fädernesland. Men det är nu bara de allra fattigaste. Annars användas också andra sätt. Man breder ut säden alldeles jämnt i en rundel på tröskplatsen. Framför en teljäga spännas ett par hästar eller oxar, och bakom eller vid sidorna bindas fölungar och unghästar, som skola vänjas att trafva i jämn takt. Teljägans hjul, oxarnes klöfvar och hästarnes hofvar samarbeta nu för att slå kornen ur axen; hvad man inte kommer åt på detta sätt, tager slagan reda på.

Somliga kosacker använda i stället för vagn en särskild inrättning, som består af en kort, grof trästam, hvilken köres likt en vanlig vält; den skiljer sig från en sådan genom att den är försedd med djupa, sneda refflor.

Huruvida denna anordning anses förmånligare än den med teljägan, lyckades jag aldrig erfara; båda användas ungefär lika mycket. Klart är emellertid, att ingendera just är af beskaffenhet att lämna en förstklassig produkt. Marken, huru hårdtrampad den än kan vara, röres upp af hästhofvarne, så att dammet står i högan sky, och när säden blir sammanskottad i högar, är den betänkligt blandad med olika ämnen af alls inte tilltalande natur.

Rensningen lamnar likaledes mycket ofrigt att onska; jag undrade icke langre på, att kosackernas hvetebröd var grått som råg. De, som icke hafva troskverk, bestå sig annu mindre med sadesharpa, och på många stallen såg jag den bibliska kasteskofveln med hjalp af himmelens vader rensa hvetet.

Vi, som hade troskverk, hade naturligtvis också kastmaskin, dock i bolag med grannens. Nar troskningen redan efter några få dagar var slut, kordes den blåmålade maskinen — som var så forvillande lik en vanlig svensk »Katrineholmsharpa», att jag började leta efter fabriksmarket — i en teljaga till troskplatsen, och jag fick då ofva mina muskler med att timme efter timme draga den tunga vefven. Arbetet var betydligt tyngre och enformigare an tröskningen. Då voro vi alla samlade darute, hela familjen, stora och små, vi nastan bodde och lefde på troskplatsen mellan halmdosarna, och sysselsattningen, ehuru trottsam, saknade icke stamningens behag och blef darför ej ointressant — Men att *vejitj* — rensa — tillhörde mannen ensamma, och som all saden måste passera tvanne gånger genom kastmaskinen for att kunna anses någorlunda ren, blef arbetet långvarigt och ledsamt nog. Jag var ratt glad, att jag hade fått borja med troskningen och blifvit en smula tranad både i kroppskrafter och tålamod, innan jag måste taga i tu med detta.

Emellertid blef jag mycket belåten, nar den sista hvetehögen passerat andra gången genom harpan och vi fingo sluta med att *vejitj* Saden var dock annu dammig och långt ifrån ren; den sista rätt egendomliga rensningsprocessen återstod. Den tillgick på följande sätt

En vacker, solrik dag fördes hvetet i stora bastmattor med teljäga till flodstranden. Dar mötte kvinnorna med väldiga, flata såll, dem de fyllde med säd och sänkte ned i floden, så att det rinnande vattnet fick skölja bort allt dammet och smutsen. På stora mattor, utbredda på stranden, tömdes sedan den guldgula, våta säden, det var midt på dagen och augustisolens brännande strålar, som föllo nästan lodrätt ned, torkade den på en liten stund. — Tanken var icke opraktisk, i betraktande af de klimatiska förhållandena, men metoden uppfyllde rätt illa sitt ändamål, emedan säden var alltför mycket smutsig och flodvattnet alltför litet rent.

I alla fall var det dock för mig som åskådare en ovanligt pittoresk scen, då dessa arbeten förrättades. Medan kvinnorna med uppskörtade kjolar »döpte» hvetesållen i vattnet eller göto deras guldglänsande innehåll ut på mattorna, utvecklades omkring dem det mest brokiga och lustiga lif. Små flickor och pojkar sprungo hel- och halfnakna omkring på stranden eller plaskade i flodvattnet, simmande med långa växeltag och sträckta skuldror, likt indianer — jämförelsen med rödskinnen låg också nära till hands, då man såg på hudfärgen. Litet längre bort badade männen lika ogeneradt — seniga och muskulösa figurer med bronsfärgad hy, med väldiga, lurfviga peruker och med skägg, som räckte nästan till midjan. Rundt om halsen hade alla, både stora och små, den obligatoriska amuletten hängande på ett snöre eller en silfverkedja — vanligtvis ett kors med en helgonbild — och flertalet försummade icke försiktighetsmåttet att, innan de gingo i floden, göra korstecken. Massor af gäss och ankor trängdes med småttingarne i vattnet och på stranden; högre upp betade hästar, bökade grisar, hoppade kalfvar, kacklade höns, kalkoner och pärlhöns — kort sagdt, det var ett lif, ett väsen, en brokighet i färg och form, sådan som endast södern kan bjuda och som passar så väl under söderns glödande sol.

Till häst genom Ryssland 11

Detta var den sista dagen af »tröskveckan», hvilkens öfriga enskildheter må gömmas i dagboken.

Följande dag, den 6 augusti efter ryska tidräkningen och den 18 efter vår, var en stor festdag — Jungfru Marie himmelsfärdsdag, gemenligen kallad äppelvälsignelsedagen. Till firandet af densamma liksom af den andra stora helgdag, som inträffade under min vistelse i Filonovskaja, skall jag i ett följande kapitel återkomma och på samma gång i största allmänhet söka skildra de religiösa och kyrkliga förhållandena hos kosackerna. Innan dess vill jag emellertid för läsaren presentera några af de typer, som mötte mig i Filonovskajas umgängslif, särskildt hos min vän fredsdomaren.

III.

Halusjkin och fredsdomarens gästabud.

Halusjkin har långa ben, bruna mustascher, som hänga ned öfver mungiporna, och en pipig röst. Halusjkin har också en smal, brun käpp, som aldrig lämnar hans händer.

När han står och talar vid sin herre fredsdomaren, får käppen hänga bakom ryggen till ett tecken af vördnad, men när han talar vid mig, borrar han med den små hål i sanden framför sina fötter.

Ty så brukar hans herre, fredsdomaren, göra, och Halusjkin gör allt hvad fredsdomaren gör — det vill säga när fredsdomaren inte ser det. När fredsdomaren talar med folket, som söker honom i ämbetsärenden, sätter han gärna vänstra handens tumme i armhålet på sin väst och sticker den högra handen i byxfickan. Sammalunda gör ock Halusjkin, när han talar med mig.

När fredsdomaren vid middagstid en het augustidag går att taga sig ett bad i sitt nätta badhus vid vänstra stranden af den långsamt rinnande Bysuluk, hänger han gärna sin långa broderade handduk öfver halsen och axlarna; med betänk-

Halusjkin.

samma steg och med blicken fästad på den glödheta sanden vandrar han fram genom bygatorna. Samtidigt styr då Halusjkin sin gång genom ett par andra gator till bron öfver Bysuluk och beger sig till sitt eget privata badställe under den stora pilen på högra sidan af floden. Men tror någon inte, att han virar sin långa, smala handdukstrasa på det kostligaste sätt kring nacke och hals och går med långsamma steg och stirrar ned i sanden, som om han där sökte Aladdins lampa eller lösningen på lifvets olösliga gåta!

Och ändå är Halusjkin blott en simpel kosack och dräng hos fredsdomaren. — Ja, det är han förstås egentligen inte heller. Det är öfver hufvud mycket svårt att säga, hvad Halusjkin med rätta är. Det beror alldeles på, i hvilken situation man sätter honom.

Man skulle möjligen kunna säga, att Halusjkin är fredsdomarens dräng, när fredsdomaren ser honom, och fredsdomaren själf, när fredsdomaren icke ser honom. Halusjkin är vidare kosack, det är odisputabelt, och såsom sådan också den obestridde ägaren till tjugu desjatiner den yppersta svartjord, som han mot skälig ersättning utarrenderar åt en släkting.

Halusjkin är också familjefader, lycklig make till Dunja, som tjänat piga hos fredsdomaren i åtta år och fortfarande biträder vid högtidliga tillfällen, såsom vid större bjudningar och vid de med en oroväckande regelbundenhet återkommande barndopen — detta är så gifvet, att om man frågar Dunja, hvarför hon inte tar sig tjänst i granngården hos popen David, hvilken oföränderligen två gånger om året erbjuder henne plats som barnsköterska, så svarar hon lika oföränderligt:

»*Kaksje batjusjka* — huru, far lille! Hvem skulle då hjälpa Jelena Vasiljevna — detta är fredsdomarens hustru — om hösten, då hon får sin lilla?»

Dunja har själf två småttingar, som äro hennes och

Halusjkins stolthet. Baranka, en flicka om sex år, tjänstgör som »häst» och lekkamrat åt fredsdomarens Kole, en sjuårig tyrann, hvilkens högsta nöje är att linda Barankas ljusgula hårtestar om sina små smutsiga fingrar och draga i dem så mycket hans unga kraft förmår och den plågade lilla varelsen kan uthärda; därför hatar Halusjkin, som är en öm fader, unge herr Kole af hela sitt hjärta, och när *han* är fredsdomare — d. v. s. när fredsdomaren är borta — uppgöras tvisterna mellan de båda parterna vanligen så, att den nämnde unge herrn i något aflägset hörn af gården får af Barankas fader på ett fullt kännbart sätt »veta af att han lefver» samt erhåller en väl senterad upplysning, att därest någonsin ett ljud härom kommer för Dmitri Ivanitsjs, fredsdomarens, öron, så...

Hvilket icke hindrar unge herr Kole att nästa gång han ser framför sig Barankas ljusa linperuk ånyo gripas af ett okufligt begär att på sitt eget sätt frisera den. Och så pågår den omjämna striden mellan Kole och Baranka från morgon till kväll.

Vanjusja.

Den lille Vanjusja (Ivan), Halusjkins andra ättling, hans hopp och glädje, hvilken en gång skall blifva den stolte bäraren af det Halusjkinska familjenamnet, har nyss hunnit den mindre mogna åldern af tre år och befinner sig i en uppenbart gynnsammare ställning än systern Baranka. Han är nämligen för liten för att lämpligen kunna användas som syndabock och för tjock för att kunna tjäna till häst samt har med sin fars bruna ögon också ärft dennes oberördhet af den yttre världen. Ty Halusjkin skulle tvifvelsutan förhålla sig alldeles lugn framför ett utbrott af en vulkan och antagligen, om världens sista stund och yttersta domen komme i morgon, möta dem, borrande små hål någonstädes i sanden med sin käpp, och tuggande solrosfrön med minen af en lindrigt intresserad åskådare. Såvida ej möjligen vördnaden för den siste store fredsdomaren kunde åstadkomma samma effekt som annars närvaron af Dmitri Ivanitsj — den nämligen, att Halusjkin håller käppen hängande bakom ryggen och låter bli att strö solrosfröskal rundt omkring sig.

Men jag skulle ju berätta *hvad* Halusjkin är och icke hurudan han är. — Halusjkin är således först och främst Halusjkin, d. v. s. ungefärligen hvad som redan är angifvet — och det är icke så litet. Men sedan är Halusjkin också byn Filonovskajas lefvande telefon och orakel.

Detta senare dock ej på grund af några öfverlägsna själsegenskaper, ty med undantag af en viss förmåga att imponera, hvilken troligen af en mindre hänsynsfull person än författaren till denna bok skulle helt enkelt benämnas oförskämdhet — med undantag häraf äger Halusjkin inga egenskaper, som äro ägnade att göra honom bemärkt framför andra. Men genom sin tjänst eller snarare genom sin sysselsättning — ty en kosack *tjänar* aldrig annat än under vapen — har Halusjkin tillfälle att inhämta ett otroligt förråd af kunskaper, särskildt angående nästan och hennes affärer. Och som man vet äro dessa kunskaper de viktigaste, eller åtminstone de som göra innehafvaren af dem viktigast i sina egna ej mindre än i andras ögon.

Halusjkins sysselsättning lämnar honom som sagdt tillfälle att bättre än de flesta få kännedom om andras görande och låtande, och detta är en ställning, hvaraf det ju vore synd att icke begagna sig. Så mycket mer som man sedermera därigenom kan göra sig nyttig eller intressant för andra.

Till Halusjkins åligganden hör nämligen först och främst att hvar annan dag föra posten från den lilla stationen till domstolslokalen. Det är nu visserligen endast snedt öfver gatan, men det är anmärkningsvärdt hvad den promenaden stundom kan vara intressant.

Först möter han vanligtvis atamanen, gubben Pugatjev, och kan sedan upplysa allmänheten, huruvida denne begifvit sig till sin ämbetslokal eller ej och hvarest han alltså för tillfället är att träffa. — Och så finner han alltid på posten en eller annan god vän, som kan berätta något nytt.

Antingen den halte gubben Afanasi, han som är harmynt och har en stor vårta på näsan; han är portvakt på byns sjukhus och vet naturligtvis allt som händer där och i gårdarne omkring. Till exempel om doktor Andrejev är att träffa eller om han är ute på någon af sina färder till grannbyn Alexandrovskaja — man har ju åtskilligt att prata om dessa hans »ämbetsresor«, som anses stå i ett visst samband med popen Maxims hustru — ja, inte för att Halusjkin vill säga något, han berättar bara hvad Afanasi har talat om; hvar *han* fått sitt ifrån, det får han själf stå till svars för på domens dag!

Eller också händer det, att Halusjkin möter Marja Ivanovna, hustrun till den armeniske frukthandlaren vid torget. Hon har gul hy, gula tänder och sneda höfter; hon vindar också en smula med ögonen, men det gör ingenting, ty hon har dem nog med sig i alla fall, och hon vet allting som händer i de kringliggande småbyarne. Det är nämligen hos hennes man de handla, kosackerna, då de skola köpa socker eller té, och komma de ej till honom, så komma de till järnhandlaren i *lavkan* midt emot, och där är Marja Ivanovna lika förtrogen som hemma.

Skulle Halusjkin hafva nog otur att ej råka på någondera af dessa båda hufvudkällor för sin erfarenhet, så kan han dock med visshet räkna på, att den kutryggige Ossip

Maximilianovitsj, postexpeditoren, har något af intresse att förtälja Postkontoret är ett litet rum i en liten stuga midt emot atamanens hus, med två fönster, ett åt gården och ett åt gatan. Förr i världen funnos dar två rum, hvartdera en tre, fyra meter i fyrkant; det ena hade postexpeditoren till bostad, det andra var ämbetslokal Men nar korrespondensen blef lifligare och till och med tidningar började leta sig fram till stanitsan, och nar dar sedan till råga på allt blef telegrafstation också, så måste man utvidga lokalen, mellanväggen togs bort, postexpeditoren kördes ut, och så fick man ett rum med två afdelningar. I den yttre står den tunga, järnbeslagna kassakistan jämte frimärkslådan och ett breffack, dar sitter den beskedlige gubben Misjka och säljer frimärken och delar på postdagarne ut posten åt gubbar och gummor, brefbärare aro begripligtvis en okänd lyx, ehuru stanitsan har öfver sju tusen invånare

I den inre afdelningen, vid fönstret åt gatan, sitter Ossip Maximilianovitsj i uniform med gula snören och silfverepåletter vid sin disk med telegrafapparaten Apparaten är synnerligen prydlig och väl hållen, ty däri sätter Ossip Maximilianovitsj en ära. Jag misstänker, att om något så märkvärdigt skulle inträffa, som att någon komme och ville afsända ett telegram, så torde Ossip Maximilianovitsj spärra upp ögonen och förargad be honom låta bli att skämta skulle man för sådant skräp blacka ned de hvita, vackra pappersrullarne?

Dar sitter han alltså hela dagen vid sitt fönster och röker cigaretter och dricker té och skjuter rygg och spinner som en katt af förnöjelse, därför att han stort ingenting har att göra. Han kan godt ha tid att sitta och se efter, hvilka som gå ut och in hos atamanens midt emot och hvem som kommer ut genom dörren på den lilla balkongen för att vattna de blommande oleandrarna; blommorna hänga där i stora, doftande, eldröda klasar. Ibland är det den långa, smala Julia, atamanens vuxna dotter, som kommer och ser om dem — då klappar den kutryggige Ossips lilla förtorkade hjärtesmula så hårdt som den någonsin orkar. Och medan dess ägare ifrigt spejar för att få se, om det inte möjligen kastas en och annan liten förlupen blick ifrån ett par stora, ljusbruna, förvånade flickögon öfver till hans fönster, så flyttar sig den lilla

Julia.

kvantitet rörligt blod, som hans amfibienatur har disponibel, så snabbt som möjligt upp till de magra, gråbleka, med ett tunt och småkrusigt svart skägg omkransade kinderna.

Men vanligtvis är det tyvärr endast modern, Jevdokia Konstantinovna, den gamla tokan, som dricker brännvin tre gånger om dagen ur en liten silfvertumlare och som aldrig vet hvad hon säger, när hon talar med folk. Hur skulle hon väl annars kunna behandla honom, Ossip Maximilianovitsj

Burenkoff, tjansteman vid kejserliga ryska postverket, på det satt hon gjort och ännu gör — hon helt enkelt ignorerar honom och låtsas se tvärt igenom honom, oaktadt hon väl vet, eller åtminstone borde veta, att han kastat sina blickar på dottern Julia! Det är anmärkningsvärdt hvad somliga människor kunna vara blinda för sin egen fördel! — Och den lille puckelryggen ser sig i spegeln och tycker, att han egentligen icke alls är ful; nåja, icke är han väl precis en vacker karl, men — fulare finnas och fattigare äfven, och dum är den, som .

Han afbrytes i sina reflexioner genom Halusjkins ankomst, och en liflig konversation uppstår med utbyte af allehanda nyheter Nu är det visserligen så, att Ossip Maximilianovitsj är rysk tjänsteman, medan Halusjkin bara är en simpel kosack. Därför skulle nog Ossip hålla det under sin värdighet att inlåta sig i förtroligare samtal med Halusjkin, om det icke vore för dennes ofvan antydda förtjänster Och Halusjkin, som är klok nog att uppskatta äran, ställer med fin beräkning sitt tal så, att Ossip Maximilianovitsj hela tiden har en tydlig förnimmelse af att han själf mera af ren barmhärtighet lyssnar till Halusjkins prat och endast då och då inflickar en liten upplysning eller någon anekdot, som han nyss hört.

Så ser jag dem ofta, då jag fram på morgonen emot frukostdags åker hem från troskplatsen med min vän kosacken Pavl Stepanitsj Fokin

När vår slamrande teljaga rullar förbi posthuset, befinna sig vanligen de båda herrarne i lifligt tankeutbyte, Ossip Maximilianovitsj innanför fönstret och Halusjkin utanför; den senare står då gärna och slår sig med käppen på hälarne Ossip är tydligtvis en alltför hög herre, för att Halusjkin skulle tillåta sig att hålla den framför sig och borra små hål

Då han får se mig, afbryter han konversationen och kommer fram till teljägan för att hälsa och framföra ett verkligt eller påhittadt bud från fredsdomaren. Halusjkins sätt mot undertecknad är en blandning af oförskämd nyfikenhet, officiel ödmjukhet och vänskapligt beskyddande öfverlägsenhet. Detta är också mycket naturligt. Ty för det första är jag en främling från fjärran land, som måste noga observeras och grundligt pumpas efter Halusjkins egen pröfvade metod. För det andra är jag fredsdomarens gäst och vän och måste därför behandlas med hänsynsfullhet af hans underordnade; Halusjkin hyser, som nämndt, för sin herre en obegränsad respekt. Men för det tredje och sista är jag slutligen en om ock så frivillig och olönad dräng hos bonden

Ossip och Halusjkin.

Fokin och kan därför icke annat än ses öfver axeln af hr Halusjkin, hvilken hyser ett suveränt och helt visst mycket berättigadt förakt för en så blygsam ställning i samhället.

Halusjkin är för öfrigt alldeles för upplyst för att dela de andra kosackernas mening, det jag vore en främmande ataman eller hofding, som vistades bland dem i något fördoldt ändamål, möjligtvis godt, men snarare ondt. Halusjkin vet mycket väl, att jag är ett slags skrifvare, som — antagligen af någon myndighet — fått befallning att uppteckna och afrita kosackernas lif så noga som möjligt, för att man där jag är hemma må kunna införa liknande bruk och sedvänjor. Han vet också lika säkert, att den där lilla svarta, lådan jag jämt har med mig och som jag på ryska kallar för *fotografiskij aparat*, inte alls är någon slags helvetesmaskin, den där kan explodera, och inte heller en resväska, utan en underlig mekanisk inrättning, hvilken ritar af både folk och fänad, så ofta som jag önskar Och jag är långt ifrån viss på, att icke han sjalf någon gång i ett obevakadt ögonblick tagit sig för att öppna den för att se på »ritningarna», erfarenheten har gifvit mig en viss anledning till en dylik misstanke.

Detta är Halusjkins förestallning om min personlighet, och han har däri en fast psykologisk grundval för sitt uppträdande i förhållande till mig.

Därför är det också säkert med en känsla af fullständig belåtenhet med sig sjalf och sitt väsen, som Halusjkin efter en dylik *entretien* med mig vänder tillbaka till sin högt uppsatte vän Ossip Maximilianovitsj, utför domarens post och ändtligen i godt mak beger sig snedt öfver gatan till *kameran*.

Nu skall man inte tro, att den så kallade »kameran» i Filonovskaja är en fotografiapparat, ordet, som på ryska helt enkelt betyder kammare, betecknar hos kosackerna från domarens ämbetslokal, där denne i all sin glans med guldknappar i rocken och två sekreterare bredvid sig handlägger de mångahanda kinkiga ärenden, som komma under hans domvärjo

Dit går nu Halusjkin med postväskan. Som han på vägen icke har mera än ett hus att passera, nämligen atamanens — midt emot i hörnet af tvärgatan — så behöfver han icke heller stanna mer än en enda gång. Han behöfde väl kanske noga taget icke ens det, men Halusjkin har nu en gång sina vanor, med hvilka han anser sig hvarken kunna eller böra bryta.

Till dessa vanor hör bland annat den, att stanna och lukta på atamanens oleandrar — Halusjkin är blomstervän — hvilka hänga ut öfver altanen i blomrika klasar och som äro föremål för Ossip Maximilianovitsjs stora afundsjuka, emedan de få smekas af den sköna Julias händer och komma i närheten af hennes förtrollande, obetydligt fräkniga ansikte. — Dit hör vidare, att stanna och stryka atamanens kutryggiga, gulögda katt, ty Halusjkin är djurvän. — Men dit hör allra främst att få utbyta några deltagande ord om medmänniskors göranden och låtanden — Halusjkin är också människovän. Medan han luktar på oleandrarna och smeker katten, plägar antingen atamanens hustru, den halffnoskiga Jevdokia, visa sig, eller också händer det, att Julia, dottern Julia med de bruna ögonen, kommer ut för att vattna oleandrarna och ge mjölk åt katten. Då är Halusjkin mycket lycklig, ty både Julia och hennes mor äro kunskapsrika kvinnor.

När han ändtligen kommer fram till kameran, stå där vanligen på trappan till det lilla hvita huset med de gula fönsterluckorna och det gamla halmtaket, ett halft tjog kosacker eller så omkring, klädda i röda mössor, långa lifrockar och höga stöflar; det är mest bönder från småbyarne i trakten. I väntan på att få andraga ett ärende, att få göra en anmälan eller utlösa ett papper, förkorta de tiden med att meddela hvarandra den sista veckans nyheter på olika områden och ur olika synpunkter.

Halusjkin, som icke föraktar någon kunskapskälla, lyssnar uppmärksamt, nickar nedlåtande, spottar skickligt genom ett hål i sin öfre tandrad och kastar sig själf djärft in i diskussionen. Rör nu denna sig om årsväxten och hästarne, så förblir han mera en intresserad åhörare, än en aktiv deltagare i debatten, men alldeles motsatt är förhållandet, om man kommer in på talet om åtgöranden af de mäktige i byn eller på Filonovskajas lilla *chronique scandaleuse*. Då är Halusjkin obestridt herre på täppan och utbreder sig med mycken talförhet för de ifrigt lyssnande åhörarne.

Men emellanåt händer, att han blir allt för ifrig och att ljudet af hans pipiga stämma tränger ända in till den lärde fredsdomaren och hans båda biträden, som sitta och svettas i kameran.

Då blickar fredsdomaren förargad upp från sina papper, makar de guldbågade glasögonen till rätta på sin lilla breda, platta näsa, stryker sitt långa röda skägg och säger till den yngste af skrifvarne att gå och mota in Halusjkin.

Halusjkin inträder med mycken värdighet. Käppen ställer han ingalunda ifrån sig, men håller den med vänstra handen respektfullt bakom ryggen. I den högra bär han de anlända brefven, dem han kallblodigt öfverlämnar till domaren, och tillfogar med oskuldsfull fräckhet i mildt upplysande ton:

»Posten kom sent i dag, Dmitri Ivanitsj.»

»Jag kan se det», svarar fredsdomaren hvasst och kastar en ursinnig blick på Halusjkin, hvilkens oförskämdhet är af det icke alldeles ovanliga slag, som imponerar på folk med häftigt lynne.

Halusjkin låtsar om intet och gör en min ungefär som om han för sitt förhållande fått — och förtjänt — bara loford. Så går han bort och håller en stund ett hviskande samtal med yngste skrifvaren, hvarpå han, alltjämt med käppen i hand, marscherar in i inre rummet; där tycks han, att döma af åtskilligt trampande och stampande, vara lifligt upptagen af någon sysselsättning.

»Halusjkin!»

Halusjkin hör ingenting.

»*Halusjkin!!*...»

Trampet därinne blir endast lifligare; Halusjkin marscherar, och käppen släpar och slamrar mot tegelgolfvet. De båda skrifvarne lyfta på hufvudet.

»*Ha-lu-u-sj-ki-i-n! Jej Bogn* — vid Gud, din skälm...» och fredsdomaren ryter förfärligt, så att de båda magra skrifvarne hoppa högt upp.

Nu visar sig ändtligen Halusjkin på tröskeln, lika oförskämdt trygg som alltid. »Dmitri Ivanitsj, jag...» börjar han.

»Hvad gör du?»

»Jag ordnar, Dmitri Ivanitsj.....»

»Var god och låt bli att 'ordna' det du ej är tillsagd om. Och säg nu i stället, hvarför du dröjde så länge med posten i dag igen.»

»Ursäkta, Dmitri Ivanitsj, men jag har redan haft äran säga, att posten kom sent i dag. Och dessutom...»

»Nå! — Dessutom...?»

»Jo, dessutom, Dmitri Ivanitsj, så träffade jag gamle Ilija från Petrovskoje...»

»Har jag inte en gång för alla förbjudit dig, du *suckinsin*, du son af en hynda, att stanna och prata med hvar enda odåga du möter på vägen från posten och hit?»

»Förlåt mig, Dmitri Ivanitsj; för det första var det ej på väg från posten och hit, utan härifrån till posten...»

»Brrr...»

»...och för det andra, Dmitri Ivanitsj, hade gamle Ilija verkligen viktiga nyheter att förtälja.»

..? Fredsdomarens stränga ansikte blir något mildare och antager ett frågande uttryck.

»Men ni torde ej ha tid att höra på mitt prat, Dmitri Ivanitsj», fortsätter Halusjkin med enfaldig min. Han har märkt förändringen i fredsdomarens sinne och vill göra sig rar.

»Nå, nå, jag menar ju inte så illa; säg du bara ut, min gosse, hvad du har på hjärtat.» — Herr fredsdomaren har

återtagit sin vanliga vänliga, mildt beskyddande uppsyn och torkar betänksamt sina guldbågade glasögon med en stor, blårutig bomullsnäsduk.

Halusjkin faller i tankar och letar med sin käpp efter något hål i golfvet för att borra i, men kommer plötsligt ihåg sig, gömmer käppen bakom ryggen och börjar:

»Jo, se gamle Ilija hade nyss varit vid stationen och berättade...»

Längre hinner han ej, då dörren hastigt slås upp och in träder en lång, ståtlig officer i det 1:a donska kosackregementets kaptensuniform; ett gladt leende lyser upp hela det friska, solbrynta ansiktet, då han med framsträckta händer går rakt emot Dmitri Ivanitsj.

Denne ser förvånad upp, men i ett ögonblick har han känt igen sin gamle vän Kravtsov från Urupino, ingeniörkapten och *predvoditel dvorianstva*, ordförande i kretsens adelsförsamling.

»*Matj peritjistaja*, rena Guds moder, är det verkligen du, hederlige Petr Alexejevitj!» utbrister han, och de båda goda vännerna hälsa hvarandra med smällande kyssar — en på vänstra kinden och en på högra samt sist en midt på munnen.

»Ja, här har du mig, och nu blir jag din gäst i två hela dagar», och Petr Alexejevitsj skrattar, så att de hvita tänderna lysa lång väg, ett sådant där smittsamt, högljudt, men behagligt skratt, som ofta är starka män eget och som alltid lockar andra att skratta med.

Fredsdomaren.

Han stryker sitt skägg och berättar i korta ord om sin resa och dess äfventyr, då och då afbrytande sig själf med ett jättestort, barnsligt löje.

»Halusjkin», säger nu fredsdomaren, »spring genast hem och hälsa min hustru Jelena Vasiljevna, att vår vän Petr Alexejevitsj har kommit hit och blir hos oss en hel vecka...»

Kravtsov skrattar med full hals:

»Nej, *batjusjka*, far lille, två dagar sade jag och ej en hel vecka.»

»En hel vecka», återtager fredsdomaren med orubbligt

lugn», men skynda dig bara, så att hon får veta det i tid före middagen.

»Alldeles onödigt, Dmitri Ivanitsj, *golubtsjik moj*, min lilla dufva», faller återigen Kravtsov in. — »Halusjkin, eller hvad han nu heter, kan gärna bli där han är, ty jag har redan i förbifarten hälsat på Jelena Vasiljevna.»

»Nå, *charasjå*, bra», säger Dmitri Ivanitsj. »Gå då i stället, Halusjkin, och bjud tillsammans gäster för att fira vår förträfflige väns, Petr Alexejevitsjs, sällsynta och kära närvaro.» ..... Fredsdomaren börjar bli oratorisk.

»Likaledes alldeles onödigt, min utmärkte Mitjenka! Gäster har du hemma huset fullt. Grigori Vasiljevitsj och Michail Vasiljevitsj och Fedor Vasiljevitsj, alla dina tre svågrar, och dessutom gubben Stenka, du vet, Stepan Varfolomejevitsj Klimko, domaren från Alexandrovskaja, som är ute på stepphönsjagt. De kommo alla fyra från Filonovo en stund efter mig, och gamle Stenka hade väskan full med rara stepphöns, som jag antar att Jelena Vasiljevna inte har något särskildt emot att tillreda.»

»Bravo, *otlitsjna*, ypperligt!» utbrast fredsdomaren, som blef entusiastisk när han tänkte på stepphönsen och som med ryssens, enkannerligen kosackens, obegränsade gästfrihet ej såg något oläligt i att med ens få härbergera fem personer i sitt anspråkslösa halmtäckta palats — fastän det icke innehöll flere rum än han nu fick gäster, och detta till och med endast om han ville medräkna verandan. Men trädgården är rymlig och sommarnätterna ljumma... för öfrigt blefve det nog ej mycket sofva af.

»Gå i alla fall, Halusjkin», fortsatte han, »till Matfej Afrikanitsj, undersökningsdomaren, och till mamma Sofia och till magister Semjon Timofejevitsj, och till veterinären — han har en så vacker röst, du Petr Alexejevitsj — ja, och såg dem alla, att de komma hem till oss i kväll för att fira vår förträfflige vän kapitan Kravtsov, Petr Alexejevitsj, *predvoditel dvorianstva*, hvilken behagar gasta vårt hus.» Fredsdomaren hade åter igen blifvit oratorisk.

Halusjkin, som stod med käppen bakom ryggen, surmulen och förargad för att han blifvit afbruten, innan han knappast fått börja sin historia, glömde genast bort hela förtreten för det angenäma uppdraget att få palta omkring från hus till hus med bjudningen. Han blef så förtjust, att redan när han kom till det första huset, hade han alldeles glömt bort hur fredsdomaren nämnde sin gast. Petr Alexejevitsj — jo, det kom han ihåg, men hur var titeln? *Dvoriantsvo* — adelsståndet, det erinrade han sig också, men hvilket var det andra ordet? *Pre...pro ..proisvoditel...* Hvad? Ja, naturligtvis. Halusjkin gjorde sig ej noga klart hvad ordet betydde, och så kom det sig att han öfverallt förtalde, hurusom *proisvoditel dvorianstva* Kravtsov, Petr Alexejevitsj, kommit på besök till fredsdomarens, samt att man inbjods på supé i hans sallskap samma afton

Halusjkin undrade väl litet på att de inbjudna samtliga sågo något hapna ut, då han talade om sin »proisvoditel dvorianstva», och att en och annan till och med brast ut i gapskratt. Men som alla lofvade komma, hade han i det hela ingen anledning att ej vara nöjd med sig sjalf. Det var därför med mycken vardighet han åtskilligt senare på dagen vid hemkomsten till domarens hus redogjorde för hur han utfort sitt uppdrag och hvad han sagt.

»Hur sade du?» frågade fredsdomaren häpen — »prois...»

»Proisvoditel dvorianstva», upprepade Halusjkin troskyldigt.

»Nej, har man någonsin hört på maken! Helige Sankt Nikolaus!» skrek fredsdomaren och slog sig på knäna; »hör hit du Petr Alexejevitsj och ni alla andra, hör på hvad den enfaldige karlen har sagt. *Matj peritjistaja*, renaste Guds moder, hvad flög i honom?» och han förtalde för de andra.

Nu är det så, att medan ordet *predvoditel* i ryskan betyder ordförande eller chef, så är *proisvoditel* en beteckning för den fyrbente sultanen i ett stall eller en ladugård — — —

Om det blef ett skratt! Kravtsov log sitt jättelöje. Fredsdomaren grinade så att hans runda, röda, rynkiga ansikte blef till en fast otrolig grad rundt, rödt och rynkigt. Herrarne Vasiljevitsj, Grigori den tjocke, Michail den fete och Fedor den långe, som svågern kallade dem, de skrattade så att deras magar hoppade i polkatakt, och den gamle Stenka föll maktlös ned på en bänk och stönade och skrek och skrattade: »Håll i mig, bröder, håll an, jag dör! Häng upp karlen eller ge honom Stanislaus! Hit med brännvin, jag skall dricka me'n!»

Gubben Stenka.

Och Halusjkin, som hade svårt att förstå hvad man skrattade åt, förstod däremot mycket väl, att när gubben Stenka ville dricka med honom, så gick det inte af för hackor. Han höll därför med lycklig strategi god min i elakt spel.

På aftonen är det fest i fredsdomarens hus eller rättare sagdt utanför, på gården. Ty som nämndt är icke fredsdomarens hus af beskaffenhet att kunna gifva plats för ett större gästabud. Därför har man dukat långa bord ute på gården. Halusjkin och pigan Sjurenka och Halusjkins hustru

Dunja ha spänt segelgarnssnören mellan träden och hängt upp kulörta lyktor i brokiga färger, och på borden har man satt ljus i armstakar och sirat med grönt och blommor. Två bord finnas, ett för herrarne med brännvinskaraffer och glas, ett annat för damerna; ty till umgängestonens fordringar hör, att man skiljer damerna från herrarne alldeles såsom fåren ifrån getterna. Halusjkin går ännu och ordnar med sina lyktor — käppen håller han nu med vänster hand på ryggen — och den lilla Baranka, som också är med, tassar beskäftigt mellan köket i lilla byggnaden och borden ute på gården, då de främmande redan börja anlända.

Där är nu till en början *sljedovitjel* (undersökningsdomaren) Matfej Afrikanitsj, en ung man med blek hy, bleka mustascher och bleka ögon; han skulle varit alldeles för blek och obetydlig, om han ej haft en rak hållning och en mörkblå rock med blanka knappar; den senare har han i egenskap af sljedovitjel, men hvarifrån han fått den förra vet ingen — faktum är blott, att den är hans egendom.

Där är vidare magistern Semjon Timofejevitsj, enkling, enstöring, världsföraktare. Han går sällan bort, och vanligen endast till sin vän Dmitri Ivanitsj, fredsdomaren; när han kommer, sitter han för det mesta tyst i en vrå, och om han upplåter sin mun, är det just aldrig för vänliga ord, men vanligen för bittra och satiriska infall. Den enda, som förstår att tina upp hans förfrusna gamla hjärta, är Jelena Vasiljevna med sitt svala lynne och sin lugna glädtighet; hans rynkiga ansikte kan till och med dragas ihop till någonting som bra mycket liknar ett småleende, bara för det han ser hennes snabba, graciösa rörelser eller hör hennes glada, klingande, smittsamma skratt. Då brukar han också jämka på sin kantslitna, illa glättade skjortkrage, draga halsduken tillrätta och stryka några dammkorn af sin blanknötta kamgarnsrock med en rest kvar af den bekymrade omsorg om sin toalett, som äfven den mest förstockade manlige individ känner i en ung, vacker och glad kvinnas närvaro.

Doktorn och veterinären kommo på samma gång, arm i arm som såta vänner, gnolande båda på en fransk varietévisa. Doktorn är afgjordt *stanitsans* lejon, och det faller ingen in, inte ens veterinären, att bestrida honom denna rang. Han bär alltid de vidaste byxorna, den vidaste rocken af halmgult råsilke och den vidaste löskragen i hela Filonovskaja; dessutom en mjuk filthatt af engelsk fashion, en sådan, hvartill man icke skulle kunnat uppleta maken, om man också sökt därefter med ljus och lykta hos hela bysocietetens alla mera lysande manliga medlemmar. När man till dessa »yttre» företräden lägger ett par mörka, spelande ögon i ett ansikte med en »intressant» blekhet och en distingueradt matt hy, samt en kraftigt tecknad, ehuru kanske något vällustig mun med djupröda, oftast leende läppar och jämna, pärlhvita tänder, och så till sist ett rikt svart, buckligt hår och ett välskött, glänsande, mjukt hakskägg — så är det icke svårt att förstå, hvarför damvärlden ej blott i hela Filonovskaja utan ock i sju angränsande byar ligger för doktorns fötter — figurligt taladt åtminstone. Att påstå det han till gengäld i rama verkligheten böjer knä för damerna, vore väl att gå för långt, men Halusjkin, hvilken på grund af vissa omständigheter är hans svurne fiende, har såsom ofvan blifvit omtaladt åtskilligt i den vägen att berätta om den bedårande och eldige doktorns förhållande till de mera intressanta bland hans kvinnliga patienter.

Hvarför egentligen Halusjkin så hjärtligt hatade doktorn, visste ingen så noga reda på, och som icke ens upptecknaren af denna sannfärdiga historia känner en sannolik anledning, så lär det alltså äfven för läsarena af densamma förbli en olöslig gåta. Nog af, när Halusjkin fick se doktorns ståtliga figur bredvid veterinärens lilla, lämnade han genast med en grimas sina kulörta lampor och gick bort till den bakre gården, där han fick något att syssla med den gamle Stenkas hästar; han kände sig nu alldeles särskildt förnärmad öfver att doktorn, som *han* ej inbjudit, kommit objuden — men det var nu en gång så hans själfsvåldiga vana! *Tsjort vasmi!*

Det var larm och sorl som af ett helt regemente. Man sjöng, man skrek och skrattade, man klingade, drack, åt och pratade — framför allt pratade. Äfven i vanliga fall kan knappast någon i detta afseende mäta sig med ryssen, men har han därtill fått ett par, tre ordentliga glas *vodka* i kroppen, ren eller blandad, så finnes ingen damm längre för hans ordflöde.

Vid herrarnes bord presiderade Dmitri Ivanitsj själf som värd, men ordet fördes af gubben Stenka. Fet, röd och skinande satt han och blandade supar åt alla, både åt dem som ville och dem som icke ville. Var någon icke tillräckligt flitig med glasen, så fick han sig ordentligt påskrifvet; gubben Stenka lade icke fingrarna emellan såsom *rex bibendi*. Själf tömde han det ena brännvinsglaset efter det andra. För bättre verkans skull måste hvart annat vara renadt, hvart annat kryddadt; smör och bröd som tilltugg samt »pommes d'or» med salt och peppar. Fedor Vasiljevitsj, kaptenen vid det 12:e donska, skar pommes d'or i långa skifvor, som röda och saftiga harpunerades af gafflar från alla håll och försvunno mellan kraftiga kosacktänder nästan lika snabbt som de framkommo under Fedors flitiga fingrar. Öfverallt var det också ett huggande med knifvar och gafflar; i den ryska landsortssocieteten tar man det inte så noga med etiketten och bordsservisen. Om jag saknar en gaffel, så tar jag min grannes, och det bekymrar mig inte mycket att stoppa bitarna från fatet direkt i munnen. Vill jag vara vänlig och uppmärksam mot min gäst, skär jag åt honom bästa stycket af steken med samma knif, som jag nyss ogeneradt stuckit i min egen mun, eller bryter jag en kycklingvinge och räcker åt honom, nätt hållande den mellan tummen och pekfingret. Glas och servietter är jag lika litet kinkig om — har jag inte fått något, så lånar jag af den som sitter närmast, och i nödfall kan jag gärna torka mina fingrar på den nedhängande kanten af bordduken.

Svägerskan, Fedor Vasiljevitsj's hustru, var tongifvande bland damerna, och värdinnan, Jelena Vasiljevna, höll sig mer i skuggan. Blott då och då hörde man hennes hjärtliga skratt, som alltid kom den buttre Semjon Timofejevitsj, magistern, att se upp från brännvinsglaset. Té serverade hon också — det kunde ju ingen annan än värdinnan göra. Med en säkerhet, som tydde på lång vana, skötte hon den ångande samovaren. Hon sköljde och torkade omsorgsfullt de tömda téglasen och de tunna glasfaten under dem. Därefter serverade hon té med socker och citron, efter hvars och ens smak, och såg till att de små syltassietterna, som alla hade framför sig, ständigt fylldes ur de många skålarna med syltade körsbär, jordgubbar och valnötter samt att ingen saknade kakor till sitt sylt och olika slags konfityrer till téet.

Ryssen, som älskar sötsaker, har en outtömlig uppfinningsförmåga i att uttänka nya sådana, och illa anstode det en värdinna att på ett gille ej kunna bjuda sina gäster lystmäte af dylikt. Eget är emellertid att se, huru i bredd med mångfalden af anrättningar och den minutiösa noggrannheten i téserveringen, som ej tillåter att i samma glas bjuda té två gånger åt samma person utan att dessemellan omsorgsfullt tvätta och torka glaset, går en den gemytligaste nonchalans beträffande skedar och syltskålar, i hvilka senare man utan blygsel dyker ned med samma sked, som man nyss förut fört i munnen. I lyckligaste fall sköljer man den först ett slag i sitt eget teglas, men personer med mera fördomsfri åskådning lapa som kattor direkt ur samma skål.

Fedor Vasiljevitsjs hustru balanserade en jättestor vattenmelon i sin hvita, knubbiga vänstra hand, under det att hon i den högra svängde en knif, med hvilken hon snabbt skar sönder det tjocka gröna skalet i en elastisk spiral; det rosenröda, saftiga, iskalla köttet bröts i stycken och läskade tungor, torra efter öfverdrifvet pratande; svarta kärnor och gröna skalbitar spottades behändigt tillbaka på tallriken, och många ögonblick hade ej förlupit, innan ånyo en melon måste slaktas och så ännu en och ännu en och så vidare... Halusjkin, som till sist återkommit, bar med outtröttligt tålamod fram den ena efter den andra; somliga kasserades vid första snittet och kastades bort öfver den ruggiga gräsplanen för att i morgon förnöja gårdens höns och grisar; andra godkändes, sedan till en början tyngd och utseende, därefter lukt och smak fått fälla utslaget — alla prisades eller tadlades af en hvar med största sakkännedom.

Efter hand blef supén slut, det vill med andra ord säga, att gubben Stenka blef mätt och att Fedor Vasiljevitsjs hustru med sina feta, hvita händer slaktat alla befintliga vattenmeloner. Några entusiaster dröjde ännu vid sina téglas och syltskålar, medan ett bord röjdes af för plaseringen af tvänne ljus, fyra äldre, välplägade herrar samt deras femtiotvå kära gamla vänner i svart och rödt.

Fedor Vasiljevitsj, kaptenen vid det 12:e donska, var ej med bland de fyra; hans hustru lade en af sina feta, hvita händer på hans arm och förde honom bort till verandan, dit hon förut ställt ett glas té åt honom; där satte sig ock veterinären, ty nu skulle de sjunga, dessa båda, de erkändt vackraste rösterna i hela Filonovskaja. Fedor Vasiljevitsj' djupa mäktiga bas och den andres spröda tenorstämma aflöste hvarandra, eller sjöngo de tvåstämmigt kosacksånger och ryska folkvisor; det på en gång vemodigt tunga och sprittande glada, som i allmänhet tillhör den ryska musikens karaktär, får vanligen ett fullt adekvat uttryck endast genom de ryska rösterna; inga andra kunna gifva ett verkligt klart begrepp om hvad som rör sig i densamma.

Fedor Vasiljevitsj och veterinären öfverträffade sig själfva i afton. Aldrig hade den senare tagit sina höga toner mera fylligt och bedårande, aldrig hade Fedors röst haft en så varm, gripande varm, manlig klang; när han till sist steg fram på gården och stod där med den höga, ranka gestalten i den hvita officersrocken, med blottadt hufvud och med sina allvarliga, nobla drag öfvergjutna af det börjande månskenets milda ljus, sjöng han den härliga, oemotståndligt hänförande sången »Christos voskres» med ett sådant uttryck, att många ögon tårades och att till och med herrarne vid spelbordet förmåddes att för några korta ögonblick gifva både målare och hacker på båten...

Vår vän Halusjkin är ingen beundrare af sång. Som det dessutom var långt lidet på aftonen, gästerna mätta och ljusen i de flesta lyktorna utbrunna, tog han sitt parti och lade sin lekamliga kroppshydda till ro under en buske.

Men det skulle han aldrig ha gjort. Ty en kort stund därefter blef det ett fasligt ropande på Halusjkin, och med skam och nesa måste han yrvaken krypa fram ur sitt gömställe för att skaffa flera vattenmeloner och en ny het och rykande samovar — hur skulle man nu också kunna prata med någon

Fedor Vasiljevitsj sjunger.

fördel utan att samtidigt dricka té och äta sylt eller vattenmelon!

Halusjkin blef så ledsen, att han till och med glömde sin käpp i busken, hvilket i sin tur gjorde honom tafatt och än mer ursinnig. Sitt sinneslugn återfick han först en bra stund senare, då damerna hade ledsagats hem och de kvarblifna herrarne voro för slöa för att med större energi utdela sina befallningar. De sutto vid borden och spelade kort, drucko, pratade, rökte, sjöngo eller skrålade, allt efter olika smak och tycken, men Halusjkin sof under sin buske den rättfärdiges sömn med sin bruna käpp i handen och med de bruna mustascherna slappt nedhängande öfver den halföppna, snarkande munnen. Icke ens gubben Stenkas ljudeliga härskri och öronbedöfvande sång förmådde väcka honom.

Så fann jag dem, då jag på morgonkröken drog ut med mina oxar till tröskplatsen i sällskap med kosacken Fokin och Avdotja, hans hustru. »Vi kosacker» voro alltid tidiga af oss — redan klockan tre hade jag gäspat sömnen af mig, sedan jag vaknat af att morgonkylan började bita igenom gethårs-*burkan*, hvilken jag låg insvept i på en bänk under bar himmel på Fokins gård — och klockan var väl nu knappt fyra, då jag i förbifarten tittade in hos fredsdomarens och såg gubbarne ännu vid full dager sitta vakna med sina tända ljus vid spelbordet; de flesta af de andra hade slumrat in på en stol, en bänk eller hvad som helst.

Den ende, som var pigg, var Fedor Vasiljevitsj; han bjöd mig en smörgås, ett vingben af stepphöns samt en bra sup, hvilken jag dock till hans stora häpnad afslog. Han proponerade då, att han skulle sjunga för mig »en liten vacker bit», motiverande sitt förslag med att luften var frisk, att också fåglarne under himmelen sjöngo, att de andra spelade kort och att han älskade mig mer än sin egen själ, med flere liknande djupsinniga grunder. Jag genmälde, det hans talang tvifvelsutan vore allt för stor för att den skulle medgifva ett sådant slöseri, som att sjunga för ett så obetydligt auditorium o. s. v., o. s. v. Hvarpå han, synbarligen anseende sig hafva uppfyllt gästvänskapens alla fordringar — värd och vardinna hade länge sedan gått till hvila inne hos sig — genast helt belåtet sträckte ut sig på en trädgårdsbänk och stämde in i de snarkandes symfoni. Jag öfvergaf det sofvande sällskapet, sedan jag förgäfves sökt få lif i Halusjkin, i den människovänliga afsikten att med hans hjälp fösa in så många som möjligt af dem på deras bäddar inne i huset.

Men inseende det fruktlösa i min möda, lämnade jag dem åt deras öde med en äkta rysk axelryckning: *Boch pomogaiet* — Gud sörjer för dem — och gick åter ut genom porten till mina väntande kosacker och oxarne.

När vi sutto i teljägan och skramlade fram på bygatan, sade Avdotja, Fokins hustru, de två orden: »*Durnie ljudi*» — dåligt folk!

Om hon menade mig, eller fredsdomaren, eller hans gäster, eller Halusjkin, eller allesamman — *Kto snajet? Boch snajet!* — hvem vet? Gud vet det.

IV.

Helgdagar.

Den första Augusti bör flodernas vatten välsignas.

Förra hälften af Augusti månad hos ryssarne — efter vår tidräkning motsvarande slutet af samma månad — är en särdeles helig tid. Det är inte nog med, att den s. k. *uspenski post* eller »Himmelsfärdsfastan» varar oafbrutet från sista Juli till femtonde Augusti, Den heliga Guds moders himmelsfärds dag, utan man har också under tidrymden från den första till den sextonde lyckats få ihop inte mindre än sju större och mindre helgdagar, af hvilka till yttermera visso en är en dubbel sådan. Eljes äro två af dem »stora» helgdagar, en »medelstor» och fyra »enkla». Lägger man nu de båda söndagarne till, så kommer på månadens förra hälft nio helgdagar och sju söckendagar — en proportion som är betecknande nog. Tyvärr faller det sig dessutom så oläglig, att af dessa sju söckendagar inte mindre än tre stycken äro antingen fredagar eller måndagar, på hvilka man af vidskeplighet inte gärna påbörjar åtminstone ett större arbete. Antalet fullt användbara arbetsdagar under förra hälften af Augusti skulle alltså inskränka sig till *fyra*. Men lyckligtvis räknar man inte så noga med de »enkla» helgdagarne och generar sig inte att arbeta till exempel på den dag, den 16:de, som är helgad åt åminnelsen af »Upptäckandet af den icke med människohand gjorda helgonabilden af vår Herre Jesus Kristus». Så att under dessa två veckor går det i verkligheten inte bort mer än åtta dagar, som äro heliga.

Allt detta högtidsfirande börjas nu med fastans inträde och med vattnets välsignande på månadens första dag.

Jag hade hoppats att få se alltsammans riktigt ifrån början — på helgdagen har ju äfven en arbetare ledigt, och man skulle därför säkert icke gifva mig något att göra.

Det gjorde man icke heller. Man var till och med alldeles för vänlig emot mig. Ty den gamla Olga Markovna, som vanligtvis klockan half fyra på morgonen brukade sticka in sitt gråa hufvud genom dörren och ropa till mig: »*Vladimir Viktorovitsj! Pora stavatj* — det är tid att stiga upp», höll dörren omsorgsfullt stängd, och det var först vid sextiden jag väcktes af något slammer i köket.

Min första tanke var, att jag skulle komma för sent till processionen. Fastän jag efter allt arbete under gårdagen var stel som en pinne i hela kroppen, skyndade jag mig därför att så fort som möjligt bli i ordning. Nu kan det tyckas, att den som stiger upp klockan sex om morgonen just inte skulle behöfva frukta att komma för sent till en kyrkofest. Men jag visste godt, att ingen tid var att förlora. Ty bland människor, de där ha för vana att börja sitt arbete klockan fyra om morgonen, får man icke undra på att gudstjänsten om söndagarne börjar klockan half sex — så var mina kosackers sed.

Fastan helgdagsprocessionen inte börjar fullt så tidigt som den vanliga massan, hade man dock när jag kom ut på torget redan hunnit med både samling och aftåg, där fanns knappt en manniska att se. Men långt, långt bort åt floden till, syntes ett dammoln Därför skyndade jag på en genväg ned till stranden af Bysuluk.

Snart var jag dar nere. Bysuluk rinner genom byn i långa, buktiga slingringar, men på ett ställe breder den ut sig till en damm, stor som en liten sjö

Midt öfver dammen går vägen fram på en smal bank af ris, halm och jordtorfvor. Det är mycket enkelt, mycket primitivt Alldeles för enkelt tycker man Man skulle nästan tro, att om bara en riktigt tung *teljaga*, en sådan där stor och klumpig teljaga, som drages af ett fyrspann ostyriga steppoxar — om den kordes fram där med ett ordentligt lass, så skulle alltsammans försvinna i djupet och långsamt föras bort af den trögt rinnande Bysuluk.

Men det sker inte. Inte ens nu, när den stora processionen drager fram här öfver banken för att tåga bort till det ställe, där vattnet skall välsignas

Nu har den kommit fram, nu ser jag den tydligt. Och jag skyndar öfver till andra sidan för att få en vidare öfverblick och möjligen taga en fotografi Ty jag har kameran under armen och är besluten att använda henne.

Kan man också finna ett bättre tillfälle? Hela byn är ju med i tåget Och inte endast de som bo i *stanitsan*, i Filonovskaja, utan ock alla som kommit in från småbyarne, från *chutora*, där man ingen kyrka har, och som klädt sig i sina bästa kläder för att få vara med om när vattnet välsignas af poperna i stanitsan. Ty inte är det väl möjligt att man kommit blott för att få visa sina fina kläder, eller för något annat lika världsligt och syndigt ändamål?

Till häst genom Ryssland.

Tusentals människor vandra nu fram genom bygatan och ut på banken. Ett ändlöst tåg slingrar sig från kyrkan vägen framåt öfver bron.

I spetsen gå — prästerna, tror man kanske? Nej, i spetsen går den gamle Danil och med honom den knappast yngre Ilija Davidovitsj — de ha båda varit med vid Plevna och kämpat under Skobelev, och därför bära de nu medalj på rocken. Och sedan Afanasi och Stiva och Gavril och Vasili Pavlitsj, som sitta i bydomstolen och hvar söndags förmiddag söka förlika dem som tvista om åkerlappar och grisar och höns och om hvem som egentligen har rättighet att skatta kvistar från det där stora gamla pilträdet nere vid bron. Och så ännu några andra af de äldste och mest ansedde i byn.

De gå där allesammans i spetsen af tåget, och de bära stora, höga stänger med förgyllda mässingssköldar, som stå ut från sidan af stängerna och likt väderflöjlar kunna vrida sig rundt. I midten sitta madonnans bild och den helige Nikolajs och många andra härliga helgons bilder. De äro så tunga dessa stora flaggor af mässing, att utom mannen, som bär upp den stång de hänga på, måste ett par andra kosacker gå bredvid och med två smalare stänger stötta upp dem, så att de ej skola falla åt sidan. Andra män bära små taflor med undergörande *ikoner* (helgonbilder) i glänsande mässingsramar, madonnans bild med det välsignade Kristusbarnet, den döpande Johannes' bild och den helige Petri och så alla bilder af de underbara helgon, som alldeles särskildt tagit den stora byn Filonovskaja i sitt nådiga hägn.

Alla de som bära hafva långa svarta eller mörkblå rockar med röda kantband. Breda röda band hafva de också utmed sömmarne på sina vida *sjarivari*, såsom rättskaffens kosacker anstår. Men den rödbandade mössan hafva de gifvit sina bröder och vänner i handen, ty ingen dristar att med betäckt hufvud deltaga i det heliga tåget. Och de bära och pusta och stånka, och augustisolen sänder öfver dem sina varma strålar, och svetten rinner i strida strömmar allt ifrån hjässan och genom det tofviga håret öfver bred och rynkig panna och solbrynta kinder — ända ned i det långa, krusiga skägget.

Efter dem gå prästerna. Fader Johannes med violett sammetshufva på sin kala hjässa och de andra båda med svarta hufvor. Men alla tre hafva kåpor af guld- och silfvertyg, som hänga nästan ända ned till fållen af den långa kjorteln; vid halsen sluta de i strutform och skjuta upp bakom nacken. En af poperna bar den heliga boken, den andre en bild af den Saratovska gudamodern på en sammetskudde, och den tredje svänger rökelsekaret, men alla sjunga de långsamt och högtidligt heliga sånger.

Och folket gör korstecknet. Med *tre* finger, för Guds skull, och ej med *två* såsom de vilsefarande »gammaltroende»! Ty för sådan skuld hafver mången i gamla tider blifvit bränd och hängd och stenad. Nå, dylikt förekommer, *slava Bogu* — gudskelof — inte numera, så tror åtminstone vanligt hyggligt och anständigt folk.

Så kommer där nu hela skaran af kosacker och kvinnor och barn — allt som lif och ande hafver och gå kan. Några åka också — det är fredsdomaren och hans hustru, den vackra Jelena Vasiljevna, samt veterinärens familj och ett par officersfruar. Men atamanen går, den lille tjocke, axelbrede atamanen. Flintskallig och långskäggig, bärande i handen den stora stafven med silfverknopp, som är inseglet på hans värdighet, och klädd i en lång, svartgrön, rödkantad lifrock med silfverepåletter samt med benen instuckna i korta stöflar och omåttligt vida sjarivari med röda ränder, går han, mån om sin värdighet, närmast prästerskapet; då och då höres hans kraftiga, djupa bas instämma i omkvädet till sångerna.

Det långa tåget ringlar sig som en orm med lysande fjäll. Kosackerna ståta i nya dräkter af vackert blått eller svartgrönt tyg, kvinnorna hafva eldröda klädningar och blåa, gröna, röda eller hvita tröjor; den brokiga hufvudduken faller ned öfver nacken.

Det är en trängsel och en värme. Och damm! Riktiga molnstoder af stoft, som rördes upp redan på bygatan och som sedan följa med. Den gamla banken tvärs öfver sjön är snart full af människor från den ena ändan till den andra och ändå ringlar sig tåget så långt man kan se bakåt. De färgmättade dräkterna spegla sig i det klara vattnet; så göra ock pilarna på stranden och de små kanotlika båtarne ute på floden, dem kosackerna ro med en enda bredbladig åra, som flyttas från den ena sidan af båten till den andra.

Men den gamla brobanken sviktar ej, fastän den är gjord af grenar och af halm och af jordtorfvor. Den gungar litet här och hvar, och gamla mor Anisja skriker till litet af rädsla, men de andra skratta bara åt henne, och snart lugnar sig gumman och ler själf åt sin fruktan. Ja, den gamla banken håller nog; den har ju hållit i fars tid — hvarför skulle den då icke stå sig nu?

Ute på slätten, på steppen.

Tåget har glesnat något, man behöfver inte längre tränga ihop sig; steppen är vid, den ger godt rum. Processionen har sträckt ut sig på bredden i stället, det är nu snarare en folkmassa än ett tåg. Vagnarne, som förut höllo sig bakom, ha kört fram på sidorna; en och annan ryttare synes äfven.

Man formerar små grupper; bekanta träffas, och man

håller inte längre så strängt på etiketten, den andaktsfulla religiösa etiketten. Man vågar till och med skämta och prata litet.

Bland de andra ser jag äfven min värd och husbonde Pavl Stepanitsj. Han är mycket fin i sin nyborstade blåa uniform och sina höga, veckade töflar. Jag kan inte täfla med honom, jag en gång, i elegans, fastän Avdotja Stepanovna jämt grälar på mig — i all vänskaplighet förstås — för att jag går för fint klädd i arbetet. »De där kläderna skall du ha på söndagarne, Vladimir Viktorovitsj», säger hon om mina svarta sjarivari med de breda, röda banden. Och jag försöker fåfängt bevisa henne, att när man betalt byskräddaren bara 90 kopek för ett par sjarivari, så kan man gärna ha dem i ur och skur. »De äro ändå för fina» säger hon med kvinnlig logik och envishet. — Das ewig weibliche!....

Prästerna stanna. Äro vi framme — nej. Men man kan väl inte gå förbi träkorset på den lilla kullen härute, utan att stanna och läsa en bön. Det vill säga annars kunde man nog, men ej nu, då man är ute i en helig gärning. Under ett sådant där litet svart träkors ute på steppen ligger vanligtvis jordadt liket af en man, som fallit för lönmord eller i öppen strid. Dylika kors äro icke alldeles sällsynta i kosackernas land. Men nu ökas deras antal ej mera så snabbt. Blodet flyter icke så hett som fordom i kosackens ådror.

Ett litet stycke därifrån göres åter halt. Här är en krökning af floden, och här är just den plats, där vattnet sedan gammalt brukar välsignas.

Sidenfanor och mässingsflaggor, madonnabilder och helgonbilder, broderade, stickade, målade, skurna, föras af sina respektive bärare samman i en vid krets omkring poperna. Afanasi och Stiva och Gavril och Vasili Pavlitsj och alla de andra som burit, få nu pusta ut och torka svetten från pannan. Nog är man glad att ändtligen vara framme, men det bör man visst inte låta se, ty det är ett hedersuppdrag att bära helgonabilderna, och det högsta, som allvarlige och ansedde män kunna tillåta sig visa, är en förnöjd men ändå värdig belåtenhet.

I midten af kretsen reses nu något, som hittills icke synts — ett kors, förgylldt och prydt med glänsande smycken.

Korset höjes och visas för allt folket; det går ett andäktigt sorl genom leden, och liksom när västanvinden böljar i rågåkrarne om sommaren, så går det vågor genom mängden, då ryggarne krökas vid nämnandet af Guds och helgonens heliga namn och händerna teckna korsets tecken framför ansikte och bröst.

Fader Johannes med violetta mössan läser med kurirtågsfart bön efter bön — det är ju också en mängd han måste gå igenom. Den ene hjälpprästen svänger det doftande rökelsekaret och bugar sig åt alla fyra väderstrecken; den andre sjunger småstumpar släpande men energiskt emellan fader Johannes' böner.

Långsamt föres korset mot stranden; det känns tungt som bly att bära, men hur skulle man väl svikta under en så helig börda! Poperna stänka vigvatten ur heliga kärl — på korset, på dess bärare, på de kringstående. Trängseln är fruktansvärd, ty hvar och en vill hafva sitt med af välsignelsen. Knuffar hit och dit tagas och gifvas med samma gemytlighet; man räknar icke så noga i dag, och enhvar är i sin goda rätt, då han håller sig framme.

Försiktigt tåga de fram med sin börda, poperna och deras följeslagare. Nu är man nere vid vattnet, korset sänkes långsamt. Bönerna bli dubbelt så många och långa, orden strömma som ett vattenfall från Johannes' läppar; popen David svänger sitt rökelsekar allt ifrigare, och huru den unge Geronim sjunger! Så måste det vara då änglarne tuta i himlabasuner, så och icke annorlunda.

Vattnet har kysst korsets fot. Undret har skett. Vattnet är välsignadt.

Icke förr är det gjordt, än där blir lif och rörelse i folkhopen. Hvem skulle icke vilja vara den förste att beröras af det välsignade vattnet!

Kvinnor som bära sina små på armen doppa ned hela deras små sprattlande kroppar. Andra fylla flodvatten på buteljer och flaskor, dem de omsorgsfullt korka, ty det välsignade vattnet är också ett utmärkt läkemedel, innan det ännu hunnit blandas med det nya, uppifrån floden kommande, som förtager dess kraft. Det är mycket bra emot ondt i ögonen och mot bensvaghet och hvarjehanda inre krampor — hvarför skulle man då icke taga det, i all synnerhet som det fås gratis!

Många tvätta i floden ansikte och händer. Små gossar, som vilja förena det angenäma med det nyttiga, kasta af sig sina icke allt för talrika klädesplagg och störta sig nakna i vattnet. Vuxna män och kvinnor, som blygsamheten icke tillåter att ens vid ett så allvarligt tillfälle blotta sig inför mängden, skynda genast afsides och söka att längre bort med ett hastigt bad i floden göra sig delaktiga af vattnets nog på mer än ett sätt välgörande verkningar. Men man aktar sig väl att bada *ofvanför* stället, där ceremonien utförts, ty där är ju vattnet hvarken heligt eller hälsosamt.

Och häri ligger äfven förklaringen till att processionen icke stannat i byn och invigt vattnet på närmaste plats. Allt det vatten, som rinner genom stanitsan, måste blifva välsignadt; därför är det man går utom byn och läser välsignelsen på ett ställe högre upp vid floden.

Därför är det också som man gärna underkastar sig mödan att gå en dryg verst i solgass och damm till platsen. Därför är man likaledes förnöjd och belåten, då man efter aktens slut i spridda skaror återvänder samma väg tillbaka till stanitsan, i ännu värre solgass och i riktiga moln af damm.

* * *

Det var på aftonen samma dag.

Jag hade tillbragt eftermiddagen hos fredsdomarens; kort efter supén sade jag farväl och gick ned till floden, till samma ställe där processionen på morgonen dragit fram. Där var nu lugnt och stilla; på den långa banken syntes inte en människa. Men ute på det spegelblanka vattnet lågo några kosacker i sina båtar och fiskade. Båtarne äro långa och smala, en och annan af dem är slöjdad med yxa ur en enda väldig trästam, likt indianernas kanoter.

Pilarna på den motsatta stranden hänga med sina smala kvistar och gråhvita blad långt ut öfver det stilla vattnet; en dalande aftonsol, som rödstänker himmelen, kommer hela slätten därborta att lysa i trolska, rödvioletta dagrar — — — Hvad liknar det mest — ack jag minnes, det är Lapplands högslätter, när Epilobium blommar blodröd och lysande. Men här på steppen är glansen flyktig och skönheten bedräglig; steppen växlar utseende så hastigt som en kokett kvinna, på hvilkens kinder rodnaden kommer och flyr lika lätt, allt efter hennes eget tycke — några ögonblick blott, ett par minuter högst, och det röda skimret har gifvit vika för en lätt gråblå färgton, som sveper in landskapet i en luftig slöja.

Vid stranden sitta grupper af män och kvinnor kring små flammande eldar på marken. Man kokar någonting i smalhalsade, vidbukiga lerkrukor. Det är nog *prostokvasja*, surmjölk, som man kokar för att den skall hålla sig. Sådant är detta land, att man där kokar surmjölk och äter gurkor råa!

Jag går fram till den närmaste elden. Kvinnorna sköta där arbetet och steka stora, hvita ägg i askmörjan, männen maka om bränderna och samtala om dagens tilldragelser, om processionen och annat. Längre bort leka barnen, alldeles invid brasan sitta ett par fyrfotade favoriter, som djupsinnigt stirra in i elden och omsorgsfullt slicka sina tassar, en efter en.

»God afton», hälsar jag.

»Vi tacka dig», svarar man efter det ryska bruket, och strax redes där plats åt mig att sitta vid elden.

»Hvarifrån är du?» frågas sedan.

»Från Sverige.»

»Från Sverige?» upprepar en kvinna, förvånad.

»Ja, ha ni ej hört talas om det landet?» säger jag. »Det ligger ju bortom Petersburg och Finland och bortom hafvet.»

»Bortom hafvet? Det är långt bort!»

»Ja visst; två tusen verst härifrån. Nog ha ni väl ändå hört talas om *schvedskja semlja*, 'svenska jorden', eller hur?

»*Slichali*, vi ha hört», svarar en. Men en stund därefter kommer det tämligen öfverraskande. »Säg då en gång, i hvilket guvernement är det egentligen, ty nog höra vi på ditt tal, att du ej är en af oss?» .

Jag skakar missmodig på hufvudet. *det* var således resultatet. »I hvilket guvernement är det då egentligen? Kosacken är ej ovan vid främlingar; han förstår bra att skilja på ryss och icke ryss, ja, han skiljer till och med mycket noga på kosack och icke kosack, eller med andra ord kosack och ryss, såsom jag redan förut berättat. Men det hindrar icke, att han i allmänhet anser, det ryssar och kosacker, främlingar och ryssar allesamman lyda under den hvite tsarens spira, och »utländing» är för honom mest liktydigt med: från ett annat guvernement.

Men min »äresfölelse» som son af Sverige var kränkt. Jag började orda om vårt aflägsna land; jag talade om, att vi hade ej blott ett särskildt språk och egna seder, men vi hade också vår egen kung och soldater och präster, och vi hade många städer, stora och sköna, skönare än Rysslands till och med, och vi hade många provinser, och lillefar tsaren hade alls intet att säga i vårt land. Och det var långt, långt borta bortom hafvet, tvåtusen verst.

»Då är du väl en stor furste, som kan resa så långt?»

»Skulle jag vara en stor furste? Ser jag så ut? Jag bär ju en kosacks kläder och arbetar med Fokin, Pavl Stepanitsj, och med Avrelian, då de tröska. Kunna icke andra än furstar resa?»

»Icke *så* långt!» — Man betraktar mig en smula tveksamt. — »Och hvad önskar du hos oss i byn? Vi ha hört, att en främling är kommen till oss, men vi veta icke hvad du begär af oss.»

Jag försöker så godt sig göra låter förklara för dem ändamålet med min färd. Några tro mig, andra skaka tviflande på hufvudet.

»*Ne mosjet bytj*, det kan icke vara så», säga de allvarsamt.

Jag börjar på att undra, hur jag egentligen kan taga mig ut som kosack, med pince-nez på näsan och fotografiapparat under armen. Det är knappast märkvärdigt, att man förundras öfver mig.

Samtalet afstannar för en stund. I stället bjuder man mig på ägg, stekta i askan, stora präktiga ägg och hvetebröd och kokt mjölk. De grofva ansiktena le så vänligt och gifmilda händer, alltför gifmilda, tycker jag, räcka mig än det ena, än det andra af hvad man har att bjuda. Vacker är ingen utom en, en kvinna, som med sitt barn på armen sitter ett stycke ifrån mig. Hon skrattar med hela ansiktet, med mun, kinder och ögon. De hvita tänderna lysa, och de bruna ögonen lysa i kapp med dem. Håret är flätadt i tre tjocka, guldbruna flätor, som barnet leker med. Aftonrodnaden gjuter rosenglans öfver dem båda, modern och barnet, och eldskenet bidrager då och då med en flammande glansdager. Det är en förtjusande tafla.

Jag går fram till dem och vinner bådas bevågenhet och de öfrigas bifall genom att gifva lillan ett par äpplen, som jag sätter, ett i den högra handen och ett i den vänstra, så att hon ej vet, med hvilketdera hon skall börja. Snart leka vi tittut med hvarandra; modern är öfverlycklig, och kosackerna säga till hvarandra, att den som tycker om barn kan ej vara en dålig människa. I detsamma kommer en karl ut ur en af de närmaste gårdarne och går rätt fram till mig. Det är tydligt, att han vill säga mig något.

»Huru heter du?» frågar han.

»Vladimir Viktorovitsj. Och du?»

»Jag är Stipan Iljitsj. Kom med mig och ät kväll hos mig, Vladimir Viktorovitsj.»

»Men, *golubtsjik*, min lilla dufva, jag har ju nyss ätit!»

»Ätit? Kallar du detta att äta? Nej, Vladimir Viktorovitsj, hos mig skall du få se hvad vi kalla äta, vi kosacker. Det är annat. Kom med nu bara, *milejsjij moj dorogoj*, käraste min dyre!»

Nå, där var naturligtvis ingenting annat att göra än att

följa. Hur skulle man också kunna säga nej, då han sade: milejsjij dorogoj — käraste min dyre?

Men — »den Rejsen glemmer jeg aldrig!» Vi sutto med hustrun och med fadern, Ilija, och med systern och svågern Stipa's och alla barnen ute på gården; och en matta var bredd på marken, och där lågo vi eller stodo på knä eller sutto *à la turque* — efter hvars och ens håg. Midt emellan oss ställdes en stor lerskål; i den var sjudande *sjtsji*. kålsoppa. Däraf åto vi allesamman med målade träskedar; så ofta skålen var tömd, bar husmodern fram mera ur grytan i ugnen.

Så åto vi gurkor — salta gurkor och sura gurkor, färska gurkor och ättiksgurkor, gröna gurkor och gula gurkor... En stekt höna — nej två, det var kalas! Det var ju helgdag i dag, det var vatteninvigningens dag. — Ett vingben måste jag nu äta, och ett annat ben och en stor hvit bit, det hjälptes inte. Som gafflar tjänade *de fem* och de voro bra, ty på dem slapp man att sticka sig i munnen, sade kosacken. Så kom *kasja*, gröten; det var bohvetegrynsgröt, torrkokad i en lerkruka, som stått inne i ugnen och ännu var skållhet. Jag tackade och sade, att jag var inte just så hungrig, numera. Och så började jag berätta, berätta för att slippa äta! Jag berättade detsamma som därute, om Sverige.

Men Stipan Iljitsj var bättre hemma i sina stycken. Han frågade ej från hvilket guvernement jag var, utan han tog en kycklingvinge och svängde den mot norr och sade: »Jag vet, jag har varit i Sverige.»

»I Sverige?» frågade jag med begriplig förvåning.

»Ja, finnes det ej i ditt land en stad, som heter Haparanda? Där har jag varit! Jag stod i Torneå, vår stad, med fyrtio andra kosacker, och en gång var jag med vår kapten till Haparanda; då var jag i ditt land, Vladimir Viktorovitsj.»

Jag erkände med nöje sanningen häraf, och så tryckte jag varmt hans valkiga hand. Det var ändå liksom en hälsning från fosterjorden — jag hade ju lifs lefvande framför mig en man som varit i Sverige; det var ett obestridligt faktum. Jag ämnade just be honom tala om hvad han sett och hvad han tyckte — då kom värdinnan med nykokta ägg och med spenvarm aftonmjölk och med te och sylt och färskt hvetebröd....

Men då flydde jag, flydde ögonblickligen. Jag sade, att jag måste hem, att jag skulle möta någon, skulle arbeta — himlen vet hvad jag sade, men jag tackade hjärtligt för välfägnaden och bad Gud välsigna Stipan Iljitsj och alla hans efterkommande i många led, och så sprang jag därifrån som en besatt. Man behöfver väl ej åsamka sig en bråd död genom frässeri och vällefnad, bara därför att det tillfälligtvis är en stor helgdag hos de gästfria kosackerna! — En gång väl i kvarter igen, lofvade jag mig själf heligt och dyrt att aldrig gå på gille till en välbärgad kosack, efter sedan jag förut superat hos fredsdomarens och ytterligare blifvit trakterad med stekta ägg och sur mjölk invid stranden af den långsamt rinnande Bysuluk.

Så slutade för mig helgdagen *Prois-chodjenije drev Kresta Gospodnja*, eller vatteninvigningens heliga dag, i stanitsan Filonovskaja.

* * *

Åtta dagar senare är åter en stor högtid i Filonovskaja. Den står i almanackan betecknad som *Preobrasjenije Gospodnje* — Herrens förklaringsdag. Men den har af någon outgrundlig anledning fått en helt annan betydelse för folket — det har blifvit den dag, då jordens äring och trädens frukt skola välsignas.

Så var det också med den nyss beskrifna vattenvalsignelsedagen, dess krångliga ryska namn antyder på intet sätt vattnets invigning, utan betecknar åminnelsedagen för Kristi kors. Och så är det ofta med ryska kyrkans fester — folket har *sin* uppfattning och kyrkan *sin* om hvad dagen betyder, och ofta finns ingen jordisk möjlighet att grunda ut ett sammanhang mellan dem båda. Man skrifver Korsträdets dag och man firar flodvattnets invigande; man högtidlighåller Kristi förklarings dag, med hvad? — Jo, med att välsigna äppelskörden.

Det är för öfrigt en viktig dag, detta, för den ryske bonden I sju dagar har han redan hållit fasta, sju långa dagar, då han inte får äta kött eller ägg eller ens dricka mjölk Och det är ännu sju dagar kvar, innan »Himmelsfärdsfastan» upphör. Men det är en betydlig skillnad mellan dessa sju och de andra sju dagarne, före och efter Kristi förklarings dag — det är liksom de sju magra och de sju feta noten

Ty från och med denna dag får man äta af markens och trädens frukt.

Att göra detta förut är för den rättrogne en styggelse Därför synas de sju magra dagarne, då man hvarken får köttmat eller frukt, så oändligt magra, att senare hälften af fastan i jämförelse med dem förefaller som sötebrödsdagar Allting är ju relativt.

Jag minnes, hur jag första aftonen i fastan kom in i stugan och fann familjen samlad vid bordet i köket, jag bugade mig framför »det heliga hornet», tog min träsked från hyllan och gjorde mig i ordning att äta, som jag trodde, *sjtsji*, kålsoppan. Men det var alldeles icke den vanliga goda kålsoppan, utan ett slags dålig valling, som jag aldrig förut sett. Den smakade afskyvärdt tyckte jag, men då de andra åto och höllo god min, måste jag göra så med.

Då fästes min uppmärksamhet vid att någon hördes sakta gråta.

Jag vände mig om — där satt den lille Vanja, Pavl Stepanitsj' femårige pys, min förklarade gunstling. Han grät stilla och tyst och lade långsamt skeden ifrån sig på bordet Det var icke tredska och olydnad man kunde läsa i hans lilla, runda, rosiga ansikte, utan det var en stilla förtviflan, en resignerad sorg utan hopp om tröst, så tydlig som den kan uttryckas af ett litet barnanlete.

Modern, Marja Varfolomejevna, tystade gossen och Avdotja föreslog att bära ut honom, men jag tog honom på mitt knä och frågade »*Stosje k'tebja, Vanjusja* — hur är det med dig?»

Han svarade icke, men grät hela tiden lika bittert, grät alltjämt, tills han slutligen somnade med tårar glittrande i ögonfransarne. — »Han ville dricka mjölk», sade Avdotja, »därför grät han.»

»*Nu, Boch s'toboju* — Nå, Gud vare med dig!» utropade jag förargad — »hvarför i all världen kan han inte få litet mjölk då, som han brukar få hvar enda afton? Ni ha ju just i kväll *garsjok* invid *garsjok* full med mjölk — det såg jag själf.»

»Vladimir Viktorovitsj — vet du ej, att det är den heliga Himmelsfärdsfastan nu? Under den få vi aldrig dricka mjölk — vi spara alltsammans och koka surmjölk af det, tills fastan slutar.»

Jag får bekänna, att jag verkligen blef ond på Avdotja Stepanovna för denna fanatism, ja, förargad blef jag både på henne och på alla de andra Hvad skulle nu också ett fem års barn ha för begrepp om fasta?

Jag var därför glad, då jag en gång längre fram fick berätta för Fokins, hur jag hos andra kosacker sett, att man

I KYRKAN.

gifvit barnen mjölk under fastan. Jag hade då frågat, om man inte ansåg det vara en synd att låta barnen bryta denna. »Jo, det var synd», hade man svarat, »men Gud vår Fader skall förlåta oss det *radi Christa* — för Kristi skull». — Ja, ni enfaldiga, goda kosacker, Gud skall nog förlåta er både detta och mycket annat dessutom, som ni göra för Kristi barmhärtighets skull — låt vara att det också i *popens* ögon kanske är en svart synd!

Den dagen då äpplena skulle välsignas var den sjätte augusti.

Jag hade nu tagit mig bättre i akt än vid den förra festen och var uppe i god tid. Olga Markovna trakterade mig dagen till ära i mitt eget rum med *blinnyi*, ett slags tjocka, grå pannkakor, som jag med större ifver än framgång bemödade mig att finna välsmakande.

Men med hal inställsamhet och falsktungadt smicker dolde jag lyckligt för gumman mina verkliga känslor, då hon med händerna i sidan stod framför mig bredbent och trygg, för att iakttaga hvad intryck hennes matlagningskonst gjorde. Dock — rättvisan vakar, och till straff för mitt hyckleri fick jag en ny stor portion af dessa fruktansvärda helgdagskakor dem jag under Olga Markovnas falkblickar måste utan klagan men med många invärtes tårar förtära.

Men hur glad jag var, när det var öfver! Så glad, att jag måste söka reda på barnen, Vanjusja och Baranka, och gifva dem hvar sin »hvit» slant att köpa äpplen för på torget, hvilken i och för sig mycket oansenliga handling visade sig i hög grad nyttig, i ty att den både förvärfvade mig de ungdomliga mottagarnes eviga tacksamhet och gjorde ett mycket gynnsamt intryck på Olga Markovna och på hela familjen.

— 212 —

Så gick jag ut på torget, till kyrkan.

Det stora torget, mellan kyrkan och basaren, erbjuder en ovanligt liflig anblick. Det är nästan alldeles fullt af teljägor, tarantasser och kibitkor, som i flera hundratal stå uppradade invid hvarandra, förspända med en, två eller tre små magra kosackhästar.

En handelsman.

Ryssen gör sig aldrig besvär i onödan; därför äro de flesta hästarne ej frånspända, utan stå ännu kvar för vagnen under den höga *dugan*, selbågen, och tugga sitt hö, som är fastbundet i en knippa vid ändan af de framskjutande skaklorna. Sidohästarne, som gå utan *duga* och draga med linor — tistelstång användes sällan i Ryssland — äro mera fria, och många af dem ha lagt sig ned på den mjuka, sandiga marken. Då jag går förbi, vända de likgiltigt på hufvudet och försöka att med svansen vifta bort ilskna flugor från sina magra och blodslagna länder.

Framåt basaren ha handelsmännen sina vagnar uppställda; där är också publiken samlad, lika talrik och lika brokigt utstyrd som förra helgdagen, i klädesplagg med lysande färger.

Där går kommersen friskt undan. Att köpa och sälja äfven på sön- och helgdagar är aldrig synd i Ryssland till och

Lillrysk teljäga.

med inne i templen; åtminstone om det gäller vaxljus, helgonbilder, invigda bröd och skrifter om heliga mäns lif. I hvarje kyrka finnes inrättad en särskild disk, där man för kopek och rublar växlar till sig saligheten i form af vax och rökelse, osyrade hvetebrödsbullar samt träbeläten.

— — »och gick Han in i Guds tempel och dref ut alla de där köpte och sålde i templet och omstötte växlareborden och dufvomånglarnes säten» —

Så hette det en gång. Det säges, att tiderna förändras, men så ser det just inte ut. Icke alltid och öfverallt åtminstone. — — —

Emellertid har folket redan börjat bege sig till kyrkan.

När jag kommer fram, är det endast med stor svårighet jag lyckas klämma mig in och få plats i ett hörn, från hvilket jag har en tämligen fri öfverblick öfver det hela. Kyrkan i Filonovskaja är icke på ringaste vis märklig, men som typ för en rysk bykyrka på landet kan den ju förtjäna en kort beskrifning.

Den ligger på en liten höjd midt emellan torget och floden. Rundt omkring den är kyrkogården med dess hvita murar, hvilken förr tjänat till begrafningsplats; numera begrafvas dock de döda utanför byn på en sandig hed, där några gröna pilar och många svarta kors angifva platsens bestämmelse.

Kyrkan är efter bruket på landsbygden helt hvitrappad. Den har ljusgrönt plåttak och likaledes grön kupol öfver midten. Kupolen krönes af gyllene kors och kulor. Det inre är efter vanligheten öfverlastadt med smaklösa prydnader, taflor, helgonbilder, altaren, votivsaker, offergåfvor, ljusstakar och krimskrams af olika slag. Det enda, som saknas, är bänkar — man får därför under hela den två timmar långa gudstjänsten förbli stående, så vida man inte föredrager att sluta sig till dem, som ligga på knä och slå pannan mot stengolfvet, för att ådagalägga djupet af sin andakt.

Åhorarerummet är skildt från det heligaste genom *ikonostasen* bildväggen, som räcker från golf till tak och från ena sidan till den andra. På ikonostasen finnas många afbildningar af fornämliga helgon, och framför dem alla brinna nu vaxljus eller små, olika färgade oljelampor med flytande vekar. Bilderna själfva äro mestadels målade på trä och infattade i silfver eller annan metall på det sätt, att endast ansikte och händer synas fria på taflan, men öfriga delar af kroppen äro täckta af metallen, som i låg relief efterbildar klädebonaden. Framför ikonostasen står en liten pulpet, från hvilken en kyrkotjänare plägar uppläsa vissa texter.

Klockan half sex på slaget börjar gudstjänsten. De,

som ännu icke gifvit sig af till kyrkan, skynda sig nu dit, men finna den alldeles packad af folk. Då taga de sitt parti och vänta tåligt på kyrkogården under två hela långa timmar. Massor af folk är det därute liksom härinne; som jag står, har jag bekväm öfverblick både utåt och inåt ifrån kyrkporten. Hvar och en af de kyrkbesökande har försett sig med några äpplen eller päron i en korg, i ett knyte, på en tallrik eller helt enkelt i handen; det gäller ju i dag att få dem välsignade och genom dem hela skörden.

De förgyllda dubbeldörrarna midt på ikonostasen slås hastigt upp; bakom dem flyter ljuset fram i breda vågor ifrån korfönstren. Ett helgonskrin står midt för dörren och lyser i ögonen på menigheten. Guld, glas och färger glänsa där-

Ikon. (Helgonbild.)

inne; på afstånd sedt tar det sig alldeles icke illa ut. Men kommer man endast tillräckligt nära, så ser man alltför ofta glansen och ståten förvandlade till trasgrannlåt.

Genom dörröppningen kommer en präst med rökelsebäckenet af silfver i handen. Bugande sig åt alla väderstreck, svänger han med hastiga handrörelser det på tre långa silfverkedjor hängande kärlet. Röken stiger upp i ljusgrå, doftande hvirflar. Prästen vänder sig mot hvarje särskild helgonbild och går hela ikonostasen utefter, alltjämt bugande; rökelsekaret svänger han med imponerande skicklighet. Snart är hela kyrkan fylld af ett genomskinligt töcken. Den aromatiska rökelsedoften fyller hvarje vrå och uppemot taket i kupolen sväfva ljusblå moln, som nästan dölja målningarna och komma de små fönstren däruppe att lysa matt

Rökningen är för öfrigt nyttig nog inne i den öfverfyllda kyrkan med det låga taket Icke förmår den just att göra den kväfva atmosfären lättare Men den intensiva doften gör det åtminstone uthärdligt att vistas därinne, trots lukten af ryssläder, hvitlök och *mahorka*

Vid försäljningsbordet går handeln undan. Det är mest vaxljus, som gå åt, långa, smala vaxljus *»po ti kopjek«:* de äro de billigaste, så billiga, att man nog har råd att bränna ett par stycken, om det kniper, för sin själ Icke desto mindre förtjänar kyrkan rätt ansenliga summor på vaxljushandeln — det är mängden, som gör det

Man förstår sig också på att dryga ut inkomsterna Man låter t. ex aldrig de betalade ljusen brinna ned, utan kyrkotjänaren släcker dem redan då de äro halfbrända, och de uppsamlade resterna smältas om till nya ljus, som säljas åt andra fromma De brännas åter igen ett stycke, och smältas om för andra gången, hvarefter de brännas på nytt o. s. v.

På så vis kan det hända, att om exempelvis Varvara köper ett stort tio-kopeks-ljus och bränner för sin puckelryggiga pojkes andliga och eviga väl, så får hon i ljuset samma vax, som en gång är betaldt af Jefimi Petrovitsj och Jefimi Timofejevitsj och alltså egentligen borde bidragit till att frälsa deras syndiga själar.

Då uppstår frågan — hvem skall egentligen på den yttersta dagen äga rätt att tillräkna sig detta vaxljus — Varvara för sin sjuka pojke eller de båda Jefimi för sina sjuka själar? Jag vet ej, om denna kinkiga angelägenhet ännu varit debatterad af Den Heliga Synoden i *Svjataja Rossija*. Svårare frågor lära hafva stått på programmet och, efter hvad man påstår, blifvit tillfredsställande lösta.

Till sist blef det mig för kvaft och trångt därinne i kyrkan. Utdunstningen från den packade människomassan i rummet gjorde luften olidligt tung och så tjock, att man tyckte den borde kunnat skäras med knif; slamret af slantarne borta vid disken bidrog inte särdeles att stämma till andakt, och prästernas böner och sång var just inte heller upplyftande, allra minst då man som jag ingenting förstod däraf.

Det senare var jag för öfrigt säkert ej ensam om; jag är öfvertygad, att nittio procent af åhörarne ej begrepo mer än jag af gudstjänsten. Den hålles nämligen i de ryska kyrkorna alltid på det gamla kyrkslaviska språket, *tserkovslavianski*, i hvilket endast prästerna äro rätt väl hemma. Bonden, som icke kan läsa, begriper naturligtvis icke heller tserkovslavianski, hvilket måste inhämtas genom undervisning liksom hvarje annat slags språk, ehuruväl det

Ett vaxljus po tri kopjek.

för ryssarne är jämförelsevis lätt. Det är nämligen ungefär lika nära besläktadt med deras språk som t. ex. fornsvenskan och isländskan med våra nuvarande skandinaviska tungomål.

Emellertid kan man ju alltid känna igen när Guds, Frälsarens och alla helgonens namn nämnas, och då skall man böja sitt hufvud och sin rygg riktigt ödmjukt, och göra många korstecken — detta är egentligen hvad som synes vara nödvändigt för att rätt begå Herrens gudstjänst. — Ack, du arma, olyckliga, okunniga ryska folk, genom århundraden kvarhållet i vantrons och vidskepelsens slafveri, det mörkaste, mest nedtryckande och förslöande bland alla slag af träldom, kroppens och andens — när skall du en gång sättas i stånd att utveckla dina rika möjligheter, ditt klara förstånd, din redliga vilja, alla dina ljusa, goda egenskaper och att lösa allt det bundna, det rika och varma, som rör sig i ditt hjärta, men som är fjättradt af hårda, grymma, oslitliga bojor! »Gån i ljuset» kallar Tolstoj en bok, som han riktar till sina medmänniskor — men hur skulle man kunna gå i ljuset, då själfva ljuskällan hålles dold af ett ogenomträngligt täckelse och ögonen äro förbundna med svarta bindlar?

Här fattas hvarken ljuset, som kan lysa, eller ögonen, som kunna se — här fattas blott den beslutsamhet, som rycker bort de skymmande doken. *När* skall den komma, och *hvarifrån?* Från höjderna eller från dalarne — i dag eller om hundra år? *Boch adjin snajet.* Gud allena vet.

Därute hvälfver sig himlen hög och klar öfver kyrkan, öfver byn och öfver steppen. Solstrålarne leka med kvinnornas brokiga dräkter på kyrkogården, med hucklen och hårprydnader, med röda kjolar och ljusblåa tröjor. Hvar och en har naturligtvis satt på sig det allra bästa, det vill säga det allra grannaste; smaken karaktäriseras icke illa, om man blott erinrar sig det ryska ordet *krasnyi*, som har tre olika betydelser: *vacker, grann* och *röd*.

Två unga flickor väcka särskildt min uppmärksamhet; de äro uppenbarligen från Ukrajne, lillryskor, klädda i någon nationaldräkt. Deras dräkter äro visserligen brokiga nog, med ett öfverflöd af prydnader, slöjor, silfversmycken och spännen, men de utmärka sig fördelaktigt från de andra genom smakfulla färgsammansättningar och pittoreskt snitt. De lillryska dräkterna höra i sin rika utbildning till de vackraste i Ryssland, ja i Europa; de Donska kosackernas kvinnor däremot kläda sig fult och klumpigt — de sakna smak lika mycket som männen konstskicklighet. Hela stammen synes vara en bland de med skönhetssinne minst begåfvade inom ryska folket.

Emellertid närmar sig den ändlöst långa gudstjänsten sitt slut, och så kommer till sist den stund, hvarpå man i tvänne runda timmars förbidan tåligt väntat. Klockorna ringa, folket strömmar ut ur kyrkan och ställer upp sig i tvänne långa led; nu skola äpplena välsignas.

Prästerna komma i högtidligt tåg med rökelse och vigvatten. Fader Johannes i sin gyllene kåpa och violetta sammetshufva läser bönerna och sträcker sig välsignande än åt ena sidan, än åt den andra, medan han går fram emellan de knäböjande leden. Den ene hjälpprästen bestänker med vigvatten äpplena, hvilka fader Johannes välsignat, och den andre svänger sitt rökelsekar öfver folket, som ödmjukt böjer sig till jorden och andäktigt gör korsets tecken.

Det tar lång tid att gå igenom hela hopen af troende. Prästerna, som redan förut äro uttröttade och som blifva det än mera nu, då man ideligen rycker dem i kåpan och drar till sig deras händer för att kyssa, arbeta som för brinnande lifvet att komma ifrån så fort som möjligt. *Matusjka*, prästmor, väntar säkert med frukosten, och därför måste *batjusjka*, popen, söka att göra undan sitt arbete med fart, så att inte samovaren får kallna, hvilket vore alltför retsamt'..... Kanske också, att fader Johannes' matusjka har lagat honom en fetare måltid, än hvad som egentligen borde bestås i fastan, och den lockar väl hans håg — hvad vet jag? Den välfödde fader Johannes ser inte ut att vara en kostföraktare.

Och hvarför skulle inte han göra sammalunda som fader Stefan, hvilken jag i dagarne träffade hos bekanta i Filonovo, där han gästade med sin familj? Sonen Aletsjka ville inte äta köttmat, därför att det var fasta, men pappa Stefan, som såg framför sig en den saftigaste oxfilet, ämnade inte gå miste om ett godt mål för en sådan skräpsaks skull och lade för ett par ordentliga portioner åt både sig och gossen: »Gud skall förlåta oss», sade han, »ty steken är verkligen deliciös, Varvara Benediktovna», detta till värdinnan — »sådan få vi aldrig af lilla mor därhemma....

Lillrysk dräkt.

Ändtligen är ceremonien slut; fader Johannes sliter sig nästan med våld lös ifrån de sista trogne, som hänga fast vid hans hand för att kyssa den. Därpå skyndar han hem med steg så långa, att kåpan fladdrar omkring honom. Hem gå också Avdotja Stepanovna och alla de andra, som lyckats att få välsignelse och vigvatten öfver en korg eller fat med frukt eller åtminstone öfver ett enda litet gult och kantigt antonovkaäpple, framräckt i en valkig näfve. Avdotja hade varit där för vårt hushålls räkning och kom nu hem på samma gång som jag, med ett helt knyte saftiga titovka-äpplen, dem vi alla broderligt delade och läto oss väl smaka. Samovaren, som högtiden till ära var nyskurad och mässingsblank, ångade midt på bordet; den rosiga tékannan stod ofvanpå och utsände en aromatisk doft.

Ringare.

Olga Markovna skötte serveringen och fyllde oupphörligt på i glas och koppar, under det Pavl Stepanitsj med sockersaxen behändigt knäppte sönder sockerbitarne i små, små stycken. Dem delade han sedan ut åt alla och fäste därvid afseende så val å hvars och ens önskan som ock å heder anseende och värdighet. Därför gaf han Vanjusja bara ett par små bitar, men Baranka tre och äldsta flickan fyra, medan vi vuxna fingo taga efter behag.

Efter téet kom vattenmelonen, iskall, rosenröd och saftig i köttet; ehuru ej välsignad af popen, åts den med andakt såsom den första för året.

Under måltiden förtalde Avdotja för mig hvad hennes bekanta sagt åt henne helt nyss på kyrkbacken.

»Avdotja Stepanovna» hade de sagt åt henne, »*kakoj-to on tjelavjek* — hvad är han då för en slags människa, den där främlingen, som lär bo hos er? Som en kosack är han klädd, och han säges också lefva som en sådan, men det är ej möjligt annat än att han är en hedning, ty han gör icke korsets tecken som vi och bugar sig icke som vi för den heliga Guds moders och alla goda helgons bilder. Ej heller låter han åt sig välsigna några äpplen, utan som en trästock står han under hela mässan, och icke sökte han kyssa fader Johannes på handen — *Kakoj-to on tjelavjek*, han måste icke tro på Gud och har visst ingen religion.

Avdotja Stepanovna hade genmält, att jag sagt mig vara en luteranin», det är en man, som tror på Gud likt kosackerna och på Jesus Kristus, hans Son, men att våra länders seder vore annorlunda, och att vi aldrig gjorde korsets tecken, icke ens för Guds eget altare.

»Och vi veta», sade Avdotja och såg trohjärtadt på mig med sina runda, blåa ögon — »*vi* veta, att du icke är en hedning, ty du handlar icke som en förbannad, utan såsom en den där tror på Gud. Men hör mig, Vladimir Viktorovitsj, hör hvad jag säger dig, och om du är klok, så gör du darefter Att nar du ar hos oss och går i vår bys kyrka, så skall du böja ditt hufvud framför Guds moders och de heliga mans och kvinnors bilder, och då de heliga namnen nämnas, skall du framför ditt bröst göra korsets tecken Ty andra kunna icke känna dig så val som vi, och det ar icke nyttigt för dig, om man tror, att du är hednisk och en otrogen.»

Jag tackade Dunja* for hennes råd, men sade henne, att korsets tecken hade ej min moder lart mig göra, och jag skulle icke heller göra det for helgon, som jag icke kände. Om kosackerna ibland sig ej ville tåla en man, som icke gjorde dem något forfång, blott och bart för den skull, att han icke hade deras tro och seder i allting, så kunde de ju skicka mig bort, menade de, att jag vore hednisk och ej trodde på Gud, så kunde de straffa mig darför, om de hade lust att på det sättet ofva gastvanskap mot främlingar

Dunja yttrade nu, att det vore godt om jag ville vanda mig till deras tro, men jag svarade, att det skulle jag minst göra, om man på sådant satt sökte formå mig dartill Bättre vore att försöka visa mig, hurusom deras tro vore riktigare och battre an min Hvarifrån Dunja dock efter något betänkande tills vidare afstod.

Detta var det enda omvändelseforsok, för hvilket jag hos kosackerna blef utsatt, och jag markte icke heller, att den åsikt, som nog en och annan hyste, att jag vore en hedning, utöfvade något påtagligt inflytande på min stallning i i stanitsan och kosackernas förhållande till mig.

Tvartom visade de sig alltid som mina vänner, så vidt vi larde kanna hvarandra Om jag undantager ett enda tillfälle, då en mera lindrigt nykter kosack med all makt sökte bevisa mig, att jag måste vara ryss och mitt land en del af

* *Dunja* är som lasaren torde observerat blott en vanlig forkortning af namnet Avdotja

vår lille far tsarens välde, hvarvid han nästan höll på att skrida till handgripligheter, med detta enda undantag kan jag tryggt påstå, att jag ingen gång under hela min vistelse i kosackernas land råkade i ens den allra oskyldigaste lilla träta med någon af inbyggarne.

Ryssen är till sin natur tolerant, och de anomalier i samvets- och trosfrihetsförhållandena, som fordom rådt och väl delvis ännu råda i Ryssland, få mera skrifvas på »systemets» räkning än på folkkaraktärens. Och systemet är på ett vis i sin goda rätt, då sekteristerna förföljas och trakasseras på olika sätt för att deras »villfarelser» må förhindras att sprida sig, ty i samma ögonblick som de blefve utbredda öfver Ryssland vore »systemets» dödsdom beseglad. Det är alltså endast en akt af själfförsvar, då man skickar *duchobortser* till aflägsna byar i Kaukasien, lämnar *molokanernas* barn till nunnor för att uppfostras, sätter deras offentliga förespråkare under sträng polisuppsikt i Kurlands småstäder och förbjuder invånarne i vissa guvernement att lära sina barn läsa.

Emellertid är det ju också ett faktum, att vid vissa tillfällen kapitulation är klokare än ett hårdnackadt försvar. Det förefaller, som om man just på allra sista tiden fått upp ögonen härför och börjat något släppa efter på de allt för hårdt åtdragna tyglarne — till grämelse för ytterlighetsmannen å båda hållen. Ty den yttersta vänstern beklagar denna relativa mildhet lika mycket som de rysk ryske högortodoxe, ehuru af en helt annan grund. Den ser nämligen därigenom utsikterna för en våldsam omstörtning af de bestående förhållandena ständigt förminskas och rent af försvinna, medan hos samhällets mera lugna, mera klarseende element förhoppningarna växa om ett jämnt och lugnt framåtskridande, fritt från våldsamma skakningar.

Kosackerna, som uppenbarligen hvarken ha anledning eller förmåga att sysselsätta sig med de »stora» frågorna, förhålla sig mycket förståndigt till de små. Ibland dem lefva i det stora hela icke många slag af *raskolniki* eller sekterister men tvänne finnas dock i icke så ringa antal. Det är *gammaltroende* och *molokaner*. De förra, de på ryska så kallade *starovjari*. äro kosacker, molokanerna däremot äro i allmänhet inflyttade ryssar, som bo i smärre kolonier, mest i utkanten af byarne, alltid tolererade och ofta högt aktade af de ortodoxe.

Molokanerna, som fått sitt namn af ordet *moloko* mjölk, på den grund, att de icke hålla någon fasta, kunna sägas vara ett slags ryska kvakare. De utmärka sig för en ovanlig grad af fördragsamhet, ett stilla, arbetsamt lif och en nykter uppfattning i sina förnämsta religiösa trossatser. De sysselsätta sig öfver hufvud mindre med metafysiska funderingar öfver de högsta tingen, än med utredning af frågor rörande det praktiskt religiösa lifvet, betecknande därför är en af deras viktigaste grundlärör, att frälsningen vinnes *icke* genom *tro* utan tvärtom genom ett *helgadt lif* i renhet och sanning. Påtagligen är det just denna dogm, som hos dem utvecklat den starka känslan af att det yttre lifvet måste stå i närmaste sammanhang med den religiösa åskådningen, för så vidt åt denna senare skall kunna tillmätas något värde. Det är också lätt att förstå, att det är just denna praktiska kristendom, som förvärfvat dem ett så berättigadt anseende. — De äro till största delen bosatta inom guvernementet *Tambov*. norr om kosacklandet, där de utgöra en befolkning af omkring 200,000 personer, men de finnas också i rätt betydligt antal just inom *Donskaja oblastj* »det Donska krigslandet», där kosackerna bo. Jag hörde dem ofta omtalas, ehuru jag tyvärr aldrig hade tillfälle att göra deras bekantskap.

Bland kosackerna sjalfva finnas som sagdt många gammaltroende, *starovjari*, hvilka i vissa distrikt bebo hela byar De aro så talrika, att jag sedermera ofta i Ryssland blef tillfrågad, äfven af högt bildade personer, huruvida icke alla Donska kosacker aro starovjari, och då jag fardades till häst tvars genom landet, tidtals iklädd kosackdräkt, sporde man mig i bondstugorna dar jag tog in »*Skasji kazak, ty starovjar ili njat?* Sag, kosack, ar du gammaltroende eller icke?»

De »gammaltroende» rakna sin historia anda från midten af sextonhundratalet, eller kanske rattare ifrån den ryska kyrkans allra forsta tid. Ty som man af namnet kan förstå, representera de just den gamla, den ursprungliga tron, den nuvarande ortodoxa ryska kyrkan ar åter en nyare fas i den kyrkliga utvecklingen

Skillnaden låg från början för öfrigt knappast så mycket i sjalfva laran, som mera i kyrkobruken Den första schismen vållades genom vissa kyrkliga forordningar af tsar Alexis, på förslag af patriarken Nikon Medan man förut inom ryska kyrkan plagat göra korstecknet med blott två fingrar, skulle det numera i ofverensstammelse med det byzantinska bruket göras med tre fingrar af allmanheten och med två endast af prasterna Fralsarens namn som förut skrifvits *Isus*, andrades till den riktiga formen Jesus, korset på hostian fick en annan typ och åtskilliga andra nyheter af ungefar samma vikt och betydelse infördes

Allt detta förefaller så har på afstånd sedt som rena obetydligheter, men i verkligheten hafva dessa obetydligheter utöfvat ett så oerhördt inflytande på Rysslands inre historia under tvanne århundraden, att vi darom knappast kunna gora oss en forestallning. För att icke ingå i detaljer, som har skulle vara mindre på sin plats, vill jag blott erinra om huru från de ursprungliga gammaltroende hela den stora rörelse i Ryssland härleder sig, hvilken fått namnet *raskol* och som i sig innefattar kanske största delen af Rysslands sekterister; »raskolnikerna» utgöra för närvarande ett antal af mer än tolf millioner människor.

* * *

Kosackerna, såväl de gammaltroende som de ortodoxa äro, så vidt jag uppfattat dem rätt, religiöst anlagda. Icke att de flitigt studera bibeln och andliga skrifter — detta är redan därigenom uteslutet, att de i allmänhet ej äro läskunniga. Icke heller göra de mycket väsen af sin öfvertygelse, och starka, allmänt utbredda religiösa rörelser finnas ej hos dem såsom annars mångenstädes i Ryssland. Som en yttring af religiositet får man naturligtvis icke heller anse det för öfrigt i hela Ryssland vanliga bruket att städse bära Guds namn på tungan, både i tid och otid, i allvar och skämt — det är oftast icke annat än alldeles tanklöst uttalade ord.

Men hvad som finns hos kosacken och hvad jag skulle vilja räkna till den sanna religiositeten — naturligtvis till sin form bestämd af historiska och lokala förhållanden — det är dels aktningen för det heliga, det vill säga genom tradition och inplantade föreställningar heliga, dels den lugna ödmjukhet, den undergifna trygghet och den fasta tillförsikt till framtiden, hvarmed ryssarne mottaga ödets slag, och som göra dem med deras eljes rätt heta blod till ett af de tåligaste folk på jorden, när det gäller att uthärda oförvållade sorger och bekymmer. Jag kommer ännu ihåg, huru Pavl Stepanitsj en gång med största lugn meddelade mig, att hans bästa häst stupat knall och fall; jag blef betydligt mera förskräckt och bekymrad än ägaren själf, och då jag deltagande frågade honom, om han ej var bedröfvad öfver den oväntade förlusten, svarade han. »Jo, det är jag visst, men *sjto djalatj* — hvad skall man göra? *Boch dall — Boch i fjsall!* — Herren gaf och Herren tog!»

Det var egendomligt men betecknande nog att höra ett sådant uttryck användas om ett oskäligt kreatur. Hästen var en gåfva af Herren, all god gåfvas gifvare — hur skulle då en rättskaffens kristen beklaga sig, att Gud tog sitt lån igen i en för honom behaglig tid! Gud skulle nog också se till, att Pavl Stepanitsj ändock icke lede brist på det, hvaraf behof gjordes; morgondagen må sjelf hafva sin omsorg om sig.

Många liknande exempel kunde anföras på huru kosacken och öfver hufvud den ryske bonden i allmänhet låter försynen spela en roll i det dagliga lifvets små bestyr, som en »upplystare» åskådning sällan är benägen att tillerkänna henne. Det är svårt att bestämma hvad som egentligen bör förstås med religiositet, men man torde väl ej allt för mycket misstaga sig, om man anser, att en äkta sådan endast finns, där hvardagslifvet i sina obetydligaste smådrag ger omisskännbara, okonstlade uttryck för densamma. Detta är emellertid fallet just hos den ryske bonden, huru mycket det än från vissa håll förnekats, och särskildt är det så hos kosackerna, som på grund af sina aflägsna boningsorter och bristen på bekväma kommunikationer bibehållit sedernas ursprunglighet och lefnadssättets enkelhet bättre än befolkningen i andra trakter.

Som ett totalomdöme kan sägas, att utmärkande för kosackerna är det stilla religiösa sinnet, den lugna trosfastheten, som lämnas oberörd af sådana mera exalterade, mystiska och fantastiska religionsidéer, hvilka hos det norra och mellersta Rysslands mera inåtvända folknaturer vunnit skaror af hängifna anhängare.

Ett söderns barn, är kosacken på ett vis litet lättsinnigt anlagd; han är en mera öppenhjärtig och mindre spekulativ natur. Med naiv sorglöshet tar han dagen sådan den är, och lägger icke motgången hårdt på sinnet. Han sörjer uppriktigt öfver en olycka, men kan i ett ögonblick glömma bort sin smärta, och han afskyr att grubbla öfver hvad det än vara må. Det påtagliga, det nära till hands liggande är det som utöfvar det bestämmande inflytandet på hans sinnesförfattning; aflägsnare ting och tilldragelser, antingen de höra till det flyddas minnen eller till framtidens hopp, lämnar han mer eller mindre ur räkningen. Han kan väl brusa upp i en ögonblicklig vrede, kan gräla som en turk öfver det mest obetydliga, och har just inte heller så långt till knifven. Men i stället är han snar till försoning och bär icke gärna långvarigt agg; den gyllene regeln »låt aldrig solen gå ned öfver din vrede» finner här en åtminstone relativt vidsträckt efterföljd.

Till följd af sin religiositet är kosacken också i allmänhet sedlig och hederlig. Äktenskapet hålles strängt i helgd, och oregelbundna förbindelser mellan könen äro sällsynta. Därför är också förekomsten af oäkta barn nästan förvånande sällsynt. Naturligtvis beror detta till icke ringa grad på de sociala förhållandena, hvilka möjliggöra tidiga äktenskap, så till vida att ingen vuxen man, som eljes är »till giftermål bekvämlig», behöfver sakna den nödvändiga ekonomiska grundvalen — tack vare den kommunala jordlottindelningen. Men knappast skulle detta ensamt för sig kunna åstadkomma en sådan verkan, om icke därtill sedligheten vore mer eller mindre samhörig med folkkaraktären.

Angående kosackernas vördnad för sjunde budet hade jag genom åtskilliga muntrande historier af mina vänner bibringats en icke fullt fördomsfri mening, hvilken jag dock fick anledning att ändra. Deras aktning för nästans egendom skulle vara mindre än deras kärlek till den, hade man sagt, och i öfverensstämmelse därmed förestallde jag mig att jag skulle bli tämligen »renplockad», då jag så där utan vidare öfverlämnade mig och mitt i kosackernas händer. Jag önskade emellertid pröfva teorien och beslöt därför att utplantera i mitt rum alla de små mer eller mindre värdefulla lyxartiklar och utrustningsföremål jag ägde med mig, riskerande, som jag trodde, att de en efter annan skulle på något mystiskt sätt försvinna. Men under hela min vistelse i Filonovskaja förmärktes intet spår till försök i den vägen, icke ens då jag vid tvänne särskilda tillfällen reste bort på ett par dagar och lämnade mina för kosackerna säkert rätt begärliga ägodelar kringströdda i rummet. Det enda obehag af detta slag, som träffade mig, var att jag fick en god del af mina bästa fotografiplåtar förstörda, huru och af hvem blef aldrig utrönt, men fullkomligt säkert är, att hvad som därvid kunde läggas den skyldige till last var ingenting annat än en visserligen högst malplacerad nyfikenhet. Och nyfikenheten är ett fel som ju inte tillhör ensamt kosackerna.

─ ─ ─ ─ ─ ─ ─ ─ ─ ─ ─ ─ ─ ─ ─ ─ ─

Litet senare på dagen gick jag med fredsdomaren till en del af byn, som jag icke förut besökt. Det var på andra sidan om floden Bysuluk.

Där befann sig helt nära bron byns stuteri, som omfattar ett hundratal hästar, mest fölston. Små, magra och seniga, äro de typiska för kosackrasen, med krokig nos, knotiga länder och smal hals. Ibland hingstarne väckte särskildt några kirgiser min uppmärksamhet. Deras grofva former göra, att de trots sin litenhet förefalla ovanligt klumpiga, men jag har själf haft för mycket tillfälle att pröfva dem för att icke veta, att de äro fulla af lif och eld, uthålliga som inga andra och snabba som vinden. Kirgishästen står genom dessa egenskaper framför kosacken, men är denne underlägsen i utseende; därför söker man kroasera raserna för att förena bådas företräden. Kirgisen har lika påfallande stort hufvud som kosacken har litet, och lika grof hals som dennes är tunn och smal; ett särskildt utmärkande kännetecken för den förre äro de långa, grofva känselhår han har på mulen, hvilka gifva honom ett mycket lustigt och karaktäristiskt utseende, särskildt då han ses framifrån.

Stuteriet har till sitt hufvudsakliga ändamål att underhålla remontstammen, och det är härifrån de unga rekryterna taga sina hästar, då de draga ut i sin fyra års långa vapentjänst. Dock är depoten i Filonovskaja en af de mindre betydande; andra finnas, där vid de årliga hästmarknaderna tusentals hästar utbjudas till pris som ofta äro fabelaktigt låga.

Från stuteriet gingo vi för att dricka té hos en bekant familj, som bodde i utkanten af byn; därifrån återvände vi hemåt genom kosackernas melonplanteringar. Just som vi passerade en liten stuga på vägen, kom en man ut med mössan i handen och bad oss bugande att stiga in under hans tak.

Vi följde honom. Huset var ett af de simplaste jag dittills sett i byn och kunde på intet vis jämföras med det som mitt husbondfolk Fokins ägde, vid stora torget. Det innehöll endast två rum, af hvilka det yttre saknade både innertak och golf och snart sagdt väggar också; i alla händelser voro de betydligt genomskinliga i fogarne. Detta rum brukades tydligtvis egentligen som förvaringsställe för en del redskap och matvaror; ett sådant kallas på ryska *cholodnja* eller kallrummet och saknar eldstad. På vintern är det naturligtvis obeboeligt för människor och tjänar då mest till att lämna härberge åt kalfvar, får och andra fyrfotade vänner.

Öfver en hög tröskel stego vi in i den inre kammaren, *tjoplaja* eller varmrummet. Den gjorde åtminstone skäl för

sitt namn, ty varmen och atmosfären därinne voro tryckande.
Vi slogo oss ned vid bordet i det »heliga hörnet», och medan
fredsdomaren lyssnade till ett vältaligt andragande af kosacken,
mönstrade jag stugans inre. Fastän där var jämförelsevis
snyggt som hos flertalet kosacker, saknades dock de tecken
till välmåga jag vant mig att se hos mina vänner Fokins,
och det hela gjorde därför ett rätt torftigt intryck.

Ungefär vid midten af ena långväggen stod spisen, med en
bred, hvitmenad tegelmur, som sträckte sig långt ut i rummet.
På ömse sidor syntes stora järnluckor, kosacken kokar ej i
öppen spis och än mindre användes en sådan af järn, utan
ugnen upphettas med vedbränder och sedan kokar man
på glöden i stora krukor af lera eller gjutjärn. Utmed de
stora spisluckorna syntes rader af mindre hål i muren, som
uppkommit genom att en tegelsten blifvit utlämnad vid murningen.
Här förvaras strumporna öfver natten för att om morgonen
kunna vara torra och varma. Sättet är nog eljes praktiskt,
men icke bidrager det just till renandet af den genom så många
människors utandning under natten förskämda luften. Ofvanpå
själfva ugnen lågo högar af klädesplagg, kuddar och gamla
trasiga täcken, ur lumporna glänste fram ett par blanka,
svarta ögon. De tillhörde en febersjuk flicka, som fått bästa
liggplatsen, på ugnen, och som nu med nyfikenhet och oro
betraktade de båda främmande.

Det »heliga hörnet» var ovanligt fattigt på helgonbilder,
och flertalet af dessa voro endast usla skillingstryck, infattade
i simpla träramar. Det var kanske det största fattigdoms-
beviset, detta, att man var så illa försedd med hvad vid-
skepelsen fordrar för husets lycka och bestånd. På hyllan
som löpte från det heliga hörnet, ofvanför den väggfasta
bänken, sågs ett antal bukiga lerkrukor af olika former, de
vanliga både kok- och förvaringskärlen, mellan dem några

spruckna koppar och grofva glas samt de oundvikliga målade traskedarne, med hvilka familjens medlemmar plåga äta sin *sjtsji* ur den stora träskålen af masur.

Medan jag gjorde dessa iakttagelser, blef samtalet mellan kosacken och min vän fredsdomaren småningom så lifligt, att det till sist påkallade min spända uppmärksamhet. Jag erfor, att kosackens broder blifvit gripen på bar gärning, då han nere vid stationen i en plötslig uppbrusning dragit knif och dödligt sårat en af banbetjäningen. Mördaren hade frivilligt bekänt sitt brott och afvaktade nu domen med dystert lugn. Hans broder, hos hvilken vi just befunno oss, sökte med största ifver bevisa för fredsdomaren, att den andre var oskyldig eller åtminstone gjort sig saker till en föga klandervärd handling, hans vederdeloman skulle nämligen ha varit en allmänt illa känd och illa sedd person, som dertill nu groft förolämpat honom. Det hjälpte ej att fredsdomaren förklarade sig tills vidare ingenting alls kunna göra åt saken, innan den komme under hans domvärjo. Kosacken ville på inga villkor låta sig nöja utan en försäkring om hans bevågenhet för den anklagade och ett löfte om en mild dom, något som dock fredsdomaren på goda grunder bestämdt vägrade gifva.

I detta kritiska ögonblick inträdde modern till den anklagade, hon såg genast hvarom frågan var och kastade sig under strömmande tårar till fredsdomarens fötter, omfattade med sina armar hans knän, kysste hans skor och bad med en moders ömmaste böner för sin sons lif.

Dmitri Ivanitsj ville lyfta upp henne; hon vägrade. Han försökte tala till henne, men lika fåfängt.

Han förklarade, att han vore bunden af lagarne, att han ingenting kunde lofva, att han inte ens kände saken noga ännu. Hon svarade blott, att han nog kunde, om han endast

— 234 —

ville. Men han ville icke, nej, han ville icke hjälpa henne och hennes son, ty ingen vill hjälpa den fattige!

Och så började hon än bittrare gråta, så att mannen, hennes andre son, också drogs med, och strömmande tårar runno nedför hans solbrynta, öppna ansikte. Då fick modern plötsligt syn på mig. Med ett slags djurisk instinkt förmodade hon val i främlingen en deltagande bundsförvandt, och med en snabbhet som ingen skulle kunnat tro henne om, kröp hon, alltjämt på knä, öfver golfvet fram till mig, lutade sin panna mot marken, sträckte armarne ifrån sig och utropade

»Hör mig — *slusjitje, barin, gospodin*, herre! Du måste hjälpa mig, du måste hjälpa min son *Ne dolsjna bytj* — det kan icke så vara, att min son skall dö. Min Mitjenka! Om du visste hvad han är god! Han gjorde't inte, han gjorde't inte, han gjorde't inte! Om han har gjort det, så var det därför, att han var tvungen. Den andre slog efter honom, och han måste försvara sig. Måste man icke försvara sig, då en drucken man anfaller? Skulle du icke själf *barin, batjusjka* — lille far, min herre — försvara dig om någon före efter dig med hugg och slag? Och kanske knifven tar djupare än man tänker — en gång rispar den, två gånger rispar den, men tredje gången skär den djupt. Icke ville han döda! *Tjelovjek chodjit. Boch vodjit* — människan går, Gud leder; icke kunde han rå därför.»

Jag försökte fåfängt öfvertyga den gamla om att min mening i frågan betydde intet och mindre än intet, men hon trodde mig ej, utan sade. »Vi hafva hört, *barin*, att du är kommen från fjärran länder, ty ditt land är på andra sidan hafvet. Hur skulle du icke då vara en mäktig man och en stor furste? Du kan göra hvad du vill, ty du har kejsarens bref, och själf är du visst en guvernör öfver mycket folk. Man kan inte resa så långt som du utan att vara som du är, en stor man. Hjälp därför min son och mig! Och Gud skall välsigna dig tusenfaldt. Gud skall gifva lycka åt dig och åt dina barn och åt dina barns barn. Ty du har hjälpt den fattiga Nastasja och hennes son. — Neka inte, *barin*, min lilla dufva, käraste lille far; vägra inte, *rodnoj moj dorogoj*, min dyre, min gode. Under ett långt lif skall du följas af Nastasjas välsignelse; jag skall vara din slaf, din hund, din tjänarinna i alla mina lifsdagar, rädda blott min son!»

Det var plågsamt gripande. Den enfaldiga Nastasja, som inte fick ur sitt förstockade gamla hufvud att vi kunde hjälpa henne, om vi blott ville, lade moderskärlekens hela tyngd i vågskålen för sin son. Men lika ifrigt som hon nu sökte sina vackraste ord för att förmå oss att hjälpa honom, lika visst skulle hon utösa de hätskaste förbannelser öfver oss, då hon fann sina böner fåfänga, sina ord fruktlösa!

Vi drogo oss så hastigt som möjligt ifrån det pinsamma uppträdet, ut på gården. Kosacken följde oss. Han torkade med tröjärmen tårarne bort från sina kinder, och medan vi ännu hörde moderns veklagan därinifrån stugan, började han förtälja för oss om sina oxar och kor och om sina får och gäss och svin. Ett par frågor af domaren kom honom att ytterligare utbreda sig om »kräken», och inom blott några ögonblick var hans hela väsen som förvandladt. Lyckan lyste i hans anletsdrag; den log emot oss ur de trofasta, gråblå ögonen och från munnens vinklar, såsom solskenet blickar fram ur brustna skyar efter störtande regn mera strålgladt än eljes, mera ljust och vänligt just genom själfva motsatsen mot det mörka gångna, försvunna. — — — Och innan vi under gladt samspråk hunnit fram till den rankiga gårdsporten, kom också modern efter oss och tackade för det vi kommit inom hennes dörr och bad oss icke illa upptaga, att hon ej kunnat bjuda oss någon passande välfägnad. Hvarje uttryck af sorg var som bortblåst från hennes ansikte, man skulle velat tro, att ett blidt öde med ens hade gjort henne fri från all oro för framtiden

Lyckliga sorglöshet, som hör till söderns barn! Med den till ständig gäst blir sinnet lätt, sorgerna kunna icke tära och göra hågen dyster Men i bredd med nordbons tröga, tunga lynne gör det lätta sinnet nästan intryck af lättsinne

---

Klockorna ringde i kyrkan.

Andra massan, »middagsmässan», börjar klockan elfva, till den tiden är vanligen kommersen slut på torget, och de talrika lassen med äpplen och meloner ha mot kontant ersättning öfvergått till andra ägare Vid det vi gingo förbi basaren, syntes redan flertalet handlande i färd med att packa in för att begifva sig till hemmet eller kanske också till närmaste krog.

En gubbe, som såg taltrångd ut, ropade mig an »Hör du, *barin*», sade han, »du skall skaffa dig en häst! Se på min, den är liten men god, god!» Och han pekade på en välfödd liten kamp, stor som en bättre kalf.

Och hvad skall du ha för den?» sporde jag.

»Tretti rubel, med vagn och allt, lille far! Det är inte för mycket, det ger du mig, min dufva. En sådan häst får du ingenstädes för det priset», o. s. v, o s v

Vi gingo till *upravljenie* '

Upravljenie är kommunstugan, den officiella ämbetslokalen. Den är inrymd i ett rätt stort, grått trähus nära kyrkan. Ett par kosacker stå vakt vid ingången; de hälsa vördnadsfullt på Dmitri Ivanitsj, när vi passera förbi dem. Det inre af huset upptages till större delen af en samlingssal. Långa, väggfasta bänkar, ett rankigt bord med en stol bakom, några väldiga skåp — annars inga möbler.

På väggarna hänga tsarens och tsarinnans porträtt, likaså de senast aflidna kejsarnes, vidare en dekoration med den ryska flaggan och så till sist något dokument bakom ett sprucket glas i en trasig ram. Dessutom hafva några tvifvelsutan infödde konstnärer sökt att efter måttet af sin blygsamma förmåga pryda väggarna med målade bilder af kosacklandets store män i äldre och nyare tid samt byns visserligen endast inom mindre kretsar kända ryktbarheter. Om det är sant som filosoferna säga, att »den praktiska verksamheten skall bedömas efter afsikten, icke efter resultatet», och om man vidare får antaga, att måleriet är en praktisk verksamhet, så vill jag inte förneka möjligheten af att dessa Filonovskajas infödde och hemammade konstnärssjälar utan orätt undgått stegel och hjul. Annars hade de otvifvelaktigt förtjänat ett sådant öde.

De inre rummen tillhöra byförvaltningen. I ett af dem sitter skrifvaren Jurij Gregoritsj och antecknar i sitt protokoll allt möjligt som de högre myndigheterna finna för godt att ålägga honom. Det andra rummet är det allra heligaste, där byns dyrbara dokument jämte dess ägodelar i reda penningar förvaras i en väldig, järnbeslagen kassakista; där framför posterar dag och natt en uniformsklädd kosack med dragen pamp. Äfven med den allra lifligaste böjelse att i egennyttigt syfte undersöka kistans innehåll, torde till och med den djärfvaste säkert betänka sig två gånger, innan han utsätter sig för faran att under utförandet af sitt dåd blifva klufven i tu delar alltifrån hjässan och till hälen med den nämnda pampen, förd af en kraftig kosacknäfve. I själfva verket är nog detta lefvande patentlås det mest »dyrkfria», som på platsen kan åstadkommas.

I samma rum residerar gubben Pugatjev, atamanen. Han utdelar sina befallningar nästan med myndigheten af en furste, frivilligt korad genom folkets val. Det långa, svarta bordet, vid hvilket han undertecknar sina order, döljer i sin rymliga skjutlåda dokument, som ofta äro afgörande för byinvånarnes timliga väl och ve. Där sitter han lugn och trygg halfva förmiddagen och sköter de löpande göromålen med vanan hos en gammal expeditionskarl och med en auktoritet, som endast de patriarkaliska förhållandena i hans hembygd kunna förläna till och med åt en man med hans maktställning.

Bakom honom står i ett hörn af rummet hans *bulava*, eller klubba, en väldig staf af svart trä, upptill försedd med en stor silfverkula. Denna bulava är inseglet på atamanens värdighet; med den i sin hand är han oantastlig och får uppträda som lille far tsarens troman och fullmäktige. Vid de stora årliga sammankomsterna, då kosackbyarnes gemensamma angelägenheter afgöras, infinna sig samtliga atamaner, både från kretsstanitsor, kyrkobyar och *chutora*, alla beväpnade med hvar sin väldiga bulava, och stort är gnyet, då de flere hundra medlemmarne i denna atamanernas generalförsamling allesammans bulta med sina klubbor för att tillkännagifva bifall till något framställdt förslag.

För den skull hade jag bedt att få fotografera vår ataman i Filonovskaja med sin bulava i handen. Det fick jag också göra just morgonen innan jag för alltid lämnade stanitsan; en afbildning efter denna fotografi af min vän gubben Pugatjev i sin högtidsdräkt har läsaren redan sett på sidan 123 i min bok.

Med fredsdomaren gick jag från upravljenie till bydomstolen, som denna gång sammanträdde i Afanasi Ivanitsj' gård. Bydomstolen, sammansatt af trenne förnämliga män i byn, folkvalde till sina ansvarsfulla poster, äger att samlas hvarje sön- och helgdag för att afdöma obetydligare mål mellan tvistande byamän. I regeln bör ärendet sluta med förlikning, dock kunna mindre ersättningar ådömas. Emellertid förvisas i sådant fall ett mål för det mesta till fredsdomaren; kriminala affärer åter behandlas i första hand af polismyndigheten, det är atamanen eller ock den för en *stan*, bestående af sju eller åtta stanitsor med därunder hörande chutora, tillsatte polisöfversten.

Det mål som denna gång behandlades i bydomstolen var emellertid både i sig själft och genom sin förhistoria af den art, att det skulle fordra ett kapitel för sig. Jag skall därför nu i stället afsluta skildringen af »två helgdagar» med att berätta, huru jag tillbragte aftonen af äppelvälsignelsedagen.

Redan flere gånger inbjuden till min vän Fedor Fedorovitsj Fedorovski vid stationen Filonovo, beslöt jag att denna gång använda min helgdagsledighet till att aflägga ett besök hos honom. Fedor Fedorovitsj Fedorovski var ingeniör och distanschef i Filonovo, alldeles såsom Sergej Alexandrovitsj i Borisoglebsk; det var också genom den senare som jag gjort den förres bekantskap. Han var en ung man, jämnårig med mig och hade genom framstående duglighet bragt sig upp till den i flera afseenden ansvarsfulla plats som han nu intog; jag värderade honom också synnerligen högt för en inneboende älskvärdhet och hjärtlighet, som både var djupt rotad och gärna tog sig påtagliga uttryck.

Dessa egenskaper, som i allmänhet ingalunda voro sallsynta hos mina ryska vänner, förefunnos dock hos Fedor Fedorovitsj i en ganska ovanlig grad. Därmed förenade han en i Ryssland tyvärr icke precis så vanlig och därför just hos honom så mycket mera erkännansvärd ridderlig uppmärksamhet mot sin hustru Varvara Benediktovna, som utan några synnerligen lysande yttre eller inre företräden förstod konsten att intaga genom det distingverade lagom i hela sitt väsende, hvilket ofta ger en kvinna större makt öfver mannen än ett bedårande yttre och ett lekande lifligt sätt. Till dem båda stod jag i tacksamhetsskuld därför att de just hörde till dem bland mina vänner, som med den bästa framgången ledde mina första »stapplande steg» i ryska talspråket.

Dit kom jag nu om eftermiddagen i tarantass, skjutsad af Pavl Stepanitsj. Hjärtligt välkomnad blef jag både af Fedor och Varvara Benediktovna samt af husets dotter, den unga fröken Lo, som genom skälmaktiga blickar och förtrollande leenden genast gjorde mig till sin trogne slaf för hela aftonen, idkande det mest ursinniga koketteri, dref hon mig med en treårig skönhets obönhörlighet och nyckfulla despotism till de mest förödmjukande handlingar, såsom att hoppa kråka, krypa på alla fyra, skälla som en liten hund och så vidare — visserligen fick jag i stället till belöning nådiga blickar och hulda leenden samt pris och berömmelse som en *charosji kazak* — en präktig kosack.

Hos Fedor Fedorovitsj vistades för tillfället hans svåger, den ofvan nämnde prästen Stefan, hvilkens bekantskap jag fick göra vid middagsbordet; där förvånade han mig just genom sin omtalade fördomsfrihet beträffande fastan. Sonen Aletsjka, den fjortonårige gymnasisten, var hans ögonsten och det ständiga föremålet för sin käre faders ömma omsorger. Han gaf också en tillräckligt tydlig bild af hvarthän en förvänd uppfostran kan leda — ungefär lika bra som fredsdomarens Kole gjorde det hemma i Filonovskaja. Inom parentes må här anmärkas, att sämre uppfostrade barn än de ryska träffar man icke mångenstädes; i betraktande af föräldrarnes nonchalans och oförstånd måste det vara en särdeles himmelens nåd som gör, att icke barnen städse blifva i grund förstörda.

Som de ryska prästerna i allmänhet, tycktes popen Stefan, ehuru utgången ur ett godt hem, just icke vara i besittning af någon egentlig bildning; också förrådde hans konversation ingen grad af intresse för frågor, som lågo något utanför hans egen rätt inskränkta synvidd. Prästerna i Ryssland äro inga framtidsmän; de genomgå vid sina utbildningsanstalter, seminarierna, en kurs, kunde man säga, i förstelnad konservatism, som gör dem mer eller mindre oemottagliga för allt nytt. Dessutom blir ståndet på det omsorgsfullaste rensadt och sofradt från alla oroliga element, hvilka ju där som annorstädes kunna smyga sig in. Det påstås, att just dessa förkastade prästkandidater äro de som förnämligast rekrytera de missnöjdes och de orostiftandes led i det modärna Ryssland. Vare därmed huru som helst, säkert är dock, att bland dem som verkligen blifva präster finnas få, hvilka med sina intressen gå utanför det område, som närmast är deras eller blifvit dem anvisadt.

Jag kan icke neka till att popen Stefan äfven i detta afseende syntes mig vara ett rätt belysande exempel för sitt stånd.

Dock var han icke otreflig i umgänget, och middagen förflöt angenämt. Efter densamma beramades en utflykt på floden, vår gamle bekante Bysuluk, som äfven vattnar området kring Filonovo.

Mellan grönskande stränder flyter den fram, kransad af

pildungar Här och hvar tillstöter en biflod, vår båt gled in i en sådan mellan tät ljusgrön vass Jag rodde båtens ena åra, batjusjka Stefan den andra — aldrig har jag haft en dylik medroddare Han rattade årslagens takt helst efter sitt eget ordflöde, då han talade högt och mycket, rodde han hårdt och med snabba, korta årtag, var han för någon stund tyst, blef också rodden därefter. Då jag klagade däröfver, skrattade han, och när jag försökte korrigera hans bakvända rodd och sjalf styra båten genom att ro kraftigare eller mindre haftigt, omintetgjorde han alla mina ansträngningar i det han på sin sida följde med mina rörelser med sin åra Slutligen bräckte han tvärt af denna; då fick jag ro båten ensam med min och var däröfver mycket lycklig, ty batjusjka Stefan hade redan bragt mig nära branten af förtviflan

Midt framför en dunge af lönnar stego vi i land, och med unga Lo på armen vandrade jag vid Fedors sida uppåt floden, medan de andra hvilade vid landningsplatsen

Komna ett stycke bort, sågo vi på motsatta stranden en melonplantering, där en man gick och ansade de stora, guldgula frukterna, som lyste mellan gröna blad och grenar. Fedor Fedorovitsj ropade honom an, och efter en kortare parlamentering tvärs öfver floden blef det öfverenskommet, att vi skulle få inköpa tvänne af de bästa frukterna för det icke ruinerande priset af tjugo kopek.

Jag väntade med stort intresse på att få se, huru melonerna skulle transporteras öfver till oss, då ingen bro fanns i närheten och ej heller någon farkost syntes. Saken gjorde emellertid vår man föga bekymmer, flärdlöst tog han af sig sina vida byxor, och nätt lyftande upp sin röda blusskjorta, allt efter som vattnet steg högre omkring honom, vandrade han gravitetiskt öfver den grunda floden, i det han på ena armen bar våra meloner så ömt, som hade det varit hans förstfödde.

Återkomna till sällskapet, hälsades vi med mycken glädje, tvifvelsutan mest för melonernas skull, och Lo, som af okänd anledning höll sig själf för det viktigaste redskapet vid deras anskaffande, upptog med mycket behag allas pris och hyllning.

Medan vi åto och fröjdades, kom till oss en kosackkvinna, som då hon såg min dräkt, frågade mig från hvilken stanitsa jag vore. Då jag svarade, att jag var från Filonovskaja, sade hon, att stanitsan kände hon väl, men mig hade hon aldrig sett och icke trodde hon heller, att jag var därifrån jag hade sagt. Då berättade jag henne om atamanen och fredsdomaren och polisöfversten och om Fokins, där jag arbetade som dräng, och om Olga Markovna och Pavl Stepanitsj och om lille Vanjusja och allesammans, och då måste hon till sist säga:

»Nog tror jag, att du varit i Filonovskaja och hos Fokins, eftersom du så väl känner alla, som där äro, men icke tror jag gärna, att du är en kosack, barin, utan du är en *gospodin* från städerna någonstädes i norr, ty icke heller talar du vårt språk, och du bär glas för dina ögon, såsom ej brukas hos oss. Därför är du visst en gospodin, herre.»

Detta var icke första och icke sista gången, som jag fåfängt sökte att blifva tagen för kosack i kosacklandet. Senare, då jag lämnat området och redan befann mig hundratal af kilometer därifrån, gjorde jag stundom en motsatt erfarenhet. Man höll mig då gärna för kosack, antingen jag ville det eller ej, och det lyckades mig ofta endast med svårighet klargöra, att jag alldeles icke var en sådan.

Mellan grönskande vass och lummiga stränder gled vår båt tillbaka till Bysuluk, hvars tröga vatten förde oss långsamt vidare nästan utan årslag. Vid landningsplatsen var nu lif och rörelse Medan vi varit borta, hade man lagt ut näten, och nu i skymningen drogos de upp. Mycket folk hade samlat sig på stranden för att åse arbetet, och det var också ett vackert och lifligt skådespel, då de väldiga näten under sång halades upp på stranden och tömde sitt silfverglittrande, sprattlande innehåll i stora högar på marken

I Fedor Fedorovitsj' trädgård var tébordet dukadt under bar himmel invid en plaskande springbrunn. En doft af rosor slog emot oss, då vi gingo in i den lilla, men välskötta trädgården, det sorlande vattnet och den ångande samovaren sjöngo sina skilda melodier. Ofver oss hvälfde sig sommarens natthimmel hög och strålande med millioner stjärnor, och i våra sinnen utbreddes den lugna ro, som tyckes följa med de stora vidderna Lugnt och lidelsefritt dryftade vi dagens och tidens frågor, våra länders och nationers egendomligheter. De evighetens dunkla gåtor, som städse sysselsatt människorna, fingo för oss alla en liten stråle af ljus genom de nya synpunkter, vi kunde öppna för hvarandra, med Lo sofvande på min arm och hennes lilla rosiga anlete gömdt vid mitt bröst, hörde jag sedan Fedor förtälja om sitt lifs händelser, underliga att höra för västerländska öron, men vanliga nog i ett land, där hvarannan människa lefvat en del af sitt lif i Asien.

Hur olika var icke allt detta emot gästabudet hos fredsdomarens, och huru gärna gå icke ännu mina tankar till detta enkla lilla samkväm i Fedor Fedorovitsj' trädgård. Ingenting utöfvar på sinnet ett så förädlande inflytande, som samvaron med goda, intelligenta och ädelsinnade människor. Lika tomt, lika fattigt och värdelöst, som det vanliga så kallade umgängeslifvet är, under hvilka breddgrader man än må söka det, lika nyttigt och rikt är därför också ett sådant umgänge, där tankeutbytet mellan personer, som sympatisera, är det förnämsta, och där allvar och glädtighet äro blandade i sunda proportioner.

Ingenstädes har jag funnit mera vackra och talrika exempel på ett umgänge af just denna art, än i Ryssland. Den ryska gästfriheten, hvilken, såsom en författare säger, är mindre pompös och storartad än den svenska, men också mindre skrytsam och mera naturlig, förstår därför bättre att skjuta åt sidan det yttre, såsom mera oväsentligt, och lägga den större vikten på åstadkommandet af en verklig hemkänsla hos gästen. Därigenom att alla anordningar äro präglade af en naturlig, osökt enkelhet, försvinner hvarje spår af stelhet och konvenanstvång, och därför att intresset helt koncentrerar sig på samtalet, medan den flärdlösa tédrickningen intager både supéns och »nachspielets plats, kommer matfrågan att spela en alldeles underordnad rol, till mycken fromma både för värdfolket och gästerna.

Jag skulle vilja påstå, att den ryska samovaren till icke så liten del har förtjänsten däraf. Från sitt glödande inre sprider den trefnadens värme omkring sig, och den aromatiska doften af björkkolen, den hvita, varma ångan, glimmandet af glöden, sorlet af det kokande vattnet, alltsammans gör samovaren till ett förkroppsligande af det ryska hemlifvets behag.

Då jag ensam återvände öfver steppen, började morgonens klarhet lysa i öster. Stjärnorna bleknade märkbart, och medan den västra himlen ännu låg mörk och litet töcknig, syntes på motsatta sidan den ena ljusvågen efter den andra skälfvande stiga mot zenit och båda annalkandet af solen, af steppens härliga, glödande augustisol. Smaragdgröna skimrade ängarne, rosenröda lyste lätta strömoln, guld och purpur glänste vid himlens rand. En gnista af glödande, brinnande ljus, en kant af solens mäktiga skifva, en blänkande halfrundel, en flammande, gyllene sköld — och solen var uppe och lyste öfver Filonovskajas gröna pilar och hvitkalkade hus; det var morgon, morgonen af en ny dag, en arbetsdag i kosackbyn Filonovskaja.

Jag gick direkt till Fokins, dem jag alla fann i rörelse. Jag måste noggrant förtälja mina öden för de lyssnande kosackerna, som ifrigt tillbjödo mig att gå till hvila i kammaren; men för stolt att begagna mig af friheter, som icke borde tillkomma en rättskaffens dräng, beslöt jag att följa dem i arbetet, trots nattens vaka. Den långa promenaden öfver steppen i den friska morgonen hade satt mig i yppersta lynne och gjort mig disponerad till hvad som helst; därför var det endast med en känsla af tillfredsställelse jag jämte de andra skramlade i väg på en teljäga genom bygatorna för att ute på tröskplatsen börja en ny dags arbete.

V.

Plöjningen.

»Saftra», sade Avrelian, då jag frågade honom när vi skulle ut och plöja.

Saftra — i morgon — är ett mycket bra ord i ryskan. Det användes vid alla möjliga tillfällen och får efter omständigheterna olika betydelse. Den vanligaste af dem är ungefär lika med »någon gång i framtiden».

Ryssen är oföretagsam och älskar att skjuta upp; det ser ofta ut, som om han till lefnadsregel tagit ett gammalt ordspråk i förändrad form: gör aldrig i dag hvad du möjligen kan lämna till morgondagen!

Samma svar — »saftra» — på samma fråga hade jag fått af Avrelian hvarenda dag nu redan i en hel vecka, så att jag till sist började undra, om det verkligen alls skulle blifva något af.

Det såg visserligen mörkt ut. På måndag kunde man ju inte börja, ty då hade det förstås gått galet sedan under hela veckan. På tisdag var en helgdag, på torsdag likaså; därför lönade det sig ej heller att begynna ett så vidlyftigt arbete på onsdagen. Fredagen var också en olycksdag liksom måndagen, men på lördag skulle det nu bli allvar af, hette det.

Tyvärr måste jag då resa bort under ett par dagar för att se på en häst, som jag var erbjuden att köpa; jag såg med ledsnad, att plöjningen måste börjas utan mitt biträde, men det kunde nu i alla fall inte hjälpas. Avrelian och Pavl Stepanitsj skulle sköta arbetet mig förutan, och när jag komme tillbaka, så skulle jag få se mig om efter något att göra där hemma i stället.

Hur förvånad blef jag icke, när jag vid min återkomst på måndagsmorgonen fann Avrelian lugnt sysselsatt vid en teljäga hemma på gården, i stället för att vara långt borta på fältet; den mekaniska järnplogen stod också kvar i ett skjul bredvid, och från porten hördes oxarnes råmande. Det var alldeles tydligt, att någon plöjning ännu icke blifvit af.

Avrelian hälsade vänligt och berättade mig, dock icke utan en viss retlighet, hur saken hängde samman; med hjälp af hvad jag förut visste, lyckades jag genom hans upplysningar få en ganska klar föreställning om händelserna.

På lördagens morgon hade man verkligen gjort allvar

af föresatsen att börja plöjningen. Nu är det visserligen så, att fältet där Fokins ha sin åkerlapp, ligger tolf verst aflägset från stanitsan; därför måste man i vanliga fall bli där i flere dygn och tillbringa natten under bar himmel för att ej försätta för mycken tid med att färdas fram och tillbaka i onödan. Men eftersom det nu varit så mycket taladt om saken, skulle man dock denna gång göra ett undantag och plöja litet på lördagen, ehuru man var tvungen att senast mycket tidigt på söndags morgon återvända till stanitsan för att icke störa hvilodagens helgd.

Alltså hade Avrelian på lördagen stigit ändå tidigare upp än vanligt, dragit på sig stöflarne, tvättat sig vid stuguknuten, ätit och påtagit fårskinnspälsen för morgonkylans skull. Före och efter alla dessa viktiga företag, hade han för säkerhetens skull gjort korstecknet, icke en utan flere gånger.

Men ingenting hjälpte. Det var som förgjordt. Han fick ströfva länge omkring i »skogen», länge och långt. Han sökte på alla de ställen, där hans oxar vanligtvis brukade hållas vid den tiden på dagen. Men efter mycket letande hade han ändå till sist ej lyckats få reda på mer än tre af sina sex oxar, nämligen båda de stora mörkbruna — den med afbrutna hornet och den andra, som jämt gick och hängde med hufvudet och dreglade på marken — samt den unga ljusa, som alltid var så lätt att taga. Men de andra tre voro spårlöst försvunna.

Nu får man icke glömma, att kosackernas oxar intaga en ställning, som utmärker sig för en alldeles ovanlig grad af frihet. De få nämligen vandra omkring i den så kallade »skogen», det vill säga busksnåren ute på den ouppodlade steppen, alldeles efter eget tycke och smak.

Detta har också sina goda skäl. Det är helt enkelt nödvändigt för att de icke skola svälta, ty hemma finns ingenting för dem att få. Den lilla mängd hö man bärgar måste hästarne ha, och halmen skall gömmas till vinterföda, begreppet »grönfoder» är okändt. Huru skulle man också vara så enfaldig att så gräs på åkrarne åt kräken, då det ju finnes att få i skogen? Fördelen af en förenad åkerbruks- och boskapsskötsel är kosackerna ännu en förborgad hemlighet.

Till oxarnes berömmelse måste emellertid sägas, att de i allmänhet på ett ytterst taktfullt sätt begagnade sig af den ganska omskränkta frihet som de njöto. De läto sig vanligtvis utan svårighet »tagas» och drifvas till hemmet, när så påfordrades — hvilket, som ofvan är sagdt, icke var alltför ofta.

Denna dag tycktes dock utgöra ett undantag. Då Avrehan fann ett fortsatt sökande fåfängt, återvände han bekymrad hem efter förstärkningar. Som det emellertid redan var långt lidet på dagen och någon plöjning numera icke gärna kunde komma i fråga, uppsköts allt vidare letande till nästa dag, och de redan infångade djuren släpptes ånyo ut; man kunde ju ändå ingenting företaga med dem, och att föda dem hemma vore onödigt.

Andra dagen var visserligen söndag, men att leta oxar är ju egentligen icke något arbete, och Gud skall icke döma en kosack som gör det, i all synnerhet om det sker först efter andra mässan.

Därför tågade de alltså i väg på söndagsmiddagen, Avrehan, hustrun Avdotja samt Pavl Stepanitsj' hustru Marja, dessutom de båda flickorna Vanda och Baranka. Den lille pojken Vanjusja blef, såsom icke arbetsduglig och synnerligen opålitlig, lämnad hemma; jämte honom också gumman Olga Markovna.

När Avrehan med sina hjälptrupper ånyo kommit till skogen, väntade honom där den föga hugnesamma öfverraskningen, att de båda bruna tagit sitt parti och försvunnit från den vanliga betesplatsen, endast kvarlämnande den lilla stuten, som ju ändå var så lätt att ta.

Avrelian förbannade sin dumhet att ej hafva drifvit hem åtminstone dem som han fått fatt i förra gången, och häri instämde den manhaftiga Avdotja på ett sätt som nog var lifligare än Avrelian egentligen önskat.

Hvarken det ena eller det andra hjälpte dock, och slutet af saken blef, att den dagen fingo de intet. Uttröttade och utledsna på alltsammans återvände de till stanitsan, och först på måndagsmorgonen, kort innan jag anlände, hade det efter förnyade försök ändtligen lyckats dem att få in alla de sex oxarne, som behöfdes för plöjningen.

Jag skulle alltså få vara med om det viktiga företaget.

Det var icke små förberedelser som måste göras. Vi skulle ju bo, Avrelian och jag, på steppen, bo där i flere dagar kanske. Därför måste vi ha mat med oss, och mat fingo vi. Tolf stora limpor, en säck med potatis, en annan med hirsgryn, *psjena*. Salt i en påse, gurkor och en knippa lök. En väldig kittel som hängde på kedjor, en tépanna och en kastrull. Ty vi måste ju också koka vår mat därute på steppen.

I teljägan lastades också pälsar och fårskinnsfällar i mängd — det är kallt om natten, äfven sommartid. En väldig tunna lades äfven dit, tom; den skulle på vägen fyllas med dricksvatten, ty voro vi väl därute, fanns ej en droppe att få utöfver hvad vi hade med oss. Några störar för diverse ändamål fulländade utrustningen. Men jag får icke glömma hvad som på ett vis var det viktigaste af allt — bränslet. I dessa skogsfattiga trakter finner man icke bränsle hvar som helst; vi måste därför taga med af det som oftast användes, nämligen torkad kogödsel. Ett ansenligt förråd häraf utgjorde en viktig del af vår utrustning.

Ett par af oxarne — de äldsta och stadigaste — spännas framför teljägan; de båda andra paren bindas bakom och släpa efter sig plogen, som upp- och nedvänd rullar på sina hjul.

Inga tömmar; oxarne äro blott sammanbundna vid hornen och man måste försöka styra dem med hjälp af den långa läderpiskan, som Avrelian ger en i händer. Det är icke så lätt, minsann, alls icke. Det är inga småsaker precis, att utan tömmar köra ett par bångstyriga oxar, som äro spända för en teljäga. Avrelian är van, han; för honom går det lätt, men jag har verkligen aldrig förr försökt något sådant.

Emellertid går det som det går, och sedan vi från en brunn i pildungarne nära tröskplatsen fyllt vår tunna med friskt vatten, lämna vi snart bygatorna och styra kosan utåt steppen. Fältet närmast byn är genomkorsadt af vägar eller snarare spår i den lösa sanden. Några af dessa föra fram till ett par väderkvarnar, som äro stanitsans yttersta utposter på denna sida; så snart vi lagt dem bakom oss, ha vi också lämnat hvarje människoboning och äro ensamma på steppen. Avrelian begagnar ensamheten på samma sätt, som hvarje kosack skulle hafva gjort — han somnar. Det kan han också tryggt göra, ty hans »dräng» är redan någorlunda van vid att med den långsnärtade piskan hålla oxarne i styr. Och hufvudriktningen kände jag, om också de många små afvägarne stundom vållade mig hufvudbry.

Så färdas vi då timme efter timme i den stekande solhettan, som emot middagen börjar bli outhärdlig. Vid tolftiden vaknar ändtligen Avrelian, sträcker på sig och ger en antydan om, att vi böra vika af åt vänster in på fältet.

»Sjdes, här är det — här skola vi stanna.»

Emellertid är det för hett för att börja arbetet. Oxarne flåsa af matthet, och det vore djurplågeri att nu sätta dem framför plogen, därom äro Avrelian och jag fullkomligt ense. Därför lösas de från ok och remmar, och vi kasta åt dem några fång hafrehalm; det dröjer sedan icke länge, förr än de alla lagt sig ned på marken, förnöjdt idislande.

Avrelian och jag söka oss en skuggig plats. Som vår teljäga är det enda föremål på slätten, hvilket kan gifva någon skugga, så ligga vi snart utsträckta under densamma och småprata om underliga ting i främmande land, till dess värmen och tröttheten taga öfverhand och sänka oss i en djup slummer.

Solen stod redan lågt, när Avrelian ruskade mig vaken. Klockan var nära fyra, och vi måste skynda oss, om vi skulle hinna uträtta något arbete medan dager var. Avrelian hade redan spänt oxarne för plogen i ett långt anspann; främst stodo de gamla bruna, de mest pålitliga; efter dem följde ett par yngre och sist, närmast plogen, gingo de unga stutarne, knappast två år gamla och föga vana att gå ordentligt och »hålla fåran», som det heter.

De startade alla med en fruktansvärd energi. Jag hade möda att följa för att med den långa läderpiskan utöfva min polisuppsikt. Från den svarta, snustorra jorden hvirflade mig dammet i ögonen, då plogen skar sina grunda fåror, oxarne skenade i väg ungefär hvart de ville, och hvarken piskan eller de ljudeliga rop jag ideligen upphäfde förmådde att utöfva ett tillräckligt starkt reglerande inflytande på deras marschruta.

Då blef Avrelian arg. Han sade åt mig att sköta plogen och gaf själf med sin egen fruktansvärda oxpiska en sådan afbasning åt de ostyriga kräken, att de genast föllo till föga och sedan ganska hyfsadt marscherade som sig borde.

Värst var det vid vändningarne. Då skulle de naturligtvis in på grannens fält, som låg näst intill, så att plogen ristade fåror kors och tvärs i hans åker. Diken funnos ej — hvem skulle också bry sig om att gräfva diken i en åkerlapp, som kanske nästa år tillhör ett helt annat hushåll, för att vid följande delning antagligen öfvergå till ett tredje och så vidare! Utdikning är också icke så mycket af nöden här, där brist på vatten vanligtvis gör större skada åt grödan än nederbörd; torkan förorsakar ofta svår missväxt, men vattufloden aldrig.

Gärdesgårdar och andra stängsel syntes ej häller, och det var mig egentligen en gåta, huru Avrelian alls kunde hålla reda på hvilken åkerlapp som var hans och hans familjs härute på den milsvida steppen, där inga gränser funnos utstakade och där ingenting syntes, så långt ögat nådde, som kunde tjäna till orientering, med undantag möjligen af några enstaka, väldiga halmdösar, hvilkas låga, mjuka linjer aftecknade sig mot horisonten.

Avrelian ledsnade till sist på mitt sätt att sköta plogen och skickade mig åter att passa oxarne. Det gick redan bättre; man är aldrig för gammal att lära.

Svårt var det emellertid allt fortfarande, och sedan jag lupit mig så trött och svettig, att mitt lynne närmat sig kokpunkten, bad jag i mild ton Avrelian observera, hurusom det sannolikt skulle vara förmånligt att sätta tömmar på oxarne när man kör dem, liksom man gör med hästarne.

»Tror du?» frågade Avrelian litet spetsigt. »Men jag tror», tillfogade han mycket lugnt, »att du inte alls begriper den saken, Viktorovitsj.»

Naturligtvis hade Avrelian rätt; så som han gjorde, hade ju före honom far och farfar gjort. Jag teg därför visligen och skötte mitt göra under tystnad den återstående delen af aftonen.

»Men solen sjönk och kvällen kom, den milda sommarkvällen.» — — — Den kom icke sakta och dröjande, som i vår svala, bleka, lugna nord, utan hastigt sänkte sig skymningsdoket öfver stepphafvet. I glöd sjönk solen vid steppens rand, guldröda flammade aftonmolnen på den västra himmelen, men knappast hade de sista strålarne smekande kysst åkerfälten, då aftontöcknet redan stod tätt och violettbrunt vid synranden.

Nu var det tid att göra ända på arbete och möda, afgjorde Avrelian och stannade plogen samt löste oxarne och gaf dem att dricka. Frigjorda lade sig några att hvila på marken, medan de andra ströfvade bort öfver steppen för att söka sig föda.

Vi båda gingo bort till teljägan, ur hvilken Avrelian framtog trenne duktiga störar, dem han ställde i kryss på marken. Därunder gjorde han upp en eld af halm och grenar och torkad kogödsel; snart flammade en munter brasa under en stor, svart järnkittel, som fylld med vatten hängde ned från ställningen.

Avrelian lyfte en potatissäck ur vagnen och slängde den på marken. Så satte han sig själf med en stor träbunke mellan knäna och började med mycken ifver skala rå potatis till vår supé. Det gick med en behändig fart. En blick på de betydligt otvättade fingrar, med hvilka han handterade vår föda, kom dock mig att söka öfverträffa honom i flit och snabbhet; jag hade nämligen räknat ut, att ju flera potatisar jag hunne skala, dess färre finge han under sin behandling och dess mindre mängd af ren och oförfalskad smuts komme därmed vår blifvande potatissoppa att innehålla.

När vi voro färdiga, tömdes träbunkens innehåll i kitteln; dit kastades också några näfvar hirskorn, litet lök och ett par nypor salt ur en smutsig påse med så rikligt innehåll, att det bestämdt kunnat räcka åt oss båda under ett helt års robinsonad.

— 256 —

Detta var allt, och man måste säga, att det var inte mycket. Jag, som ännu inte helt och hållet upphört att i mån af tillgång skatta åt kulturlifvets komfort, hade medfört min lilla tépanna och gjorde plats för densamma vid elden. Avrelian log.

»Du skall få se, Vladimir», sade han, »att min soppa blir bättre än ditt té!»

»Tror du? — Men jag tror för min del, att du inte begriper den saken», svarade jag spydigt med samma ord, som han användt nyss, då vi talade om körningen.

Han förstod skämtet, skrattade och sade mycket godmodigt: »Nå ja, *charasjå*, vi få se hvem som har rätt!»

Tyvärr blef det han. När mitt té var färdigt och jag skulle dricka det, slog emot mig en så vidrig doft, att jag, trots hungern, inte kunde förmå mig att smaka på det. Avrelian såg min förlägenhet, läppjade på drycken och gjorde en gest åt elden, hvilken syntes betyda ungefär så mycket som: se

PLÖJNINGEN.

Till häst genom Ryssland.

Jag såg utan att se och hörde utan att höra — förstod icke hvad han menade. Då nådde mig ifrån själfva brasan en fläkt af samma fräna lukt, och plötsligt slog mig en förklarande tanke — kogödseln! Det var så; det var den, som hade gifvit sin väl pikanta arom åt tévattnet, därför, att pannan stått för nära elden och röken.

Den fröjden var alltså slut, och jag var nu hänvisad till att antingen äta Avrelians soppa eller vänta och försöka att koka om igen åt mig med bättre resultat. Men hungern blef mig öfvermäktig, då jag såg hur kamraten med välbehag redde sig till att börja sitt mål. Med ett hastigt beslut gaf jag hela historien på båten, fick fatt i den flottiga träsked, som jag hade med mig hemifrån byn, och dykte så ned med den i Avrelians pyts, där potatis och välkokta gryn simmade om hvarandra i behaglig blandning — och jag fann, att denna måltid var den allra bästa jag dittills i min lefnad njutit.

Naturligtvis åto Avrelian och jag ur samma skål, men jag tänkte icke längre hvarken på hans smutsiga fingrar eller hans flottiga sked; jag åt med en aptit, som steppens luft, tröttheten efter arbetet och ett halft dygns fasta förenade sig om att göra till den bästa möjliga.

En stund sutto vi sedan kring de glödande resterna af vår eld. Det började redan kännas kyligt i natten och Avrelian makade bränderna närmare tillsammans, i det han sade:

»Vladimir, du skall nu förtälja för mig huru folket lefver i edra bygder och huru du färdats därifrån öfver haf och genom länder; jag har själf aldrig varit utom vårt Donska land och en gång har jag varit till Voronesj, den stora staden, och till Zadonska klostret, som ligger icke så långt därifrån. Därför vill jag veta hvad du sett och erfarit, du, som varit mera vida omkring.»

Halft tjusad, halft misstrogen hörde han på hvad jag förtäljde honom om det underbara, som mött mina ögon i den vida världen. Själf leddes jag i detsamma osökt att tänka på, hur det underbaraste af alltsammans kanske ändå till sist var, hvad som dock nu förefoll mig själf så enkelt och naturligt, det att jag befann mig just här vid den lilla lägerelden midt ute på den ödsliga steppen mellan Don och Volga.

Men tiden var inne att gå till hvila. Glöden hade falnat under askan, och stjärnorna brunno klara på mörkblå himmel. Midt emot där solen sjunkit syntes en smal, kopparfärgad strimma vid synranden; några ögonblick ännu, och den nytända månens ena, glänsande horn sticker upp öfver steppens jämna rand. Rosenröd är den krökta spetsen, mjuk och vek i sina försmältande konturer. Långsamt stiger den högre — med stilla, majestätiskt lugn går nattens drottning att intaga sin plats bland stjärnorna. Rosenfärgen går sakta öfver i koppar och brons, brandgul sitter redan hela månskäran på himmelen och kastar sitt lätta, veka skimmer öfver de ändlösa vidderna. De sista, darrande tonerna af kvällsljusets återsken ha ännu icke somnat i skymningsdunklets lockande famn, och härlig är den skygga taflan om öfverväldet, som de djärfvas föra mot de alltmera glänsande, alltmera hvitskimrande, ljusklara månstrålarne ...

Under tiden har Avrehan bäddat godt för mig i teljagan. Med ena axeln stödd mot en potatissäck och hufvudet lutadt mot en påse hirsgryn och en stadig limpa, ligger jag skönt insvept i hans fårskinnspälsar. I vanlig omtanke stoppar han kring mig, att jag icke må frysa, den i hemmet ofta så buttre och vresige Avrehan är nu hjärtegod och älskvärd och öm, han är nästan vacker där han står framför mig, vänligt leende i sitt stora, mörka skägg och med den kraftfulla, välbyggda gestalten öfvergjuten af kvällens trolska dagrar

När jag vid tolftiden på natten vaknade af att jag fann mig ingalunda vara ensam ibland pälsarne, men i stället försedd med ett både talrikt och lifligt, om också icke odeladt angenämt sällskap, så hade jag blott ett dunkelt minne af att Avrelian tagit på sig en kort, hvit fårskinnspäls och sagt, att han skulle gå ut att söka reda på dragarne till morgonens arbete, som måste börja vid soluppgången.

Jag lyssnade. — Intet ljud. Jag granskade uppmärksamt marken omkring teljägan — månen stod nu redan högt på himlen och dess strålknippen föllo nästan lodrätt ned — men ingenstädes var Avrelian att se, ej heller hans oxar, ej heller något annat af hvad honom tillhörde.

Hvar voro de? Jag visste det icke, jag såg blott, att de voro borta, långt, långt borta, och att jag var ensam på steppen. Och i detsamma kom öfver mig en förunderligt stark känsla af öfvergifvenhet. Dock icke så, att jag kände mig orolig öfver att icke hafva ett lefvande väsen i min närhet. Men jag genombäfvades af den högtidliga känsla, som endast den stora tystnaden och den stora ensamheten förmå föda hos människan. Månen lyste så stilla, så underbart stilla; det låg ett så orubbligt, ostördt evighetslugn i dess milda glans, att man kunde tro den suttit stilla på samma fläck och lyst i hundrade och i tusen år. Det tycktes mig, att jag aldrig någonsin hade såsom nu kunnat se och förnimma hvad tystnad är. Från Karpaternas och lappmarksfjällens kammar hade jag väl förut blickat ned öfver öde vidder och milsvida sträckor, där ögat fåfängt sökte människors boningar och människors verk. Men då hade antingen vinden bitande svept fram öfver solgnistrande snöfält och glimmande, blåhvita jöklar, eller hade örnar kretsat öfver de djupa dalgångarne, eller en skummande fors sjungit sin dofva sång invid branta bråddjup — — — — —

Här fanns intet, intet, som bröt den djupa tystnaden, intet, som verkade störande i det eviga lugnet. Stillheten blef till en personlighet, någon, som var oändligt stor, god, rik och kärleksfull. Den omslöt mig som en modersfamn omsluter barnet, utestängande allt ondt i världen. Allt hvad jag lefvat och lidit blef mig så underligt främmande, också mina kära syntes mig tillhöra en annan värld, en värld, som jag för länge, länge sedan lämnat. I den världen funnos godt och ondt — där jag nu var fanns intet; tankar och känslor flöto bort i ett dimfylldt fjärran — hvad jag gjort och velat, hvad jag ville och hoppades blef till intet. Min ande böjde knä för skapelsens majestät, men icke för det brusande lifvet, den hejdlösa utvecklingen i skapelsen, som jag fordom beundrat och häpnat öfver, utan för döden däri, för det stora, vida, tysta — — —

Om jag varit världens kung, skulle jag hit ha satt alla de goda och stora, som älskat mycket, lidit mycket och som längta att få hvila.

Men jag var ej världens kung, inte ens för en dag, utan jag var en simpel kosack, och därför somnade jag snart in igen i min varma fårskinnspäls och glömde alldeles bort såväl mina egna funderingar som Avrelian och hans oxar.

Åtskilligt senare vaknade jag igen. Säcken med limpor, som jag hade under hufvudet, var just inte den mjukaste kudde, och alla mina lemmar, ehuru numera vana vid litet af hvarje, protesterade energiskt mot behandlingen.

Det började dagas. Månen hade sänkt sig mot väster, dess sken hade blifvit blekare och kallt och hårdt. I öster grånade luften och stjärnorna lyste matt.

Rysande svepte jag pälsen om mig och begrafde mitt ansikte mellan limporna. Det var inte alls behagligt att se på det där kalla, grå månskenet. Avrelian syntes fortfarande inte till — hvar kunde han väl dröja så länge? Det var ensamt och kusligt ute på steppen — nattens förtrollning var bruten.

Efter en timme vaknade jag åter, lagom för att se månen brandgul dyka ned vid horisonten; Avrelian och oxarne behagade dock icke dyka upp. Det gjorde solen i stället, i glimmande, bedårande prakt. I breda floder flyter det glimrande guldet fram öfver vidderna — som flammande lågor slickar det markens gräs — de blekgula stubbåkrarne öfvergjutas af rosröd fägring — de täta, tunga dimmorna, som omfamna jorden vid synviddens gräns, lösas upp i lätta, opalblå töcken — likt mjuka, sväfvande flor stiga de långsamt mot en himmel i lekande ljusblått — det är människosjälar, som i jublande salighet, lösta från jordlifvets fjättrar och band, vända i flockar tillbaka till urhemmet, till de eviga boningarne därofvan...

Kommer icke Avrelian snart? Man får så många underliga tankar på steppen. Och arbetet skulle ju ha börjat för länge sedan! Det är den bästa tiden på morgonen, innan solen börjar bränna; det är ljust, men ännu icke varmt, luften är hög och frisk.

Hvad kan ha händt, hvarför kommer han inte? Skall jag väl bli ensam hela dagen med min teljäga, min plog och mina limpor? Eller skall jag gifva mig af på den långa vandringen till fots hem till stanitsan? Men vägen!

Vägar finnas hundrade. Som af ett nät är steppen öfverspunnen med vägar, som draga åt alla håll. Hvilken är väl den rätta? Stanitsan ligger för långt bort, för att jag skulle kunna taga dess kyrkas torn till ledning, och den väg jag väljer kan lika gärna föra mig hvart som helst annars utom till Filonovskaja. Det är ett vågspel.

Stanna kvar således? Jag gömmer mig omigen bland

mina fårskinnspalsar, jag somnar och drömmer, drommer om steppen. Så drömmer jag.

Steppgraset blommar — se hur steppen glanser!
Jag färdas vida — hvart jag ser ej på
Har finnes plats, har gifvas inga granser,
Har finnas vagar, hvar man an vill gå
Allt blommar, doftar, sjunger — steppen skon
En houri ar, som gor sin morgonbon

Jag drommer. — Eller ser jag, vaken, under?
Steppgrasets spiror bli en man'skostam
En jarnkladd skara ryttare med dunder,
Ford af en dristig hofding, stortar fram
Det Sul-Karnein ar med en vald kohort,
Och skythen, skramd, for kriget viker bort

Annu en lek af dimman, de forsvinna
Tataren synes, ien vid plundring van
I lågor steppen åter borjar brinna,
Mongolen kommer, ford af Tamerlan
Som himlens sky, som oceanens våg
Så rullar ofver steppen fram hans tåg

Och blodet strommar, medan svarden hvina
Men steppen baddar graf åt Asiens son
Och hvita kranier snart i solen grina
Mot vandraren, som kommer fjarran från
Och korpens klagolat blir hog och gall,
Och ornen lockas från Kaukasiens fjall

Men se, det ljusnar! Ornen mer ej hores,
Och dimman med ett trollslag rullar bort —
Annu en skara ofver steppen fores
Och ligger den i bojor innan kort
Det Rysslands harar ir — åt Rysslands Gud
Vigs steppen in med kristna klockors ljud

Jag vaknar — se, förtrollningen är bruten,
Och steppen ligger tyst i solens glans.
Emellan krigets makter fred är sluten,
Och allt är tyst, som kif och split ej fanns...
— Hvad var min dröm, min syn? — Ett minne blott,
Som steppen födt, af tider, som förgått.

* * *

Klockan nio kom Avrelian.

Icke utan sina oxar. Men han såg ledsen ut.

»*Sjtosje k'tebjä* — hvad är det med dig, Avrelian?» frågade jag. »Hvar voro oxarne?»

»*Usjli domoj*», svarade han vresigt. — »De hade gått hem!»

Ända hem till stanitsan hade han då måst gå, fem fjärdedels mil! Där fann han dem på torget i byn, framför Fokins egen gårdsport. Det var en Guds lycka, att de icke gått längre, gått tillbaka till »skogen», där han senast hade fått söka dem i två dagar.

Pavl Stepanitsj var med honom tillbaka, och med förenade krafter fingo vi snart arbetet i full gång. Att äta var nu icke att tänka på; solen stod redan högt och varmen började kännas tryckande. Vi måste skynda oss, för att hinna plöja åtminstone ett stycke, innan middagshettan gjorde det omöjligt att arbeta längre.

Pavl Stepanitsj vände snart hem igen till byn, och så voro vi åter ensamma därute, Avrehan och jag

Avrehan var inte vid riktigt godt lynne i dag; han svarade buttert på allt hvad jag sade till honom Men jag ursäktade honom gärna. När man, i stället för att få sofva i ro ute på steppen, med en fårskinnspäls till bädd och en säck limpor till hufvudgärd, måste vandra flere mil i fåfängt sökande efter okynniga oxar, så är det förlåtligt, om man ej längre är benägen att se allt i rosenrödt. — Jag måste i alla fall beundra Avrehan, som höll ut så tappert i arbetet, fastän han hvarken sofvit eller ätit. Jag hade åtminstone sofvit, om också magen ständigt med allt större oförsynthet ropade på mat.

Klockan tolf måste vi ändå sluta Icke för vår egen del visserligen Fastän båda två rätt illa däran, kunde vi nog ha hållit ut ännu Men för kreaturens skull. De stackars djuren flåsade tungt och voro våta af svett, man kunde se hur de ledo af varmen och tröttheten

De blefvo lösta och släpptes; denna gång behöfde man inte frukta, att de skulle gå bort; en efter en lade de sig tungt ned på marken för att hvila.

Jag såg på mina händer De voro fulla af blåsor, som svedo duktigt — det kostar på att hela dagen svänga den tunga oxpiskan I ansiktet var jag svart af damm och smuts, det kände jag, att se det, kom inte gärna i fråga, ty hvarken Avrehan eller jag förde spegel med sig! Men för öfrigt kunde jag lätt af Avrehans utseende draga vissa slutsatser om mitt eget

Jag ville tvätta mig grundligt, men Avrelian skrek åt mig att vara sparsam med vattnet, ty här fanns intet mera att få. Själf iakttog han omsorgsfullt denna regel.

Så gick min husbonde till teljägan och tog fram en af de limpor, på hvilka mitt hufvud hvilat under natten.

»Här, Vladimir, skall du få», sade han och skar tjocka skifvor. Så fick jag en nypa salt och därtill vatten i en träskål.

»Du ser, Viktorovitsj», sade Avrelian med en liten grimas, »hur vi kosacker få lefva. Bröd, salt och vatten, det är allt — det är annat än du är van, men så lefva vi fattigt folk, som Gud icke gifvit rikedomar.»

»*Chleb i sol*, bröd och salt», svarade jag, »är det bästa af allting, ty bröd och salt är sinnebilden af gästvänskapen, som ni kalla för *chlebosolstvo*, och gästvänligheten är den största af alla dygder, Avrelian. Så länge du af godt hjärta kan gifva din gäst bröd och salt, måste du tacka Gud, Avrelian.»

Jag tänkte i detsamma, att om Avrelians soppa smakat mig väl i går, så var detta ett intet emot det behag, hvarmed jag i dag åt tjocka skifvor af surt bröd med några saltkorn samt drack halfljumt brunnsvatten ur en träskål.

Hungern gör oss ödmjuka, oss stolta människor.

Efter måltiden lade vi oss till hvila på marken under teljägan, som skyddade oss för solstrålarne. Ingendera af oss behöfde ligga länge vaken och vänta på sömnen. Den kom objuden.

* * *

Då andra dagens afton började skymma och vi redde oss att sluta arbetet, körde ett par kosacker förbi med hästar och tarantass; de voro på väg hem till stanitsan.

Jag hade nästan fått nog af plöjningens mödor och frågade ödmjukt Avrelian, om jag inte kunde få vända hem nu.

Detta tillåts nådigt sedan jag lofvat att i mitt ställe sända ut dottern Vanda till hans hjälp för morgondagen

»*Do svidanja* — farväl, Avrehan», och så satte jag mig upp i tarantassen hos de båda kosackerna, som visade sig vara hyggliga unga män Nikifer Petrovitsj och Sachar hette de, och vi blefvo genast goda vänner.

Petrovitsj var så till vida en ovanlig kosack, att han kunde både läsa och skrifva. Hans omdömen voro tvärsäkra och träffande, och han öfverraskade mig med en viss kännedom om historia och geografi. Karl XII hade han väl reda på, och han kände till svenskarnes tåg genom Ryssland. På tal om Sverige sade han, att han gärna skulle velat köpa sig en karta för att lära känna, hur främmande länder ligga och hvilka afstånden äro till dem Men det hade icke lyckats honom, ty »ingenstädes», sade han, »finnas för oss simpelt folk böcker och dylikt att få köpa.»

»Vi äro mycket okunniga», fortsatte Nikifer Petrovitsj, »Huru skulle annat vara möjligt, när ingen bryr sig om oss Vi få ingenting lära, ty skolorna äro för få och lärarne okunniga Därför supa vi också om helgdagarne Ni har väl sett, *barin*» — Nikifer sade icke *du* — »ni har väl sett huru vi supa. Om helgdagarne gå vi man ur huse på krogen och hållas sedan på gatan och stoja och väsnas.

»Men, vet ni, vi göra det inte af smak, vi ha egentligen ingen håg till det Ni har nog hört talas om de ryska soldaterna, huru det kan gå månader, då de icke förtära brännvin. Vi dricka bara för att vi ingenting annat ha att göra, ja, så är det På helgdagarne få vi icke arbeta, och hvad skall man då ta sig till annat än supa och göra ofog?

Jag har läst en gång — jag är en af de få hos oss, ser ni, som fått lära att läsa — om att det finns ett land, som heter England, där hvarje bonde kan läsa och skrifva »

TELJÄGA PÅ STEPPEN

»Så är det äfven hos oss», afbröt jag honom, »hemma i vårt land.»

Nikifer såg på mig en smula tveksamt, tviflande. Kunde det vara möjligt? Ånej. Artigheten förbjöd honom emellertid att göra invändningar och han fortsatte:

»Där, i England menar jag, har man böcker för alla, och när söndagen kommer och arbetet hvilar, så är det bara att taga fram en bok eller en tidning. Så får bonden lära sig genom böcker huru jorden skall skötas, och läsa åtskilligt, som är både nyttigt och nöjsamt. Och det är mycket bättre än att halffull draga genom gatorna och skråla. Det är en engelsk söndag och den är mycket bättre än den ryska. Ty en rysk söndag är skrik, dryckenskap och svärjande.

»Men det skall bli annorlunda, *budjet, budjet*, det skall nog bli», slöt Nikifer, och han såg så frimodigt glad och förhoppningsfull ut. »Och det skall icke dröja så länge, ser ni, *barin*, det skall icke dröja länge. Jag skall se det innan jag dör, barin, ty jag är bara tjugutre år. Och ni skall också se det, barin, om ni kommer hit till oss efter tjugu eller trettio år. Då skola vi hafva ett annat Ryssland»...

Nikifer Petrovitsj blef varm af sina ord. De värmde också mig och dessutom äfven vår tredje kamrat, Sachar, som länge sökte efter något lämpligt sätt att gifva sina känslor luft, till dess han slutligen fann på, att han kunde bjuda oss båda på gurka. Och så gaf han mig en stor, grön gurka, som jag med bittra tårar måste äta, ty om någonting i världen är mig vidrigt att förtära, så är det en rå gurka. Men jag kunde ju icke bedröfva den gode Sachar med att afslå en gåfva, som kom från ett fullt och vänligt hjärta.

I stället åt jag och sväljde och försökte till på köpet att med kulturmänniskans själfbehärskning se icke blott obesvärad, utan till och med glad ut. Men — den gurkan glömmer jag aldrig!.

Det hade redan blifvit mörkt, då vår vagn slamrade in på byns stora gata. Framme vid torget bjöd jag farväl åt mina båda vänner; ett försök att ge en klingande ersättning för skjutsen strandade emot deras bestämda vägran att emottaga något. Vi skildes som jämlikar och bytte ett kraftigt handslag, sade hvarann våra namn och lofvade att ömsesidigt minnas vårt möte. Jag har icke glömt det.

Hemkommen till Fokins fann jag familjen samlad i köket vid kvällsvardsbordet. Man välkomnade mig med oförställd hjärtlighet. Det kändes så godt, så varmt att se sig väntad, ja efterlängtad, och välkomnad, när man kom. Jag kände, att jag varit litet orättvis mot mina vänner, då jag låg därute i teljagan om natten, ute på steppen, och tänkte på ensamheten. Jag hade ju glömt, hade alldeles glömt dessa, som ändock omfattade mig med en vänlighet, lika varm som den var oförtjänt.

Då gumman Olga Markovna fick se mig, kom hon fram och sträckte sina händer emot mig och sade·

»Hör, Vladimir Viktorovitsj, *kakoj charosji plaster* — ett sådant förträffligt plåster du gaf åt mig för min näsa! Se nu hur jag har blifvit alldeles bra, ser du, Vladimir?»

Jag förstod henne icke genast, men erinrade mig sedan, att jag kort före min affärd tagit bort från hennes näsa en smutsig linneklapp, som hon lagt med någon hemmagjord salva på en stor, öppen och varig böld, i stället hade jag gifvit henne häfta med fikonplåster och detta hade nu medfört sin naturliga verkan att rena och läka. Få dagar förut hade jag botat både henne och Avdotja från en brännande hufvudvärk genom att gifva dem hvar sin liten dosis fenacetin, de hade redan då visat mig mycken tacksamhet, men nu blef mitt anseende som läkare fullt stadgadt.

»Åt oss fattiga», sade Avdotja, »gifva de alltid dåligt *lekarstvo*, usla medikamenter på apoteken, men du, Vladimir Viktorovitsj, har gifvit oss goda sådana, som göra nytta och icke skada. Du skulle stanna hos oss och blifva läkare för hela byn, det skulle du, Vladimir!»

Jag tackade för vänligheten men sade, att jag allt måste afstå från äran, och tog så min målade träsked från hyllan. — »Glöm icke att göra korsets tecken, Vladimir!».... ropade Avdotja halft skämtsamt, halft på allvar — då jag satte mig vid bordet i »det heliga hörnet» och stack min sked djupt ned i den träskål med rykande *sjtsji*, som stod på detsamma.

Där sutto vi nu och åto och pratade så lång kvällen var, till dess vi mätta, trötta och belåtna gingo till kojs hvar och en i sitt hörn. — Jag blef emellertid ledsen öfver det objudna sällskap, jag fick om natten och som så skoningslöst fråssade på min unga, blodfulla kropp, att jag ifrigt längtade tillbaka till steppens lugn och till dess klara, friska luft. Jag beslöt därför bedja fredsdomaren att hädanefter få tillbringa natten på en bänk i hans löfsal, hvilket jag också följande dag med mycken framgång satte i verket. Där brukade jag sedan läsa, skrifva och arbeta om kvällarne, då jag sagt godnatt till Fokins; där brukade jag också somna in vid syrsornas gnisslande pip och vid den ljufva doften af blåblommande Glycine.

Men det hör egentligen inte till den här historien......

VI.

Zakaulok. Farväl, Filonovskaja!

»Hvad tanker du på? Det går inte, det kan inte gå, Vladimir Viktorovitsj! Ingen annan har gjort det förut, huru skulle då du kunna göra det? Du är ingen kosack, Vladimir Viktorovitsj, du är icke uppfödd bland hästar och van vid dem från barndomen Och låt vara, att du så vore, skulle det ändå inte gå, alldeles inte.»

»*Det*» var att färdas till häst genom Ryssland, och den, som talade, var Avrelian.

Då vi båda lågo på marken i skuggan af teljagan och hvilade oss efter arbetet ute på fältet, hade jag frågat Avrelian om en sak, som på sista tiden allt mera börjat sysselsätta mina tankar, och bedt att få veta hans mening därom.

»Hvad skulle du säga, Avrelian», hade jag frågat, »ifall jag skulle köpa mig en häst och rida på den genom hela Ryssland till hafvet, som skiljer den ryske tsarens välde ifrån min konungs? Tror du ej, att det skulle kunna lyckas?»

Så hade jag frågat och det var på denna fråga, som jag erhöll ett sådant svar

Det var just inte uppmuntrande.

Naturligtvis var det ju omöjligt.

Avrelian hade sagt det och då måste det vara så. Hvem skulle förstå det, om ej han? Han hade sagt, att det var omöjligt, och då var det ingenting vidare att säga om den saken; bäst vore att vidröra den så litet som möjligt.

Ingen hade någonsin gjort det förut, ingen, icke ens en verklig kosack. Det var ju också så dumt att bara tänka därpå. Och så en utländing till på köpet, en *inostrannets*.

Men det skulle för öfrigt vara just en tanklös utländing, som kunde hitta på något sådant, som kunde tänka på att färdas till häst tvärs igenom Ryssland. Tsarens land! Vår fader tsarens stora, vidsträckta land! De äro verkligen löjliga, de där främlingarne, som komma hit och tro, att man kan göra hvad man vill hos oss i Ryssland — alldeles hvad man vill, sådant som aldrig far eller farfar gjort.....

Jag förstod, att Avrelian menade det så, om han också inte sade det alldeles direkt. Därför teg jag visligen och mellan oss talades den gången icke vidare om saken.

Vi öfvergingo i stället till realiteterna och började språka om oxar, får och svin. Dock var detta samtal icke af så högt intresse, att jag anser dess innehåll ovillkorligen böra meddelas. Läsaren får vänligt ursäkta, om jag hoppar öfver både det och allt hvad som följde och förflyttar oss till en något senare tidpunkt, den tid, då jag bestämdt måste besluta mig för att lämna kosackbyn för alltid.

Veckor hade gått sedan jag först kom till stanitsan. Det var tid att tänka på hemfärden och detta med allvar ändå.

Jag hade alls ingen anledning att dröja längre; mitt mål var nådt — jag hade under min vistelse i den lilla stanitsan på Dons stepper lefvat mig in i folkets lif och föreställningsatt, så som det endast var möjligt på den väg jag valt Jag hade fått se hvad jag velat se och hade lärt det, som jag kommit för att lära. Mina minnen och erfarenheter voro ordentligt instufvade hvar i sitt fack, färdiga att vid behof framtagas och visas för allmänheten.

Jag hade intet vidare att göra än att taga farväl af mina vänner, fara till stationen, sätta mig på tåget, och efter fem dagar skulle jag vara hemma Alltsammans var mycket enkelt!

Men det blef icke så enkelt ändå.

Jag kom vid ett tillfälle att anförtro mina funderingar om ridfärden äfven åt Pavl Stepanitsj, fastän nog Avrelians säkerhet imponerat på mig och gjort mig tvehågse. Men här fick jag ett annat svar.

Pavl Stepanitsj såg först fundersam ut, mycket fundersam. Han betänkte sig länge, såg på mig upprepade gånger och tycktes noga öfverväga

»Du *kan* göra det», sade han slutligen »Du kan nog göra det, Vladimir Viktorovitsj, men det blir mycket svårt. Och du har kanske inte tagit med i beräkning alla svårigheter, som kunna möta dig på vägen.»

Jag svarade, att jag just ingenting alls tagit i beräkning. Jag hade tänkt, sade jag, att jag kunde köpa mig en bra häst för sextio eller hundra rubel och sätta mig upp på den hästen och rida vägen framåt dag efter dag, till dess jag komme fram till Moskva och Petersburg Det vore inte så konstigt.

Innan Pavl Stepanitsj hann svara, kom Avdotja tillstädes, och hon sade, då hon fick veta hvad det var fråga om.

»Hör på mig, Vladimir Viktorovitsj», sade hon, »du kommer aldrig fram Låt bli det där! Hästen stupar för dig, innan du hunnit halfvägs. — Två tusen verst! Prat, det är omöjligt. — Och för öfrigt, om hästen också skulle stå ut med det, och du själf inte skulle bli sjuk och eländig och utan tak öfver hufvudet — hvilket är mer än troligt att du blir — så säg mig, har du tänkt på andra saker? Har du tänkt på vargarne till exempel?»

Jag kunde inte hjälpa, att det kittlade litet i nacken och ryggen på mig.

»Vargarne, säger du? Åhnej — de lämna mig nog i fred. Det är inte den tiden nu.»

»Det *är* inte, nej, men det blir, innan du hinner fram, var lugn för det. Har du åkt någon gång, eller ridit eller gått och varit förföljd af vargar, säg? Har du sett deras gula ögon och gapande munnar med den långa, röda tungan hängande långt ute. Inte? Och sett hur girigt de följa hvar enda rörelse och äro färdiga att i hvilket ögonblick som helst kasta sig öfver dig; de komma dig inte nära, så länge du ännu har friska hästar för åkdonet, utan de springa bara lugnt och envist ett stycke på sidan om dig — men vid första tecken till trötthet äro de framme. Och då ges ingen barmhärtighet.

»Men ändå», fortsatte Avdotja sitt tal, »äro dessa ej de värsta. De värsta äro de, som gå på två ben. Ibland ryssarne, ser du, finnas många onda människor. Du skall icke tro, att de äro som vi. Om din väg blott skulle gå igenom land, där kosacker bo och bygga, då vore ingen fara, ingen alls. De skulle ej kröka ett hår på ditt hufvud — du skulle vara ibland dem som en broder ibland bröder.

»Men, ser du, Vladimir, tro mig, ryssarne skola hålla dig för en rik man, och det är farligt. De skola tänka, att den, som reser så långa vägar och färdas på en häst genom ett helt rike, måste hafva många ägodelar och föra mycket penningar med sig. Och en människa, som har hunger och törst efter penningar, den manniskan är mera ond än en varg, den manniskan ar grymmare an skogens vilda djur.

»Sådana äro ryssarne, de komma att taga ifrån dig allt hvad du ager och de skola döda dig sjalf och taga din häst. Så gjorde de for icke länge sedan med en af de våra en kosack, som red till Borisoglebsk. Två man lågo dolda bland buskar, då han kom ridande om kvallen, och de föllo öfver honom, då hans häst var trött, och grepo honom och slogo honom till döds och flydde med hans häst Och det blef aldrig sagdt hvem det var, som slog honom, ty ryssarne ville icke göra någon undersökning. Men vi veta, att det var en af dem

»Och om du undgår att bli dödad, Vladimir, så skola de i alla fall stjäla din hast och hvad annat du äger. Och du skall stå där ensam och öfvergifven, fjärran ifrån dina vänner. Dina papper, som du har från de höga herrarne, skola icke hjälpa dig, ty afven dem skall man taga ifrån dig. Så skall det gå, Vladimir Viktorovitsj, om du försöker att rida genom Ryssland Tro mig, Vladimir, ty jag vet!»

Avdotja hade talat länge och kraftigt och öfvertygande. Och jag visste, att hon menade väl med mig och ville mitt basta Ty den stora, feta Avdotja hör till dem, som hafva hjärtat på rätta ställer och som säga uppriktigt hvad de mena Men ändå svarade jag henne så

»Avdotja Stepanovna», sade jag, »och ni andra som höra på, du Pavl Stepanitsj och du Avrelian Ivanitsj och du gamla mormoder Olga Markovna» — ty de hade småningom alla kommit tillstädes — »lyssnen till hvad jag säger.

»Förut nar jag var hos ryssarne, innan jag kom till er, sade man till mig så Vladimir Viktorovitsj, du skall taga dig till vara för kosackerna. De äro ett opålitligt släkte, ett sådant som ingen heder och intet samvete har De äro i stånd till allt — de skola nog röfva från dig allt hvad du äger, och du får vara glad om du slipper från dem med lifvet i behåll! — Man känner dem, man har ju hört hurudana de äro. Hvad hafva de icke allt gjort för onda ting många gånger med de ryssar, som kommit till dem. Tag dig till vara för kosackerna, Vladimir Viktorovitsj. — Så talade, ser ni, ryssarne, då jag var hos dem, och sade lika hårda ord om er, som Avdotja nyss om dem. Hvilken skall jag då tro?»

Kosackerna logo, men jag fortsatte:

»Huru länge har jag lefvat ibland eder? En månad, två månader! Hvem var jag då jag kom till er — en främling, en utbörding från landet i fjärran bortom hafvet, en man om hvilken ni intet visste annat än att han var af ett folk, som fordom legat i strid med edert. Och hvem är jag nu? Är jag en kosack till lif och själ eller är jag icke en kosack?»

»*Kazak!* — en kosack» — ljöd det korta men uttrycksfulla svaret som ett eko från dem alla.

»Där se ni — utan vapen kom jag till er, en okänd främling utan penningar och utan vänner, och ingenting hade varit er lättare, än att slå mig död och taga det lilla jag äger. — Ingen skulle dömt er — jag skulle försvunnit som en droppe vatten utspilld i glödhet sand.

»Och jag har ändå lämnat i er vård mina ägodelar och låtit min packning vara öppen och mina saker strödda rundt omkring, och jag har rest bort och varit borta från er i dagar — men ej den minsta småsak af mitt har försvunnit eller tagits bort af eder. Och jag har bott hos er och arbetat med er på fältet, och på hela den långa tid jag varit med er har ingen velat göra mig något ondt. Och ändå var jag vapenlös och värnlös, en främling bland er, kosacker, som nu äro mina bröder!»

Kosackerna logo än en gång: »Hur skulle vi göra dig

något ondt, då du aldrig gjort oss annat än godt! Du har aldrig varit som en *barin*, som en herre med oss och svurit och skrikit, utan du har varit som en kosack med oss och du har alltid tackat oss vänligt för det lilla vi gifvit dig, och du har själf gifvit oss mycket mera och ej begärt tack; du har undervisat oss om mångt och mycket och förtalt om

Zakaulok.

främmande folks seder, och du har hjälpt oss med plåster och pulver och örter, då vi varit sjuka — allt detta har du gjort, och dessutom har du varit god mot våra små barn och tagit dem upp i ditt knä och smekt dem som vore de dina — och vi skulle vilja göra dig något ondt, Vladimir Viktorovitsj!»

De logo alla högt åt en sådan tanke, och Pavl Stepanitsj steg fram och tog mig i famn och tryckte sina skäggiga läppar mot min mun efter det gammaldags ryska bruket.

Men ryckande mig lös ifrån honom ropade jag: »Men

förstå ni då inte, ni tokiga människor, att sådan som jag varit emot er, sådan skall jag också vara mot ryssarne och därför skola de ock möta mig såsom ni gjort. Hemligheten är blott denna, som ni väl känna till, att »hvad helst I viljen människorna skola göra eder, det gören I ock dem!»

Kosackerna korsade sig andäktigt; de blefvo genast allvarliga och sade till mig: »*Boch paslall* — Gud sände dig hit och Han skall ock föra dig helbrägda hem igen!»

Så var alltså dispyten lyckligt ändad och jag fick fara. Pavl Stepanitsj, som var min närmaste vän och som redan från början tagit mitt parti, sade till mig:

»Du skall icke köpa din häst själf, Vladimir Viktoro-

Den trogne Bilkoff.

vitsj, ty då får du betala den dubbelt. Vi kosacker, ser du, ha ingen barmhärtighet i hästaffärer, allra minst med främlingar. Därför skall du i stället skrifva till din vän i Borisoglebsk, till Sergej Alexandrovitsj, som vi också känna, och han skall i staden köpa dig en häst för ett hundra rubel, en sådan som kan bära dig och din packning hela den långa vägen till ditt land. Det skall vara en häst af kosackblod och en vallack, ty en hingst är för het och ett sto är icke tillräckligt starkt. Och han får hvarken vara för ung eller för gammal, utan i sina bästa år, ty det är ett svårt företag, som du vill börja, och du måste hafva en häst som icke tröttnar.

»Om du får en sådan och om du vårdar honom väl och sörjer för honom till och med bättre än för dig själf och älskar honom som en vän och en kamrat, då skall han visst troget bära dig så långt du vill. Du skall föra honom hem till dig, till ditt land och din by, och han skall sedan alltid påminna dig om oss, så att du ej glömmer dina vänner kosackerna, som du sagt att du aldrig mera skall se. — Och på vägen skall du taga kvarter i den ryska musjikens *izba* och lära känna huru han lefver, såsom du kommit till oss och lefvat bland oss som en af de våra.»

Ja, så var det. Ju mer jag tänkte på saken, desto mera tilltalade den mig. Pavl Stepanitsj hade bättre uppfattat verkliga målet med mitt kosacklif än de flesta hans byamän, som gjorde sig de besynnerligaste föreställningar om mitt syfte. — Och Pavl Stepanitsj visade sig nu också förstå, att detta var en väg, på hvilken jag kunde bättre än på någon annan göra iakttagelser och jämförelser för det mål jag hade uppställt för mig.

Därför skref jag också till Sergej Alexandrovitsj och bad om hans hjälp.

Det dröjde icke många dagar, förr än jag fick till svar, att en häst fanns, som uppfyllde de angifna fordringarna. Den tillhörde en bland min väns bekanta, och jag kunde när som helst få se den och taga den om jag ville; priset var det bestämda, nämligen ett hundra rubel.

Ett par dagar senare var jag åter i Borisoglebsk. I sällskap med Sergej Alexandrovitsj besökte jag min eventuellt blifvande reskamrat, hästen *Zakaulok*. Jag kan just icke säga, att han strax i början presenterade sig mycket till sin fördel; han hade nyss inkommit från landet, där han sprungit ute på steppen utan rykt och ans och fått för litet att äta, så att han blifvit mager. Men hvad som genast bestämde mig för köpet var hans spänstigt kraftiga ben, som gjorde intryck af på en gång elegans och styrka. Därtill kom ett bredt och väl utvecklådt bröst, en rak rygg, en kraftig hals och ett litet vackert hufvud.

Långa funderingar bekymrar man sig inte med i Ryssland. En sadel lades på djuret, jag profred ett tag på gatan, blef belåten, växlade ett handslag med ägaren, hvarpå ett hundra rubel hastigt bytte om innehafvare.

Så var den affären uppgjord i all enkelhet och jag red hem till Sergej Alexandrovitsj på min nyförvärfvade skatt.

Där lämnade jag Zakaulok tills vidare i dennes stall bredvid den stolte Kurdasch, med hvilken han senare stiftade en trofast och rörande vänskap. Den trogne Bilkoff, Sergej Alexandrovitsj' kusk, var en hästkarl som få och hade stora sympatier både för mig och min häst; han lofvade, att hvad på honom ankomme göra sitt bästa för att hjälpa upp Zakaulok, för så vidt god föda och god rykt någonting kunde uträtta.

For jag alltså åter till mina kosacker i väntan på att min vän skulle komma efter med en välryktad, välfödd, eldig och vacker Zakaulok.

De kommo redan efter loppet af några dagar, och Zakaulok, som helt vråkigt åkt ensam i en godsvagn till Filonovo station, öfverlämnades med mycken högtidlighet i min ägo. Han hade nu betydligt repat sig och vann allas bifall för sin hållning och sitt utseende. Jag kände, att vi båda säkert skulle bli mycket goda vänner.

Medan min Zakaulok i stallet hämtade sig efter järnvägsfärdens mödor och försatte sitt nervsystem i fullgodt skick, tillbragte jag med Sergej Alexandrovitsj tiden på det allra angenämaste hos vår gemensamme vän Fedor Fedorovitsj.

Efter den vanliga ryska seden sutto vi kvar vid tébordet i trädgården tills morgonen grydde. Då bad jag Sergej att spela ett sista stycke på mandolinen till farväl åt mig. Han svarade ej, men lät det lilla trekantiga sköldpaddstycket smekande glida öfver strängarne, så sprang där plötsligt fram ett brusande ackord likt en kaskad af vattenpärlor, och ackompanjerande sig med mandolinens vibrerande, kvinnligt veka, beharskadt passionerade toner och guitarrens kraftiga, klangfullt hårda, sjöngo han och furst Pavl Andreitsj tillsammans sången om kosackens afsked från hemmets härd, då atamanens ord bjuder honom att draga ut i krig.

Så sadlade jag min häst, min Kosack, som jag kallar honom, och red ut på steppen. Natten hade ännu icke flytt för morgonen, men stjärnorna blinkade blekt och månen stred en hopplös strid med det börjande gryningsljuset om öfvervaldet öfver den sofvande steppen. Men Venus, morgonstjärnan, lyste klarare än någonsin, liksom ville den med sitt vänaste ljus följa födelsen af den nya dagen. Aldrig har jag någonstädes sett henne sådan, så klar, så mild, som här öfver Sydrysslands stepper; aftonstjärnan i en nordisk vinternatt kan väl lysa lika klart och starkt, men hennes sken är kallt.

Kosack susar i hvinande galopp öfver steppen, och den lätta morgonbrisen, som drager emot oss, gör honom än mera eldig och full af lif. De mjuka, mörka, sammetslena näsborrarne vidgas, han sträcker halsen, rister på sitt vackra hufvud och sätter af som en pil från en darrande bågsträng.

Det ljusnar allt mera, stjärnorna försvinna och äfven månen synes knappast, men öfver östra himmelen glänser ett skimmer som af gulhärdadt stål — ännu några ögonblick och vid synranden bryter fram en första stråle af den uppgående solen — blott en punkt, en prick, en atom af glöd, men i en sekund är allt förändradt och steppen badar i ljus öfver hela sin oändliga vidd så långt ögat når. Tilldragelsen är under den korta stund den varar af en så egendomlig skönhet, att den, en gång sedd, aldrig kan glömmas.

Det är redan länge sedan dag, då jag kommer fram till byn. Klockan är half sex och morgongudstjänsten skall snart begynna.

Hos Fokins gör jag allmän sensation med min häst. Avdotja Stepanovna sätter sina stora händer i sidorna, så att armbågarne stå ut som väderkvarnsvingar, skjuter så ut sin stora underläpp och talar:

»Vladimir Viktorovitsj, med den hästen kan du rida till Kina! *Praidjot* — han går ut med det — det är alldeles säkert.» Gumman Olga med plåsterlappen på näsan uttrycker sig i mera allmänna ordalag och lofvar ingenting särskildt om Kina, möjligtvis emedan hon skall gå i kyrkan och har brådtom.

Männen voro ej tillstädes, men snart kom Pavl Stepanitsj, som betraktade min »Kosack» med kännaremin och uttryckte sin fulla belåtenhet på det sätt, att han smackade med tungan, strök sig öfver magen med händerna samt anmärkte, att ett sådant djur ovillkorligen borde gå till regementet. Hvarefter han med vänlig öfverlägsenhet tog hästen ifrån mig och ledde in honom i den usla inhägnad utan tak, som här hedrades med namnet stall.

Följande dag skulle Kosack tränas för den långa ridten genom Ryssland; på samma gång ville jag begagna tillfället att besöka en närbelägen stanitsa, Preobrasjenskaja. Färden ämnade jag göra på två dagar, för att ej öfveranstränga Kosack. — Om kvällen rustade jag mig i ordning för resan och tillbragte sedan natten insvept i min *burka* på en bänk i Dmitri Ivanitsj' trädgård, såsom alltid på senare tid efter den sista stora nattliga »slaktningen» i Fokins kammare. På morgonen väcktes jag af tupparnes galande, fodrade, ryktade och vattnade min häst, tog själf ett bad i Bysuluk för att svala af mig före färden, och klockan sex satt jag i sadeln.

På denna första färd voro Zakaulok och jag ännu så länge en smula främmande för hvarandra. Det hände ibland, att vi hade alldeles olika mening både om hvart kosan skulle gå och om huru fort eller långsamt. Zakaulok hade stundom i denna punkt mycket bestämda åsikter, men han fann till sist alltid, att mina voro ännu bestämdare, äfven när de gingo i rak strid med hans. Och så småningom lärde han sig, att det tjänade rakt ingenting till att bråka, ty det slutade ändå alltid på samma sätt.

Jag ville dock icke råda hvem som helst att med Zakaulok försöka vanliga ryttareknep. Han skulle icke förstå dem, och han skulle taga dem som en förolämpning. Och om någon satte sig på hans rygg med afsikt att tukta honom, så skulle han försiktigt lägga denne någon i gräset för sina fötter. Och detta skulle han gärna göra huru många gånger som helst efter hvarandra.

Zakaulok måste behandlas med förstånd, icke med principer och system. Han har burit militärer, som försökt att på honom tillämpa ridskolans inlärda knep och stränga metod. En af dessa herrar strök han af under en bro, dit han begaf sig fullkomligt utan hänsyn till ryttarens blygsamma önskan att få återvända hem; en annan lade han raklång på marken; en tredje ville han sätta af på en spårvagn, och då detta icke lyckades, stormade han djärft in på trottoaren.

Man måste förstå sig på att taga honom mjukt, lätt, varligt, på det rätta sättet. Så behandlad är han den bäste häst i världen och låter sig t. o. m. köras framför skramlande vagnar och slängande slädar; man måste blott känna honom och hans små egenheter.

»Kosacken» hade för öfrigt redan innan jag såg honom varit använd till körning; han hade på sina bogar fula märken efter lokorna. Men han hade icke gått annat än i *trojka*, och detta är icke som en vanlig körning. I stormande fart, snabbt som vinden störta hästarne framåt, som dufvor flyga de öfver en dammig stepp och deras språng kan icke liknas vid annat än suset af vinden i strändernas prasslande alar.

Trojkan är ryssens nationella åkdon liksom *sjtsji*, den fatala kålsoppan, är hans nationella maträtt och den runda, platta mössan med skärm är hans nationella hufvudbonad. Han älskar färden i trojka med verklig passion och nekas kan ej, att det ligger en lockande tjusning i den vanvettigt vilda farten, då trenne frustande hästar draga en lätt kälke öfver hårdnad snö och vinden biter frisk och kinden blir röd och andedräkten står som ett ångande moln kring både hästar och åkande. Och solen glittrar i snöfältens millioner blixtrande facetter. ....

I sådant spann hade också Kosacken sprungit innan han kom i min ägo; men nu var det slut därmed och han var blott hvad han borde vara, en duktig ridhäst.

Då jag följande dag på förmiddagen återkom till stanitsan, efter att hafva tillbringat natten i Preobrasjenskaja, hade genom erfarenheten af Zakauloks egenskaper den åsikten stadgats hos mig, att jag kunde med goda förhoppningar draga åstad på den omkring hundratjugu kilometer långa egentliga förberedelsefärden mellan stanitsan och Borisoglebsk. Väl anländ till denna stad, där jag hade flertalet af mina vänner — och att jag skulle utan äfventyr anlända dit, därom tviflade jag ej det minsta — kunde jag ju ännu en gång öfverväga och på grund af erfarenheterna från den senaste resan bestämma mig för eller emot anträdandet af den långa, tvåhundramila färden »till häst genom Ryssland».

Alltså skulle jag nu lämna Filonovskaja för att icke mera återkomma, åtminstone icke inom någon tid som med rimlighet kunde förutses. Det återstod blott att taga farväl af mina vänner, höga och låga.

Kappkörning i trojka.

Jag kan icke neka till, att tanken därpå gjorde mig bedröfvad. Jag hade trifts godt bland kosackerna i stanitsan. Jag hade mått väl af det friska friluftslifvet och af det kroppsliga arbetet. Jag hade vant mig att härda ut med ett och annat, som förut synts mig afskräckande. Jag hade sett så mycket af kosackens intima lif, mycket mera än jag på dessa fattiga blad kunnat förtälja. Jag hade lärt sådant, som jag annorstädes icke kunnat lära, och vunnit intryck, som vara för lifvet.

Vi skildes med ömsesidig saknad. Jag säger icke detta för att skryta med en popularitet, som jag förvärfvat, utan blott för att visa, att en rysk bonde kan vara fäst vid en »*barin*» med andra band än dem, som smidas samman af rubel- och kopekrullar — ty af den sorten fanns emellan oss ytterst obetydligt. Och jag säger det också därför att jag kände, hur jag själf lärt mig att uppriktigt hålla af dessa

Trojka.

människor. Jag kunde icke utan vemod tänka på att jag nu för sista gången såg alla dessa grofva, men vänliga ansikten och att jag troligtvis aldrig mer skulle återkomma till de trohjärtadt enkla, redliga, glada, godsinta människorna, som i världens ögon betydde så föga, men som jag skattade mycket högre än de många, som bära guld på rocken och tomma fraser på tungan.

Men afsked äro icke behagligare att skildra än att upplefva och troligtvis äro de ännu mindre angenäma att läsa om.

Jag vill därför icke trötta med att berätta om huru

jag bjöd farval åt Fokins, åt atamanens och åt fredsdomarens och alla de andra och huru jag fick bördor af valonskningar och valsignelser som resgods på färden och många hjärtliga inbjudningar att komma åter

Men jag måste förtälja huruledes Pavl Stepanitsj om aftonen af denna dag, min sista i Filonovskaja, då skymningen redan fallit på, kom till mig och sade

»Hör på, Vladimir Viktorovitsj, du reser nu bort ifrån oss Du reser långt bort till ditt land, bortom Moskva och bortom Petersburg och på andra sidan hafvet Men du får icke glömma oss

»Du får icke glömma, Vladimir Viktorovitsj, att du lefvat bland oss i vår stanitsa Du har ätit salt och bröd hos oss och du är vår gästvän. Därför skall du komma igen, Vladimir Viktorovitsj, du skall komma igen till oss, om inte förr så åtminstone då, när du själf en gång är gammal och du erinrar dig dina bröder här i stanitsan Då skall du inte kunna låta bli att komma, ty din håg skall då draga dig tillbaka till oss igen. Så är det med alla, med oss alla kosacker, vi vända alltid tillbaka till stanitsan — du måste göra så med, fastän du inte är en riktig kosack och född ibland kosacker

»Du måste veta», slöt han till sist, du måste veta, Vladimir Viktorovitsj, att jag håller af dig, att jag älskar dig som min bror!» Och skyggt lade han sin ena arm öfver mina axlar, och sedan han noga förvissat sig om att ingen fanns som observerade honom, drog han mitt ansikte intill sitt och kysste mig som ryssarne bruka midt på munnen.

»Jag skall nu sköta om din häst, och i morgon skall jag vattna honom och fodra honom och rykta honom och så skall jag sadla åt dig och göra allting i ordning och själf följa dig ett stycke på väg, ty du är ju min broder, säg, *barin,* herre?»

Jag tryckte honom i min famn och sade, att jag aldrig skulle glömma hans godhet. Jag kunde icke låta bli att beundra denna finkänslighet, denna hos en människa i hans ställning och på hans bildningsgrad så påfallande reservation i det yttre och värme i det inre, som tog sig uttryck därigenom, att han valde denna stund, då ingen främmande kunde se eller höra oss, för att låta mig veta hvad han kände.

Jag var verkligen rörd.

Andra morgonen sade jag ett hastigt farväl åt vännerna. Så raskt i sadeln, ut på gatan, fram genom byn, öfver floden, öfver banken och ut på steppen. Ut i världen, ut bland människorna för att ånyo se, höra, ånyo lyssna till hjärtats slag och oroligaste bultningar.

Pavl Stepanitsj följde mig, sitt löfte trogen, ett stycke, på sin magra men seniga kamp klöfjande en gammal fårskinnspäls i stället för sadel. En half mil redo vi tillsammans; han förtalde om sina tjänsteår och sina händelser under kriget i turkiska landet, då han tjänte under Skobelev — jag hörde halft förströdd därpå, mera lefvande i framtiden än i det förflutna.

Så gaf han mig goda råd för resan, om hästens skötsel, om färden och nattkvarteren. Färdas aldrig sedan solen satt sig, och låt ej bedra dig af månens ljus. Köp dig en revolver, och kommer någon, som vill göra dig sällskap, så hota att taga hans lif, ty af sådant följe kommer intet godt. Sof alltid blott med ett öga, ty ryssarne äro ett dåligt släkte och kunna göra dig mycket ondt. Och nu farväl, farväl! *I Boch s'toboju* och Gud vare med dig!»

Ännu en broderskyss på hans skäggiga läppar, ett handslag och en blick ur hans trofasta blå ögon — och Pavl

Stepanitsj svänger sin häst och rider i galopp öfver steppen dit bort i fjärran, där det gyllne korset på kyrktornet i Filonovskaja glänser och glittrar i solskenet.

Jag återsåg honom sedan aldrig.

TILL HÄST GENOM RYSSLAND.

I.

Genom kosacklandet.

Bergsbon lär i allmänhet ha svårt att finna sig väl på slätten, liksom slättbon ibland bergen. Jag trifves lika godt med den förra som med de senare, troligen emedan en mild försyn låtit mig födas i en natur, som har litet af hvardera — i en provins af vårt land, som äger alla arter af naturskönhet i miniatyr. Men det är för öfrigt icke detta som betyder mest; naturens verkan på oss blir alltid beroende af med hvilka ögon vi se den. Slätten har ingen skönhet, emedan den saknar omväxlingens behag; och den kan ej fängsla uppmärksamheten för en längre tid, menar kanske en ytlig iakttagare. Men för den, som bemödar sig att söka det sköna också där det icke direkt bjuder ut sig — om man får använda ett sådant uttryck — för honom får slätten ett säreget stämningsfullt behag, som väl kan mäta sig med intrycket af en omväxlande och pittoresk natur.

Mera än annars märkes detta på steppen; den vida eller den »breda» naturen, som Alfred Jensen så betecknande kallar den, fängslar ett öppet öga med en tjusning, svår att förstå för en som ej själf känt densamma. Man måste här, såsom alltid, om man vill lära sig rätt och fullt uppfatta det sköna, så att säga »älska fram» det ur dess gömslen — då skall det visserligen också tala ett språk, som både öga och hjärta förstå.

På slätten liksom på hafvet är det i främsta rummet *färgen*, som gör sig gällande. Naturens oändliga enkelhet gör, att öga och sinne aldrig äro uttröttade af formernas mångfald och att de äga känslighet nog för att uppfatta och njuta af de minsta skiftningar i ljus och färger, i skuggor och dagrar.

Många gånger, då jag ensam ridit fram öfver den ändlösa steppen, där så långt ögat når ej en människoboning syntes, ej ett ljud hördes utom syrsornas surr i det torra gräset — eller då jag stått lutad mot min bruna Zakaulok och smekt hans hals och hans lena nos och blickat ut mot horisonten, ensam som en enda liten prick på jordens yta — många gånger har jag då nästan velat jubla högt af hänryckning öfver de härliga, skiftande färger, med hvilka solen öfvergjutit himmel och jord. Om middagen, då hon står högt och då marken ångar och luften darrar af värme och vid horisonten knappt kan skönjas en gräns mellan himlen och jorden, ty allt är hvitt, hvitt om morgonen, då samma sol gjuter vågor af glimmande guld öfver steppen, medan nattens friskhet ännu hvilar öfver gröna gräsfält eller gula hirsåkrar och gör luften sval och ljuf som en morgon i paradisets lustgårdar — eller om aftonen, då himlen glöder i ett haf af eld och molnen högt uppe äro mörkblå och purpurkantade och marken glänser af ett rosenskimmer och solskifvan själf sjunker i röda lågor, blott långsamt och ovilligt lämnande sitt rike åt natten; då stiger månen upp öfver horisontens jämna linie, på andra sidan, också han först brandröd, sedan guldgul och så allt ljusare, till sist som renaste silfver, och stjärnorna tändas en efter annan, de större först och sedan flere och flere, så att till sist hela det mörkblå firmamentet strålar af tusende diamanter, medan i väster ännu ett dröjande skimmer visar hvar dagens drott gått till hvila.

Sådan är slätten, sådan är donska steppen, vid, tyst och ödslig, men full af ensamhetens poesi. Och om du blir trött vid den, så kan du vederkvicka dig med att efter några timmars ridt rasta i en stanitsa på vägen.

Ofta kommer en sådan by som en angenäm öfverraskning, just då du är som allra mest trött, törstig eller varm. Du har ingenting sett af den på afstånd — blott en fläck med litet friskare grönska, några låga buskar, som det synes. Då öppnar sig plötsligt en remna, en vid remna i marken, och i bottnen af en gammal floddal får du se en stor, blomstrande kosackby; hvad du nyss tog för buskar var ingenting annat än topparne af högvuxna pilar, popplar eller almar.

På sådana floddalar är steppen rik — den mjuka svartjorden låter sig så lätt genomskäras och bortföras af vattnet; när detta sedan af någon anledning tager en annan väg, lämnar det efter sig en ravin, där grönskan alltid är yppigare an på slätten. Och där slå kosackerna sig gärna ned och bygga upp sina små hvita stugor i regelbundna rader och sätta emellan dem stängsel af unga pilstammar Pilarne slå rot, växa högt och bilda stundom hela små tätlöfvade parker.

Innan du kommer fram till byn händer det att du möter en lång kavalkad, en underlig samling varelser, som vandra i långa, raka led öfver steppen Det ser nästan ut som ett regemente soldater. Men du ser att det måste vara någonting annat, ty »varelserna» äro synbarligen mycket för små för att vara människor

Du kommer närmare och du ser att de gå på alla fyra — det är blott en massa får, det är helt enkelt byns fårahjord, som skall drifvas till en annan betesplats, i ett antal af många hundra, kanske tusen, vandra djuren långsamt fram som soldater i utsträckt slagordning och röra upp ett duktigt dammoln, hvilket redan på långt afstånd röjer deras marsch, en herde håller dem med hjälp af två hundar tillsammans och bestämmer kosan

Herden är en tämligen vild företeelse; höljd i lumpor snarare än i kläder, bär han om lifvet en gördel, vid hvilken dingla alla möjliga och omöjliga instrument, horn, träpinnar, knifvar och himlen vete hvad allt, öfver hans axel hänger en långpipig bössa, som allraminst sett sina hundra år, att döma af utseendet och låsmekanismen, en piska med mycket kort skaft men ovanligt lång snärt fulländar utstyrseln.

Emellertid är den stolte bäraren af allt detta trots sin röfvareutrustning och kanske också röfvarefysionomi en den fredligaste människa under solen, och i fall du frågar honom om vägen eller något annat som han vet — det är gunås inte mycket — så skall han beredvilligt lämna dig upplysningar Ber du honom sedan tala om, hvarmed du till tack kan göra honom lycklig, så begär han af dig visserligen ej detsamma som Diogenes begärde af Alexander, ty af sol har han nog och öfvernog. Men i stället ber han dig troligtvis om något, som för honom nog är betydligt värdefullare än du kan tro — en tändsticksdosa. Ger du honom den, så har du vunnit en vän för lifvet. Ty hans lilla pipa eller de hemgjorda, strutformiga, vinkelböjda cigaretterna af tidningspapper och bondtobak äro ju enda sällskapet, då han vandrar öfver steppen med sina fettsvansade får, sina långraggiga getter och stubbörade hundar.

Icke heller har han själf lätt att skaffa sig annat än hvad som hör till lifvets allra enklaste nödtorft. Sällan har han tillfälle att gå in i en by för att handla något, och ändå mera sällan har han penningar att handla för. Ensam med sin hjord och sina hundar drager han omkring öfver steppen och tillbringar dag och natt under bar himmel i veckor och i månader. Sällan får han också stanna länge på en ort, ty fåren, de där äro legio, draga fram likt Egyptens gräshoppor, förtärande och förhärjande allt hvad som finnes af gräs och af örter och buskar och blad — där de hållit stilla några dagar finnes sedan knappt ett grönt strå kvar att se.

Jag kan möta en sådan där Celadon långt ute på steppen invid en slingrande flod, där marken är täckt af flygsand — någon väg finnes ej eller, rättare sagdt, i sanden finnas hundrade spår, som gå i precis lika många riktningar. Jag frågar honom om vägen till närmaste by. Steppens son höjer handen, visar mot horisonten och svarar på steppfolkets uttrycksfulla sätt:

»Ser du väderkvarnen därborta? Vänd ditt ansikte emot den och låt din hästs hofvar plöja sanden: du skall där finna brunnar och bete!

Jag följer rådet och rider som en sannskyldig Don Quixote rätt mot väderkvarnen, banande mig väg mellan gumsar och tackor, som förskräckta löpa åt sidan, så att deras tunga fettklumpar till svansar på ett löjligt sätt slå dem på bakbenen.

Don Quixote ägde ett svärd och blef en mordängel bland fåren; jag har blott min nogajka, min kosackpiska, och är af mildare lynne än den vandrande riddaren af den sorgliga skepnaden; därför blir jag ej heller farlig för hjorden såsom

På vägen.

Cervantes hjälte. Utan stilla och fredligt rider jag långsamt på min kosack fram genom det högljudt bräkande haf, hvars hvitulliga böljor genast sluta sig igen bakom mig.

Solen står högt på himlen, och min Zakaulok börjar hänga med hufvudet; det är tid att tänka på hvila för honom och mat för oss båda.

Trafvande förbi ett par *chutora*, byar med små halmtäckta stugor och planteringar af vattenmeloner rundt omkring och med den anvisade väderkvarnen i sin midt, befinner jag mig snart alldeles invid stanitsan.

Där möter ett hinder; en liten bäck har svällt upp och svämmat öfver hela vägen där jag skall fram. Men dylikt generar inte en kosack. Jag drifver hästen ned i vattnet, som räcker honom öfver buken; Zakaulok finner sig där så väl, att han helt hastigt får infallet att lägga sig ned; ett kraftigt tryck af skänklarne och ett ordentligt rapp af nogajkan kommer honom dock fort nog att ändra tankar, och snabb som en fågel susar han åstad, så att skummet yr om ben och hofvar.

Små hvitstrukna stugor med pyramidformiga, halmtäckta tak omgifva på ömse sidor bygatan. De små fönsterrutorna skimra klara, och bakom dem skymtar man här och hvar gardiner och blommor. Poster och luckor äro nätt utskurna och målade i lysande färger efter rysk sed. Genom en öppen gårdsport eller öfver det höga af trädgrenar sinnrikt sammanflätade stängslet kan jag kasta en blick in på det intimare lifvet.

Den fyrkantiga gården är omgifven af låga halmtäckta skjul, öppna inåt och med blott en yttervägg af flätverk, hvilket öfverdragits med lera. En afstängning i ett hörn af gården är stallet, en annan är fårkätte. Borta i ett annat hörn synes en rund upphöjning på marken; den betecknar platsen för mjölkkammaren, som är en håla i jorden, invändigt fodrad med ett tjockt lager af halm till skydd mot värmen.

På midten af gården står pumpen, och där går det lifligt till. En liten flicka i eldröd kjortel är just sysselsatt med att hissa upp vattenflaskan. Pumpstången är af samma inrättning som den hos oss på landet vanliga och troligtvis sedan Adams tid brukade. Och rundt omkring flocka sig gäss, ankor, höns, hundar, kattor och allehanda djur i en skrikande, hoppande, flaxande, brokig hop.

I närheten står en kvinna upptagen af ett egendomligt arbete. Den korta röda klädningskjolen har hon fäst högt upp; nu står hon i solbaddet och trampar flitigt med de kraftiga, bara benen i en stor hög af någon slags gulbrun smörja, som på nära håll sedd visar sig bestå af sand, halm, jord och kreatursspillning — det var materialet till det slags bränsle, som vi medhaft vid plöjningen. Hade jag lust att dröja här, kunde jag få se huru hon till sist af materialet formar en liten rund, tillklappad bulle, som får torka i solskenet. Därpå skär hon den som en tårta i skifvor, hvilka ytterligare torkas, tills de blifvit alldeles fasta och hårda. Det är så man tillverkar sitt bränsle i dessa skogfattiga trakter.

Men jag önskar taga kvarter längre in i byn och har snart funnit hvad jag söker — en treflig stuga, ett hyggligt värdfolk, vatten, hö och hafre för min kosack och för mig själf en bunke mjölk, en nyss nackad och på glöd stekt, fet anka, en storbukig samovar med té i oändlighet, sylt och vattenmeloner — ty så kan man äta hos förmögna kosacker. Och medan min brunte hvilar sig för kommande ansträngningar, sträcker jag ut mina långa ben på en kort soffa och drömmer en stund, vaken, om — gamla Sverige.

* * *

På aftonen gick jag ut för att se på byn. Den såg mest ut som alla andra — raka regelbundna gator, små hvita hus med trädgårdstäppor och här och där en poppel- eller pildunge.

Midt i byn en kyrka, den stod öppen. Jag gick in genom en sidoport och befann mig strax i ett litet halfmörkt kapell, upplyst af några smala vaxljus. Vid ett altare stod popen och läste. Omkring honom några kvinnor, andäktiga, lyssnande. På altaret en mängd föremål, som det till följd af halfmörkret var svårt att identifiera; tydligen kunde det dock icke vara de helgonbilder, böcker och prydnader, som egentligen hörde hit.

Ceremonien slutade i samma ögonblick jag gick fram. Kvinnorna skockades omkring altaret och jag fann nu, att det som jag sett på detsamma var högar af bröd, kakor och andra matvaror. Popen stänkte vigvatten på alltsammans, slog några korstecken åt de församlade och försvann så bakom en liten dörr i ikonostasen. Han hade välsignat maten för de troende, som kommit hit från sina fattiga kojor för att få den helgad af popen, så att den skulle kunna bringa hjälp åt en sjukling eller krafter åt en svag. Några hade med sig frukter, andra hade stora staplar af bröd och en gumma bar i en näsduk hälften af en russinkaka. Hvar fanns den andra halfvan? Jag undrar om ej popens *matusjka* hade fått den för bättre verkan af välsignelsen.

Kyrkan var snart alldeles tom så när som på mig och ett par kyrkotjänare, hvilka brådskande gingo och släckte ljusen, medan de halfhögt pratade med hvarandra. Då gick jag genom det stora, skumma rummet ut i förhallen, där ljus ännu lyste.

Där funnos människor samlade och flere kommo. Några af dem gingo i svarta kläder och syntes gripna af sorg. Och i det jag såg åt sidan fann jag utmed ena väggen en liten simpel svart kista, däri ett barn, en femtonårig flicka, sof den sista sömnen. De hade klädt henne i hvita kläder, och några blommor lågo vid hufvud och fötter; i de knäppta händerna hade de satt ett kors, ett litet tarfligt träkors med en klumpigt skuren bild af Guds moder, den heliga, eller af Frälsaren Kristus. Ett sådant litet kors, som man älskar att sätta i de döendes händer, liksom för att hjälpa dem öfver det mörka vattnet, och som man låter stanna hos den döda som en sinnebild af hvad lifvet gifver åt den lefvande.

De slutna ögonens långa fransar lågo ned öfver kinderna, åt hvilkas gråhvita blekhet vaxljusens gula lågor lånade en litet varmare färg. Men det stelnade draget kring munnen var hårdt och smärtsamt. Hon hade visst lidit, den lilla.

En stund senare stodo vi alla på kyrkogården.

Sedan kistan blifvit sänkt i grafven, skyndade sig genast de sörjande att kasta ned några kokor jord — det är den sista gärden, som ingen får neka sina vänner. Alla, som tagit del i akten, hastade att hjälpa till med grafvens fyllande; ingen skofvel eller spade fick användas, utan med händerna skulle mullen föras ned. Men innan detta skedde kastade en af de närmaste en kopparslant dit ned; med ett klirrande ljud slog den emot locket af kistan.

Hvad låg det för tanke under detta offer af en kopparpenning åt den aflidnas ande? Skulle slanten blidka onda gudamakter, eller var det en färdpenning sådan som den *obolos*, hvilken de gamle grekerna brukade sätta i de dödes mun för att de skulle kunna betala färjemannen Karon, som förde dem öfver underjordens dystra gränsflod? Kanske var det endast ett tanklöst bruk, ett sådant som man ärft från gamla tider och för hvars innehåll och betydelse man redan förlorat all känsla. Jag vet det ej. Jag ville icke fråga för stundens allvar, och ingen af dem jag sedan sport om denna plägsed har kunnat gifva mig en förklaring därpå.

En kvinna låg på knä vid randen af grafven. Hon ref sitt hår och hon slet sina kläder; hennes ansikte var uppsvullet af tårar och hon sjöng och ropade:

»*O, radnaja maja sestra.* — O, du dyra, älskade, min syster..... Hvarför har du gått bort från mig? Hvarför har du lämnat mig ensam? Ingen tröst mera finns för mig. Hvarför har du dött ifrån oss alla? Intet lif mera finns för mig. Hvarför har du dött, lilla syster? Ingen glädje mera finns för mig. *O, dorogaja maja* — o, du min dyraste! Huru hårdt Gud har slagit mig! Borta är du, borta från mig, lilla syster. Aldrig mera kommer du till mig..... *O, radnaja dorogaja-a-a....*» rösten dog bort i skärande klagan och den unga kvinnans gestalt skakades af våldsamma snyftningar; hon gräfde med händerna krampaktigt i marken och krossade jordkokorna.

»*O, radnaja dorogaja sestra ma-ja-a*», sjöng hon igen, under snyftningar och gråt. Vi stodo alla med sänkta hufvuden omkring henne,

Under tiden hade det blifvit allt mera skumt, ty solen, som skulle gå ned, hade dolt sig bakom tjocka moln vid steppens rand.

»*O, radna-a-ja....*» då remnade molnet vid horisonten, och solens sista röda strålar bröto fram. Kvinnan, som låg vid grafven med ansiktet vändt åt väster, lyfte upp sitt hufvud. Blodrödt föll skenet öfver henne, öfver det oordnade håret, de blossande kinderna, de tårfyllda ögonen. Då höjde hon plötsligt sina händer emot himmeln, ögonen stirrade stelt mot solglöden, hon öppnade läpparne till ett sista hviskande »*O, radnaja ma-a-ja....*» och vanmäktig af trötthet och sorg föll hon till marken.

Vanliga, karleksfulla händer lyfte henne upp och buro henne bort, medan skaran skingrade sig. Med blottadt hufvud, som de andra, gick jag därifrån. De svarta korsen och den gula sanden på grafvarna lyste ännu i blodrödt.

* * *

Dagen därpå satt jag just och tänkte på denna tilldragelse, när jag med min bruna Zakaulok långsamt tågade fram öfver den förtorkade grässtäppen.

Men det skulle jag ha låtit bli. Ty den som sitter i mycket djupa tankar och låter sin fåle gå hvart han vill, blir stundom plötsligt öfverraskad af att han befinner sig någonstädes, där han inte alls vet hvar han befinner sig.

Så gick det också mig — jag for plötsligt upp ur mina drömmerier vid att hästen stannade i en tät småskog. Han stannade af en mycket naturlig anledning — den nämligen, att vägen var slut. Ja, så var det verkligen, och någon annan stod ej att upptäcka, fastän jag ifrigt spejade omkring mig.

Nu är naturligtvis min Zakaulok tvifvelsutan det klokaste hästkreatur, som någonsin trampat Donska stäppen, och jag kan ofta nog utan fruktan helt och hållet anförtro mig åt hans instinkt, men denna gång har han spelat sin alltför sorglöse herre ett spratt.

Jag rider ett stycke utmed kanten af busksnåren och lyckas verkligen efter en stund finna ett slags genomgång, som väl skall utgöra de mer än anspråkslösa resterna af en liten körväg. Men jag får snart lära, att hvad som synts mig vara en genomgång i själfva verket blott är begynnelsen till en labyrint af gångar och passager, som slingra sig fram mellan snår af rysk lönn och hassel, af vide- och lindbuskar. Snart vet jag hvarken ut eller in, och de små träden och buskarne äro allt för höga för att tillstädja en fri öfverblick.

Emellanåt kommer jag ut på en liten öppen, fri plats, där gräset ännu lyser grönt och en och annan steppblomma i senfödd fägring drager blickarne till sig. Små dammar med gyttjigt vatten locka min Zakaulok, men att dricka är, för värmens skull, förbjudet.

Nu togs kompassen fram; jag visste ju att jag skulle ungefär åt nordvest, och i den riktningen slog jag äfven in, så godt sig göra lät i allt elände. Så drogo vi långsamt framåt i minst en half timme utan någon synbar förbättring i läget. Tvärtom, vi hade båda blifvit trötta och utmattade af värmen. Kosack-Zakaulok gick med hängande hufvud och trötta rörelser. Han längtade efter hvila. Så gjorde ock jag; mina ögonlock blefvo tunga och föllo igen, och jag öfverraskade mig med att flera gånger yrvaken spritta till — jag satt således och somnade på hästryggen!

Till sist drog mig en bastant trädgren öfver ansiktet och slog af mig både pincenez och mössa, på samma gång som den väckte upp mig. Då fann jag ändtligen att någonting *måste* göras. Och det gjorde jag på så sätt, att jag steg af hästen och band honom vid det träd, som »anfallit» mig, samt lossade gjordarne och aftog sadelkudden. Med denna till hufvudgärd improviserade jag åt mig en för små anspråk någorlunda tillfredsställande hvilobädd under samma träd. Om en half minut sof jag den rättfärdiges sömn, medan Zakaulok trögt afbetade de spridda grässtråna bredvid min hviloplats.

Ödet ville emellertid att händelsen inträffat just vid en af de hundrade små slingrande vägar, som leda genom snåren och som ingen annan än en kosack kan känna skillnad på. Detta blef också min lycka och hjälpte mig ur den eljest litet oroande situationen. Jag vaknade nämligen en stund senare vid att någon skrek till mig att jag skulle taga undan min häst, så att vägen blefve fri. Det var en kosack, som åkte i teljäga och skulle till stanitsan Anninskaja, mitt eget mål!

Några ögonblick senare trafvade jag bredvid hans vagn och förtalde honom mitt lilla äfventyr och huru jag irrat omkring, tills både jag och hästen tröttnat.

Han log ett bredt, godmodigt löje och sade: »Du är ingen riktig kosack, *gospodin* (herre)!»

»Hur så då?»

»Jo, då hade du lagt dig att sofva med det samma! Och Gud hade sändt mig en halftimme förr till dig...»

* * *

Jag rider in på byns hufvudgata; en mötande kosack säger mig hvar *atamanen* bor.

Jag slår med skaftet af nogajkan på gårdsporten. Intet svar. Jag knackar på fönstret. Sammaledes. Jag stiger af, befaller min trogna kamp att stå stilla och börjar föra ett helvetiskt larm. Till sist lyckas jag locka ut en käring, rynkig i ansiktet som ett skrumpet äpple.

»*Nikavo njätu* — ingen är hemma», skriker hon.

»Nå än du själf då, gamla dufunge», svarar jag på ryska.

»*Ingen* är hemma, säger jag, batjusjka, far lille», återtar gumman och slår dörren igen midt för näsan på mig!

För detta »slående» argument måste jag vika och tröstar mig som den hederlige Jockum hos Fritz Reuter: »Hvad skall man nu också göra åt den saken, man måste låta världen ha sin gång.»

Efter ett par lika fruktlösa försök i andra gårdar, där inte ens en gumma finns, utan blott en argsint hundracka, börjar dock denna tröstegrund så småningom förlora sin verkan, och jag lutar mig halft förtviflad mot halsen på min stackars flämtande Kosack, förberedd på att lida hungersdöden midt ibland en rikedom på mjölk och honung, gurkor och meloner. Då får jag ändtligen se ett par bronsbruna, håromsvallade kosackfysionomier i ett fönster, och några ögonblick därefter kommer en gammal långlockig, barhufvad och barfotad kosack, i hvita linnebyxor och eldröd skjorta, sprin-

Kosacker i tjänst.

gande ut ur stugan och fram till min häst, slår sina gamla armar om den och kysser i detsamma mina stöflar.

Gubben är galen, var min närmaste tanke, och jag skulle just ge den luft i några enkla och för tillfället passande ord, då den gamle förvirrad drog sig tillbaka och förklarade, att han i häpenheten tagit mig för sin från krigstjänsten hemvändande son. — Det var också förklarligt nog; jag var ju klädd som en äkta kosack, från hufvud till fot, med rödbandad militärmössa, blommig rubasjka och vida sjarivari med breda röda reverer, och min gångare och t. o. m. min sadel voro sådana som dem kosackerna bruka.

Emellertid var bekantskapen gjord, och jag inbjöds att »pusta ut», som man säger på ryska, det vill säga att hvila och dricka té och äta surlimpa, gurkor och vattenmeloner, medan min kamp fick tugga doftande ängshö. Sedan de viktigaste frågorna blifvit undangjorda, och jag sålunda nöjaktigt, — om också tyvärr icke fullt sanningsenligt — gjort reda för hvem jag var, hvarifrån jag kom, hvart jag for, hvem som skickat mig, om mina föräldrar lefde, om jag hade syskon och hustru och barn m. m. m. m. — kommo vi in på den allvarligare delen, det vill säga måltiden. Jag fick sitta på den väggfasta bänken, alldeles i hörnet af rummet under helgonbilderna och den oljedrypande heliga glaslampan, medan värd och värdinna togo plats på andra sidan om det aflånga, omålade matbordet, som alltid står i »det heliga hörnet».

Marja Ivanna, värdinnan, skänkte flitigt i ur den blankskurade samovaren, Ivan Vasiljevitsj — han visste ej i sin oskuld, att han hade samma namn som »den förskräcklige» — bet sockret nätt sönder i små, små bitar och skar äppelskifvor att lägga i téet, medan Sonja, äldsta flickan, bar fram *baranki*, eller runda hvetebrödskransar, på ett måladt och fernissadt träfat.

Den blinde svägern Jakov Ivanitsj vyssjade tålmodigt lilla Vanjusja till sömns, nöjd med att vara barnpiga, då naturen redan från födelsen nekat honom sin bästa gåfva — synen; de neddragna ögonlocken öfver de stackars blinda ögonen gjorde, att han såg själf mera ut som ett sofvande och i sömnen lekande stort barn, än som den vanlottade varelse han i själfva verket var.

Godmodighet utan gräns, gästfrihet och vänlighet till öfverflöd, förnöjsamhet och tålamod till det yttersta — dessa egenskaper, som jag förut och äfven sedan funnit öfver allt hos det stora ryska folket, under söderns brännande sol, i öster vid Volgas och i norr vid Nevans stränder liksom i hjärtat af Ryssland kring Moskva, Oka och Tvertsa, och som kanske en gång skola bära fram detta folk såsom jordens icke blott materiellt största utan ock andligt och kulturellt främsta — dem såg jag här återspeglade i kosackernas enkla familjelif.

Ty som de goda människorna, bådo mig stanna öfver natten, blef jag kvar i deras stuga, och många voro de ord som byttes mellan mig, den föregifne kosacken från Kavkaz, och dessa, de äkta, från Don.

Rörande var det till sist om kvällen, när en gång samtalsämnena tagit slut och jag fick fram en rysk bok med gåtor, ordspråk och små anekdoter ur det ryska folkets på frisk humor och godmodig, träffande, men aldrig sårande satir så rika berättelseförråd — då lyssnade de med spändaste uppmärksamhet, och fyndiga voro de svar jag fick på frågorna. Då jag tröttnat att läsa, tog sonen Stiva vid — han, den ende där hemma, som kunde läsa, emedan han haft lyckan att få plats i skolan ibland de fyrtio som kunde tagas emot af de hundra som sökte.

Han läste så länge den rökiga lampan tillät; först då den »somnade», gingo vi alla till hvila. Ivan Vasiljevitsj frågade mig: »Vladimir Viktorovitsj, säg mig, vill du ej sälja oss din bok; den skall göra oss vinterkvällarne kortare och påminna oss om ditt besök?»

Det skar mig i hjärtat, att jag ej kunde gifva den åt honom, emedan den var för mina språkstudier. Och det förargade mig in själen, att jag af ren försiktighet om mig själf ej medfört litet billighetslitteratur till utdelning bland folket — men jag visste ju, att jag då lätt kunnat bli misstänkt och kanske arresterad och därigenom blamerat vår vänlige minister i Petersburg, som skaffat ryske inrikesministerns rekommendation åt mig såsom åt en fridsam människa, den där intet ondt i sinnet hade eller hafva kunde.

* * *

När Pavl Stepanitsj eller någon annan bland kosackerna nämnde namnet *Urupino*, skedde det alltid med en blandning af vördnad och stolthet; det representerade tydligen för dem ett slag af storhet, till hvilken något jämförligt, på närmare håll åtminstone, svårligen kunde uppletas.

Det var därför icke utan en viss förväntansfull nyfikenhet jag en morgon drog ut från den lilla byn (chutor) Aktjernskij. Jag hade därifrån icke mer än sexton verst kvar att rida till Urupino, hufvudorten i Chapjorska kretsen, den nordligaste af det Donska krigslandets tolf kretsar eller *okrugi*.

Morgonen är härlig och luften frisk, ty solen har ännu icke börjat bränna; min Zakaulok, är glad och lifvad, och det vållar mig någon svårighet att hålla honom till den afmätta marschtakt, hvilken bestämts som ett oeftergifligt villkor för att min färd skulle kunna ha utsikt att lyckligt fulländas. Hans fuxskinn glänser i solskenet, han kråmar sin fina hals med den guldbruna manen och dansar fram med lätta steg och högt upplyftade hofvar. Han lyfter sitt ädelt tecknade hufvud — Zakaulok är astronom, brukar Sergej Alexandritsj säga, han kikar på stjärnorna och föraktar jordens tarflighet. — Detta är mycket fult gjordt af Zakaulok, och en väluppfostrad, »civiliserad» ridhäst skulle utan tvifvel rynka på nosen åt sådana fasoner; men Zakaulok är »dresserad» i frihet — han har aldrig känt ett stångbetsel och följer i mycket och mångt sitt eget tycke.

Nu spärrar han ut de stora, sammetslena näsborrarne

spetsar öronen och visar alla tecken till oro; plötsligt stannar han och kan hvarken med godo eller ondo förmås att gå vidare; han trampar och hoppar på ett ställe och ser ut att vilja vända om. Nej, min kära Zakaulok, nu går det för långt med din egenvilja! Jag skulle sätta sporrarne i dig — om jag hade några! Men kosackerna använda aldrig sådana, icke ens i krigstjänsten; och mina äro därför i kappsäcken, på väg till Sverige. — Men jag har en ersättning för dem i *nogajkan*.

Den kosackiska nogajkan är en liten kort piska med föga mer än fotslångt skaft och en snärt, som knappt är längre, men i stället grof som en käpp, sammanflätad som den är af sex läderremmar. Ett ordentligt slag af detta fruktansvärda vapen — och Zakaulok vågar icke vägra längre; han slår högt upp med bakhofvarne och sätter så af som en pil genom den lilla hålvägen mellan två sandkullar, där vi just befinna oss. Fnysande och frustande durkar han ett stycke väg framåt med mig — för en gångs skull låter jag honom gärna hållas och springa så fort han orkar, medan jag vänder mig om i sadeln och undersöker hvad som vållat hans rädsla.

Några kråkor flyga upp till vänster om vägen; där de suttit visar sig en liten sänka i marken och på dennas botten ligger kroppen af en slaktad och flådd häst! Ögonen hänga ut ur hufvudet, sidan är sönderhackad af kråkar och hökar, och magen har genom solvärmen svält upp till en kolossal violettröd blåsa, hvilken när som helst hotar att spricka; jag måste rysa vid den vämjeliga synen och förlät gärna Zakaulok, att han blifvit rädd för kadavret, af hvilket han känt lukten, innan vi blefvo det varse.

Sedermera såg jag ofta under min färd, nästan dagligen kan jag säga och flere gånger om dagen, döda hästar och hvita benknotor utmed vägen. Saken har sin förklaring däri, att ryssarne nästan alltid köra en gammal hästkrake ända tills den stupar, och då de icke för betalning kunna förmås att äta hästkött, så taga de blott huden af djuret och lämna sedan kvar kadavret utan vidare hvar som helst på steppen. Zakaulok kunde aldrig lära sig att öfvervinna sin rädsla, huru ofta än dylika »möten» förekommo, och äfven på mig gjorde de alltid ett obehagligt intryck vid tanken på det upprörande djurplågeri, som måste ligga bakom sådana företeelser.

* * *

Men vi fortsätta färden, Zakaulok och jag. Länge bli vi dock ej ensamma; på en sidoväg — om man kan tala om vägar här, på den vida steppen, där hvar och en tar sin väg hvar han behagar — nalkas oss en ensam ryttare. Han kommer närmare — det är en kosack med den oundvikliga rödbandade mössan, men annars »civil». Ja, så civil till och med, att han är barfota. Det går också mycket bra för sig, ty i likhet med sina stamfränder i allmänhet rider han så här på landsbygden utan sadel och stigbyglar; i stället har han en gammal fårskinnspäls kastad öfver den hvassa ryggen på den lilla, till ytterlighet afmagrade, svartbruna skinkmärr, som bär honom.

Han rider upp i bredd med mig, men säger intet, hälsar ej. Jag låter min häst trafva — han följer med; jag galopperar — han äfven; jag tar in min Zakaulok till kort skridt — han skridtar i samma takt, trogen som skuggan. Jag börjar bli nervös; hvad vill karlen egentligen? Jag tyckte från början ej om honom: han såg trilsk och inbunden ut, men synade mig och min häst med ett påfallande intresse; anmärkningsvärdt var äfven, att han gärna höll sig några steg bakom mig.

Vapen bar jag inga. Det var af princip, ty jag tycker just aldrig om att onödigtvis göra hål i människokött hvarken med blykulor eller med spetsiga järn. Men jag får bekänna, att jag nästan började bli fundersam, om det ändå ej hade varit rätt så klokt att följa Pavl Stepanitsj' välmenta råd att hafva med en »!evolver», åtminstone för att visa, ifall det skulle behöfvas.

Ännu en gång försökte jag bli af med min ledsamme följeslagare, men förgäfves. Traf, galopp, skridt — han följde lika troget. Då blef jag vred, vände mig i sadeln och skrek: »Hvad smyger du för, kosack, bakom min rygg? Hvad vill du mig?»

»Nitsjevo, batjusjka — ingenting, far lille», svarade han. »jag vill bara visa dig, att min lilla häst är bättre än din stora.»

Nå så visa det då!» utbrast jag skrattande, då jag såg det nyss så mörka ansiktet upplyst af ett godmodigt grin. »Visa nu hvad din svarta märr duger till» — jag gaf min Zakaulok lösa tyglar, sedan jag med ett vanligt kosack-knep på ett ögonblick satt honom i galopp.

Kosacken svarade ej, men höjde sin nogajka och lät den falla på hästens länd, ett hvinande slag, som satte honom i full karriär; hofslagen hördes allt tätare och tätare, kosacken på sin svarta flög fram som en hvirfvelvind, och det dröjde icke länge förr än han sköt förbi mig och min Zakaulok, hvilken jag nu måste hålla in af all kraft, då jag ej hade lust att sprängrida honom för att segra öfver en annan »landsvägsriddare». Det behöfde jag för öfrigt alls ej bekymra mig om, Zakaulok skötte själf den saken; medan kosacken efter en kort stund såg sig tvungen att låta sin utmattade kamp hämta andan efter det ursinniga loppet, behöll min häst sin lugna, snabba takt till dess han hunnit långt, långt förbi den snopne kosacken och hans flämtande krake; och det kändes som skulle han kunnat fortsätta att galoppera med mig till världens ände — eller åtminstone till Urupino.

Han gjorde emellertid ingendera delen af den enkla anledning att hans herre ej ville det.

* * *

Jag kom fram till Urupino just då andra mässan, middagsmässan, slutat i kyrkorna. Det dröjde icke många minuter förr än jag fått min häst i kvarter; sedan skyndade jag mig att taga en isvostsjik för att tillsammans med en bekant fara till floden och bada.

På vägen åkte vi förbi ett stort hus — det största tror jag i stanitsan. Det var fängelset, en vidsträckt af vaktposter omgifven byggnad midt på ett stort torg.

Då jag såg det, kom jag osökt att tänka på ett af mina sista minnen från Filonovskaja, en scen inför fredsdomaren. En fjortonårig gosse, som stulit en häst, hade gripits just här i Urupino, då han ville sälja den först för fyrtio, sedan för tjugufem och sist för tio rubel. Han misstänktes, anhölls och erkände. Eskorterad af två beväpnade kosacker hade han blifvit förd till Filonovskaja för att ransakas inför fredsdomaren. Pojken var bedröfvad men blickade öppet och frimodigt framför sig. Han såg ovanligt bra ut, men var till ytterlighet illa klädd — utan mössa, med blott en trasig skjorta och de jämmerligaste ruiner af något, som väl en gång varit byxor.

Fredsdomaren, som är en vänlig man, frågade:

»Har du verkligen stulit hästen själf?»

»Ja.»

»Hvarför gjorde du det?»

»Kosackerna befallde mig.»

KAPPRIDTEN.

»*Kosackerna*» säga kvinnor och barn alltid om de vuxna männen, äfven då de är fråga om far eller bröder.

»Huru gammal är du?»

»Fjorton år.»

Fredsdomaren vände sig till mig:

»Han kanske ändå kan bli fri, stackaren, trots bekännelsen, om det kan visas, att han ej har fyllt fjorton år; annars får han tre månader.»

Och vänd till gossen:

»Kanske du ej har fyllt ännu?»

»Jo.»

»När är du född?»

»Vid Sankt Johannis.» Svaren kommo snabbt och säkert.

»Är du riktigt säker därpå?»

»Mor har sagt.»

Det fanns ju intet tvifvel — mor hade sagt!

Det var förgäfves den gode domaren försökte få gossen några månader yngre; det lyckades ej — trots ifriga ansträngningar — han förblef vid sitt: »mor har sagt».

Innan han bortfördes, frågade domaren sist:

»Vet du af, att du får fängelsestraff nu?»

»Ja.» — — —

Och nu satt han troligen därinne, inspärrad i någon cell i det stora hvita huset, som jag just åkte förbi. Hans olycksöde var, att han var tre månader för gammal. Hvad lifvet ändå beror på tillfälligheter! Och hvad lifvet ändå är grymt — människor få växa upp i okunnighet, nöd och frestelser, men när de sedan följa sin fördärfvade natur, beröfvar man dem friheten och gör dem än sämre än de varit!

Snart voro vi framme vid floden. I paradisisk oskuld badade där brunskinnade gossar och flickor om hvarandra, och små tultingar, som knappt kunde gå, lekte spritt nakna i sanden.

Vi åkte öfver en flottbro på tunnor, hvilken hotade att sjunka med oss i djupet; då vi sedan stannade vid min väns badhus, pekade denne på några kosacker, som badade ett stycke längre bort: »Ser ni den der mörka karlen därborta», sade han; »det är vår bäste *dsjigit;* liksom han är den främste i *dsjigitovkan* på hästryggen, så låter han också af ingen

öfverträffa sig i vattnet.» Och den långa mörka karlen gjorde verkligen i detsamma de mest lustiga och kinkiga simkonster i Chapjors klara vatten.

Dsjigit kallas den, som framför andra utmärker sig i konsten att tygla en häst eller, ehuru detta anses mindre märkligt i andra idrotter. En duktig dsjigit är blott den, som bland annat förstår att stående på hästens rygg jaga i ursinnig fart öfver steppen, samtidigt svängande nogajkan eller sabeln.

Eller också att genom vissa knep med tyglarne tvinga hästen i ett ögonblick ned på marken, hvarvid ryttaren genast har bössan färdig och i skydd bakom hästens kropp kan skjuta på en fiende, som icke ser honom. Så händer det ofta i striden, att en hel skvadron kosacker, hvilken fienden nyss sett jaga fram öfver fältet, på några få ögon-

blick är totalt försvunnen och omöjlig att upptäcka; några sekunder senare smattrar salfva på salfva ur en hveteåker, som man skulle velat hålla för allting annat än farlig. Men gör ett anfall emot den och ur säden reser sig genast en skara ryttare, som ifall de hafva att göra med en öfverlägsen fiende omedelbart sprida sig i en vidt utsträckt linje och jaga bort i karriär; fåfängt vore att med kula eller sabel försöka fälla dem till marken. Medan hästarne störta bort för lösa tyglar, förstår ryttaren att dold bakom djurets ena sida fyra af sin bössa öfver ryggen eller under halsen eller magen

Till häst genom Ryssland.

på detsamma emot en fiende, som nyss icke trott sig böra öda skott på en herrelös häst.

Detta är *dsjigitovka* och däri är kosacken en mästare. Andra delar af det ryska kavalleriet äro hufvudsakligen utbildade med hänsyn till gemensam aktion och i allmänhet beridna på stora, tunga hästar samt ha till närmaste uppgift att genom tyngden af sin framstormande massa sopa undan eller trampa ned de trupper, som stå i vägen. Men kosackerna åter räknas till det lätta, irreguliära kavalleriet, som sällan anfaller i samlad trupp och inom hvilket man i första rummet lagt an på individens, på den enskilde ryttarens utbildning.

Därför äro de också ovanligt användbara för den särskildt vid kavalleriet i våra dagars krig viktiga tjänstgöringen som forposter och kunskapare. Kosackens yttre sinnen äro genom det myckna vistandet i fria luften ovanligt skärpta; hans ögon ha på steppens vidder vant sig att urskilja föremålen på ett häpnadsväckande långt afstånd, och hans öra uppfattar ljud, som andras icke kan urskilja. De finnas, som på grund af dessa omständigheter räkna kosackerna för den viktigaste beståndsdelen af hela den ryska hären, och jag minnes huru just vid denna tid i många ryska boklådor syntes nyutkommen en broschyr, som bar den betecknande titeln: *Kosackerna, vår nations styrka*.

I Urupino sökte jag efter återkomsten från badet ställa så till att jag skulle få se ett prof på en dsjigitovka, om också utförd blott af några få man. Jag lyckades äfven att blifva föreställd för en af kretsatamanens biträdande tjänsteman, som, efter en ganska grundlig examinering af min person, mina afsikter och mina papper, lofvade att tidigt nästa morgon, innan jag rede vidare från Urupino, låta mig se dsjigitovka af två bland stanitsans duktigaste karlar. Han skulle blott söka att få reda på ett par passande hästar, ty att dsjigitovkan utföres väl och elegant kommer ofta minst lika mycket an på hästen som på ryttaren.

På aftonen besökte jag stadsträdgården. Där vimlade af folk, de flesta mer eller mindre eleganta. Jag var glad att ingen kände mig, ty jag var rätt enkel i min kosackdräkt med den blommiga rubasjkan, ja, jag var till och med allt *för* enkel. Ty då jag blygsamt stod i en vrå och åskådade huru små flickor och gossar muntert svängde om på en dansbana, fick jag mig oförmodadt en barsk tillsägelse att gå min väg.

»Så'nt folk, som går i rubasjka, har inte tillträde till denna lokal», hette det.

Utkörd alltså, utdrifven ur paradiset, därför att jag inte hade tillräckligt fina kläder!

Utanför kunde jag få stå, stå och titta genom gallret på dessa stolta kosackofficerare, som med stram hållning och i uniformer af nobelt extravagerande snitt promenerade med sina eleganta damer och lyssnade till tonerna af Straussvalser och tyska operor.....

Jo, så är det, då man står utanför de privilegierades klass, så känns det då man tillhör dem *som icke få vara med*......

Den känslan är icke allt för behaglig, det får medgifvas. Och på samma gång jag måste le åt hela uppträdet, gaf det mig också allvarliga tankar, då jag var tvungen att gå bort från trädgården blott därför, att jag var klädd i en simpel rubusjka.

Sent på aftonen fick jag bud, att kretsatamanens *pomotsjnik* eller adjutant ville taga emot mig — atamanen själf var borta — och jag begaf mig till honom klädd i samma rubasjka, som förorsakat mitt utmotande ur stadsträdgården. Den unge, artige kosackofficeren tog emot mig med ryssens hjärtlighet och med världsmannens fina sätt. Här spelade rubasjkan tydligen icke en så viktig roll.

Hvad han velat säga mig, var att han tyvärr ej såg sig i stånd att uppfylla det gifna löftet att framvisa en dsjigitovka, ty han vågade i atamanens frånvaro icke utkommendera folk härtill, då årstiden var en af de brådaste. Men ville jag vänta till dess att *okrutsjni ataman* komme hem,

Dsjigitovka.

så skulle min begäran säkert icke möta något hinder etc. — Ord, ord, tänkte jag, ty jag kände de ryska löftena och deras värde, och i och med detsamma fick jag en rätt tydlig förnimmelse af, att om jag någonsin i lifvet skulle få se en dsjigitovka, så blefve det åtminstone aldrig med de kosackiske atamanernas hjälp. Ty redan gubben Pugatjev hade lofvat mig alldeles detsamma, och i stanitsan Michailovskaja hade jag på vägen fått ett liknande löfte, men mera än löften blef det aldrig hvarken af det ena eller af det andra.

I stället beslöt jag att bedja herr pomotsjniken om ett rekommendationsbref till underlydande atamaner, ty jag hade några gånger sett att general Obrutjevs handskrifvelse hade blifvit ansedd som en blott privat rekommendation utan officiel betydelse.

Ett sådant erhöll jag också, försedt med sigill och stämplar och underskrifter i den grad, att det fått ett högst aktningsbjudande utseende. Jämte ryske inrikesministerns ämbetsskrifvelse, som förskaffats mig af vår envoyé i Petersburg, blef mig detta dokument af atamanämbetet i Urupino sedermera vid ett par tillfällen af stor nytta under min färd.

Natten efter denna minnesvärda dag tillbrakte jag *à la bohémienne* hos min Kosack, utsträckt i min burka på marken och med sadelkudden under hufvudet; det passade ju bra för en proletär, en kringströfvande kosack, som jag var! Och jag sof godt i den friska luften — man sofver aldrig så godt som ute och man hvilar bättre på hårda marken än på mjuka kuddar.

*　*　*

Hvad det är vackert att rida fram öfver ställen, där steppen liksom stelnat i gröna vågor! Kullarne ha mäktiga, mjuka former, stiga långsamt från slätten, slutta sakta åt andra sidan. Solens sneda strålar komma gräset att lysa i klargrönt; fjärran förtona fälten i blått. Former och färger behärskas af en underbar harmoni. Ingenting bryter, ingenting stör, ingenting lockar blicken till sig från ett till annat

— det är ett lugn, en stillhet, en ro, som andra landskap sakna.

Människoboningar ser du ej många och lefvande varelser icke häller. Långt bort kan du se en liten chutor, hvars hvita stugor sticka af mot grönskan eller lysa upp den gråblå tonfärgen. På kullarne finner du kanske några betande hästar eller ock en svinaherde med sin hjord. Ty också svinen liksom fåren föras i det fria i stora flockar på hundratals djur.

De beta med välbehag det gröna gräset och vältra sig i pölar, som bildats nedanför kullarne. De ha en egen typ dessa steppens glada grisar, en djärf och fri och kraftig typ, som ställer dem mycket närmare till kusinerna, de modiga vildsvinen, än till de bröder, som rota i byarnes smutspölar. De långa, skarpa betarne sticka ut från trynet, benen äro höga och starka, kroppen smal och smidig, ryggen krönt med en väldig man af styfva borst. Jag vet ej om dessa steppsvin ur ekonomisk synpunkt ha samma värde som de »odlade», men säkert är, att om »kultursvinet» ägde deras mera tilltalande yttre, skulle det nog kunna glädja sig åt större sympati af det mänskliga släktet än det för närvarande åtnjuter.

Herden är också en typ, en armodets typ som få. Då jag ser honom, faller mig i minnet några verser af den polske skalden furst Kasimierz Glinski, hvilka skulle kunna tolkas ungefär så här:

Icke sa — Icke dit!

Hans fattiga dräkt var en trasig klut
Af en skjorta, som förr var hel;
Att slita till döds för en beta bröd,
Det var hans del.

När månen lyste rosenderöd
 På marken han sträckte sig ut,
  Ej så, ej så
 Som herrarne sof han då.

Han kunde ej plöja sin egen teg,
 Ej fanns hvad han kallade sitt;
Han gick med en staf i sin valkiga hand
 Vid nattens midt
Och förde i vall på kurganens rand
 Ej egna hjordar, med trötta steg
  Ej dit, ej där
 Som herrarnes vana är.

När sist han af armod och ålder bräckt
 Såg skuldrorna böjas ned
Och det tofviga håret lyste i hvitt,
 Då gafs ej mer
Än att tiggande släpa sig skridt för skridt
 Som en fågel med vingen bräckt,
  Ej så, ej så
 Som de stolta herrarne gå.

I trasor svept vid en kyrkoport
 Han sökte hvila en gång,
Han slumrade in, den gamle, och dog
 Vid lärkors sång.
Barmhärtighets fader hans ande tog
 Till sig i en salig ort,
  Ej dit, ej dit,
 Som herrarne gå, ej dit!

*　*　*

Att finna rätta vägen öfver steppen är icke alltid lätt. Man får mest fråga sig fram från by till by, från stanitsa till stanitsa, från chutor till chutor. Stundom får man otydliga upplysningar, stundom är det andra omständigheter, som vålla att man tappar vägen. En gång hände detta mig i »skogen», såsom jag redan skildrat; en annan gång skedde det ute på slätten. Det gick så till:

Rätt sent en eftermiddag hade jag brutit upp från *Bugry*, en liten förtjusande stanitsa, som ligger vid ett ställe af Chapjor, där denna flod sväller ut till en täck insjö.

Det hade blifvit sent just därför, att jag trifdes så väl i stanitsan, som var ovanligt vacker med sina lummiga lundar af höga, täta popplar. Och folket var så vänligt, så ofördärfvadt klassiskt vänligt och så ursprungligt till hela sitt väsen, att jag nästan ångrade min långa vistelse i det litet mera kultiverade Filonovskaja, ty Bugry borde för mig ha varit af ändå större intresse.

Jag hade därför dröjt mig kvar länge och då de unga kosackkvinnorna vid brunnen på torget vänligt bjödo mig friskt vatten ur de vackra kärl af bränd lera, som de buro på hufvudet likt fordom och än i dag orientens kvinnor, så var det icke långt ifrån att jag svängt om min häst och bedt att få stanna i byn en vecka eller par.

Men därpå var ej att tänka och med en resignationens suck red jag ut på steppen. Här fanns redan en väg, ty vi började närma oss trakter, där odlingen är mera intensiv och där folket bor tätare. Men jag brydde mig föga därom, utan styrde blott Kosacken ständigt rakt mot norr. Jag visste, att i den riktningen borde jag ha Novochapjorsk, staden, som var mitt mål i dag. Och som det redan var långt lidet på aftonen, gaf jag mig icke tid att alltför noga se efter huru det bar, utan manade blott på min springare. Steppen var vid, luften var frisk och färden härlig.

Men rätt som det var fann jag, att solen redan betänkligt närmat sig horisonten, utan att jag ändå fått syn på tornspirorna och kupolerna i Novochapjorsk. Jag började bli litet orolig för hvar jag egentligen skulle hamna. Om en liten stund kom jag emellertid fram på en väg till höger om min första kosa och mötte där en åkande kosack. Jag frågade honom litet tveksamt huru långt jag hade kvar till Novochapjorsk.

»Till Novochapjorsk, *barin?* Å — femton verst ungefär, men det ligger inte alls åt det håll, där du nu rider, *barin*, utan hitåt, se!» Och han pekade rätt ut åt sidan. Och där såg jag verkligen långt i fjärran vid synranden en låg höjning, som föreföll vara krönt med taggar och spetsar.

»Det är Novochapjorsk», sade kosacken, »och dit är femton verst, om du vill färdas öfver fälten så rakt som fåglarne flyga, men vill du resa med mig på vägen, *barin*, så blir det en half gång till så långt.»

Jag valde det ovissa men snabba framför det vissa och långsamma och styrde kosan rätt på målet. Jag behöfde nu icke längre tveka om riktningen, ty jag såg alltid för mig de otydliga konturerna af staden och hade blott att rida så rakt fram som möjligt.

Aldrig hade jag tänkt att femton verst kunde vara så långa! Huru länge jag än red och fastän jag lät Kosacken galoppera öfver den mjuka åkermarken, syntes knappt de aflägsna formerna af staden bli tydligare. Här och hvar red jag förbi folk, som höllo på att tröska ute på fältet; på andra ställen, fanns ett hirsfält ännu omejadt, eller en åker med vattenmeloner, som jag måste rida omkring, och länge dröjde det om, innan jag kunde tydligt urskilja den höga, branta stranden på andra sidan floden Chapjor med stadens hus och kyrkor skymtande fram genom ett blåaktigt töckenflor.

Ännu några fält, där melonplantagernas ägare rest upp

åt sig hyddor af blad och halm och grenar för att bo i under skörden, så en liten skog af ekar och sedan är jag framme vid flodens låga östra strand

På en träbro rider jag öfver floden och så in i staden, som djärft klättrar upp på den branta västra stranden af Chapjor. Det är redan halfskumt och ljusen börja tändas i kojorna, men vid aftonrodnadens döende skimmer ser jag, att Novochapjorsk är en idyllisk ort, med djupa, breda dalgångar, som i nyckfulla bukter skurit igenom den höga platå, där staden är anlagd.

Utmed en af dessa dalgångar red jag genom staden till dess andra ände, där jag antog järnvägsstationen vara belägen; vid denna bodde nämligen den familj, hos hvilken Sergej Alexandrovitsj redan på förhand genom bref och bud berett mig nattkvarter.

Kommen halfvägs fick jag af en mötande höra, att jag från staden till stationen hade ännu fyra verst kvar! Det blef min första ridt i mörkret; det kändes litet underligt, att så där i beckmörk natt färdas till häst på en väg, som jag icke kände, i ett land, med hvilket jag icke heller var alltför väl bekant. Men det skulle ej bli min sista nattliga ridt, under återstoden af min färd blef jag så van vid sådana, att jag sällan om någonsin tänkte på den fara, som verkligen kunde ligga i dem.

Nu gick allting lyckligt och en timme var knappt förfluten, då jag kunde sätta min Zakaulok i stallet och, sedan jag välkomnats af värd och värdinna, fick rentvå och styrka min lekamen, hvilket väl kunde behöfvas efter de senaste strapatserna.

Men om jag tänkt att få njuta en ostörd hvila under natten, så blef det en krossad illusion, ty efter den löfliga och glada vanan i Ryssland fördrefvo vi större delen af denna med spel och sång och prat vid samovaren. Anton Dmitritsj och hans vackra hustru jäfvade icke ryssarnes rykte för gästvänlighet och till denna hör alltid också, tycks det, att man skall hålla sina gäster vakna så länge som möjligt om natten. Det skulle för öfrigt ha varit blott angenämt denna gång, ty Nina Pavlovna spelade härligt och sjöng härligare ändå, men alla de tiotal af verst, som Kosacken trafvat med mig under dagen, ropade jämmerfullt från mina styfva lemmar, och då jag omsider, när morgonen redan grydde, fick sträcka ut mig på en hård soffa i Anton Dmitritsj' arbetsrum, tyckte jag mig nästan bäras af änglar till Paradis.

* * *

Det behaget varade tyvärr icke länge, ty redan efter ett par timmar väcktes jag af en lydaktig tjänsteande, som lofvat att, där så behöfdes, med våld draga mig ur sängen på bestämd tid. Ett handfat med iskallt vatten gjorde mig emellertid fullt vaken, och det dröjde sedan icke länge till dess jag ånyo satt i sadeln.

Den dagen var min sista i kosackernas land. Jag hade redan skridit öfver dess gräns aftonen förut, då jag red in i staden Novochapjorsk, som ligger i guvernementet Voronesj; nu kom jag åter igen in på kosackernas område, men redan vid middagstid nådde jag Kalmyik, den sista *stanitsan* på min väg till det ryska Borisoglebsk.

I Kalmyik gjorde jag halt för att hvila öfver middagen. Stanitsan har kosackkaraktär knappt mera än till hälften; af invånarne äro kanske till och med flertalet ryssar. Det synes redan på byns yttre. Ryssen tycker om att bygga stugan antingen af brändt tegel eller också af trä, som skäres ut i ornament och målas grant; kosacken däremot bygger simplare, af soltorkadt tegel, af bjälkar och lera, och målar alltid sin bostad hvit så att det lyser lång väg. Och ryssarne vilja gärna lägga sina stugor på ömse sidor om vägen, så att byns utsträckning blir större på längden, och bredden håller sig till blott två, tre, högst fyra gårdar. Kosackerna åter bygga helst i täta, regelbundna kvarter rundt omkring ett stort torg, från hvilket gator ut åt alla håll. Själfva boningshusets grundplan är också hos kosackerna mera kvadratisk, och det nästan alltid halmtäckta taket reser sig pyramidformigt. Ryssarne bygga sina stugor långa och smala och öfver hufvud med mera omväxling både i form och färg; taken äro ofta täckta med trä, då man ej har råd att bestå grönmålad plåt, och gaflarne äro höga och spetsiga.

I Kalmvik gjorde jag bruk af mina papper från Urupino. Med stolta steg marscherade jag in på *upravlenije*, sedan jag bundit min häst utanför. Där lade jag fram för de förbluffade gubbarne mina granna dokument och förklarade i myndig ton, för ombytes skull, att jag önskade kvarter för mig och min häst och mat för oss båda i ett ordentligt hus. Jag var i dag icke längre den utmotade »underklassaren», utan en mäktig man med papper från öfverheten, med inrikesministerns vitsord på min ficka och hvad mera var — med kretsatamanens!

Den hederlige byatamanen svarade mig mycket undfallande och gaf mig kvarter hos en sin släkting, som tog emot mig på det vänligaste. Han var icke kosack, Afanasi Ivanitsj, utan han var en ryss från Rjäsanj; därför kunde han icke besitta jord i stanitsan, utan arrenderade af sina släktingar några desjatiner. Han berättade mig mycket om en jordbrukares tunga lott i dessa trakter. Ack, det märktes endast alltför väl, att jag lämnat kosackernas land, där hvarje man är själfmedveten och stolt i känslan af sin värdighet att vara kosack och af de rikedomar han som sådan besitter. Jag var nu i Ryssland med dess fattigdom och dess klagolåt, det vida, stora, rika, men ändå så fattiga Ryssland.

Senare på aftonen kom jag till en liten by, en liten *derevjna* på ryska området, där man just firade en bröllopsfest. Då jag långsamt red utefter den långa, breda bygatan, såg jag hvad jag sällan fått se hos kosackerna, nämligen vackra kvinnodräkter, men också hvad jag *aldrig* sett hos dem — unga, festklädda kvinnor, som rusiga raglade arm i arm gatan framåt ifrån bröllopsgården. — Jag var i Ryssland, det stackars stora, vida, fattiga Ryssland....

I galopp red jag de par, tre verst, som ännu skilde mig från Borisoglebsk. »Kosacken» dröp af svett då jag kom fram, ty luften var varm, och han slängde omkring sig stora flagor af skum när jag höll stilla nedanför Sergej Alexandrovitsj' balkong vid järnbanehuset. Jag hade lyckligt slutat första delen af min färd till häst genom Ryssland, den del som tills vidare blott hade sträckt sig »genom kosacklandet». Men mångahundrade verst hade jag ännu kvar att färdas genom tsarens vida land.

Gata i Borisoglebsk.

II.

Borisoglebsk.

Jag vet icke hvarför Igor Romanovitsj så föga tyckte om Zakaulok.

Han sade att hästen var ful, gammal och dålig och att den aldrig skulle bära mig till Petersburg.

Nu är det så att Igor Romanovitsj är en stor auktoritet i hästfrågor, erkändt den störste som Borisoglebsk äger. Det är alldeles sant som Leonid Petrovitsj säger, att det gör just detsamma hvad man börjar tala med Igor Romanovitsj om, ty man slutar ändå med att tala om hästar, antingen man

Igor Romanovitsj är van att bli bemött med den största uppmärksamhet icke blott på grund af den auktoritet i berörda afseende, hvilken han åtnjuter i detta hästarnes förlofvade land, utan också af andra anledningar. Han är nämligen öfverstelöjtnant i ryska armén och därjämte chef för gendarmkåren på platsen. Det vill säga inte för spioneringsgendarmerna — deras höfding är en annan öfverste, som knappast kan glädja sig åt befolkningens sympati — men för de lika aktade som aktningsvärda järnvägsgendarmerna.*

I den senare egenskapen skulle det visserligen tillhöra honom att bo i en by, som ligger mera i midten af hans distrikt, men Igor Romanovitsj trifs bättre i staden, där han har godt om umgänge. Och då man ju som sagdt i Ryssland kan göra ungefär hvad man behagar, om man blott icke talar allt för högt om det, så har Igor Romanovitsj kunnat med största lugn inrätta det så godt och bekvämt åt sig som möjligt i ett eget komfortabelt hus i Borisoglebsk, viss om att ingen af hans öfverordnade kommer att tadla honom därför, ty de göra ju alla på samma sätt hvar och en i sin stad.

Igor Romanovitsj trifdes särdeles godt hos min vän Sergej, ingeniören. Han brukade så ofta komma dit, att jag nästan har svårt för att tänka mig sällskapet där borta utan att också se den gamle gendarmöfverstens fryntliga figur. Med sitt runda ansikte och sitt korta, glesa, borstiga, hvita skägg påminde han icke obetydligt om en gammal katt, och när han så knep ihop de små ögonen och knipslugt log med sin breda mun och sade *milejsjij moj dorogoj*, käraste min dyre,

* I Ryssland liksom i många andra länder måste vid hvarje järnvägsstation städse finnas en postering af ett par gendarmer, hvilka hafva till uppgift att öfvervaka ordningen. De äro i allmänhet godt och vänligt folk, som gärna stå de resande till tjänst med upplysningar, på hvilkas riktighet man alltid kan lita.

och formligen spann af idel vänlighet, då var likheten påtaglig.

Så såg han också ut den gången, då han sade mig, att min Zakaulok var dålig. Det var strax sedan jag anländt till Borisoglebsk efter den »proffärd» jag företagit från Filonovskaja genom kosacklandet, under hvilken Zakaulok skulle visa hvad han dugde till. Resultatet var således inte vidare uppmuntrande och jag blef litet misslynt öfver omdömet. Inte var det just heller mera uppmuntrande, då Avilov, den armeniske löjtnanten, som jämt försökte tala franska, fastän alltid med lika liten framgång, och som ansågs för nästan lika stor hästkännare som vår gode Igor Romanovitsj, förklarade, att jag öfveransträngt min Kosack genom för bråd ridt och att han på det sättet aldrig skulle kunna bära mig ända fram.

Gendarm.

Men Avilov var mycket mera förhoppningsfull än Igor Romanovitsj. Han skulle sända mig sin kalfaktor för att gnida hästens ben med halm och massagera dem med händerna och blöta dem med kallt vatten och om ett par dagar skulle allt vara väl och i ordning. Avilov gaf mig också en hel del vinkar och råd för min färd, dem jag sedermera hade många tillfällen att tacksamt erinra mig.

Han var i allmänhet icke så väl omtyckt, denne Avilov, kanske i främsta rummet på grund af sin nationalitet, ty armenierna äro ej väl sedda i Ryssland; möjligen ock af andra orsaker. Men jag fann aldrig något ondt med honom, oaktadt jag hade tillfälle att lära känna honom rätt nära, då han under en lång tid kom till oss nästan dagligen. Tvärtom fann jag i honom en god och finkänslig människa, hvilken dessutom vid ett par tillfällen lade i dagen ett mod och en rådighet, som måste tillvinna sig beundran.

Mig sökte han städse vara till tjänst med sin erfarenhet, och han försäkrade, att om jag följde hans råd, skulle jag ha goda utsikter att komma lyckligt fram. Erfarenheten visade sedan, att han hade haft rätt. — Men han dolde ej företagets svårigheter. »*C'est une affaire sérieuse que celle-là*», sade han, »och ni får ej lita på att det går bra, om ni icke iakttar alla försiktighetsmått. Det är i hvarje fall ett kinkigt företag.»

Detta lät ju dock höra sig, och efter blott två dagars sjukbehandling af soldaten Ivan befann sig Zakaulok redan så väl, att den lilla ömhet han haft i benen efter den forcerade ridten från Novochapjorsk alldeles försvunnit.

Det fanns egentligen ingenting alls, som hindrade mig att fortsätta färden, och det var så mycket större skäl därtill som hösten var i annalkande; resan skulle ju taga rätt lång tid i anspråk, och att komma fram till Petersburg först då vintern började med snö och is, det tilltalade mig inte särdeles.

Men det fick ej bli så. Ty Igor Romanovitsj hade nu en gång beslutat, att jag skulle ha en annan häst. Han ville skaffa mig en springare, sade han, som skulle väcka verklig hänförelse, då den uppenbarade sig på Stockholms gator, ett djur, som jag kunde vara stolt öfver att hemföra till mitt land och behålla hos mig för att visa mina landsman hur Rysslands hästar se ut. En sådan skulle han skaffa mig och detta med det första, jag kunde räkna på honom.

Det gjorde jag också, men det borde jag ha låtit bli. Jag kunde ju inte gärna afslå ett sådant förslag, ehuru det smärtade mig att skiljas från min Zakaulok, som jag redan fått kär och fast jag i hemlighet litade godt på hvad Avilov hade sagt mig. Och när jag så mindes hvad Bilkoff, den hederlige och trogne Bilkoff, hade yttrat om min häst, så kände jag mig nästan öfvertygad om, att det skulle nog i alla fall ha gått bra med Kosacken. Men det hade ju ändå varit dåraktigt att visa ifrån sig ett dylikt anbud, så mycket mera som jag visste, att min Kosack i alla fall skulle komma i goda händer, ty Sergej Alexandrovitsj hade lofvat, att om jag finge en annan häst, skulle han öfvertaga min. Att Bilkoff i ty fall skulle sköta djuret väl, därpå behöfde jag minst af allt tvifla.

Jag dröjde alltså kvar i Borisoglebsk i afvaktan på min nya häst.

Kom så en dag, då Igor Romanovitsj lät sända bud, att han nu väntade hem till sig en sådan, som var just precis den sökta, vi måste genast, Sergej Alexandrovitsj och jag, komma öfver och se på den.

Vi kommo, och den gode öfversten mötte oss med glädjestrålande ansikte.

»Det är en kirgis», ropade han emot oss, »en femårig hingst, apelkastad, härlig och fullkomlig, idealet af en häst, nu behöfva vi icke söka längre.»

Kirgisen leddes fram. Han var verkligen vacker, om också ändå mera originell än vacker. Det stora, litet klumpiga hufvudet satt på en kort och anmärkningsvärdt kraftig hals, ögonen, nästan glödande af lifslust, blickade fram under en lugg så lång och tät, att jag sällan sett maken, och kring de stora, mörka, frustande näsborrarna hängde långa, tjocka, hvita känselhår fram Bröstet, ryggen, benen, alltsammans idealiskt, förklarade Igor Romanovitsj, och han hade naturligtvis rätt

Men icke desto mindre hände sig, att då stalldrängen Serjosja satt upp och red hästen framåt gatan för att vi skulle se huru den tog sig ut, så tog den sig mycket illa ut. Ty kirgisen släpade med bakbenen som en äldre stelbent åkarkamp och det var alldeles omöjligt att få honom till galopp — kort och godt, han dugde inte alls.

Igor Romanovitsj tog saken lugnt och förklarade med mycken förbindlighet, att han skulle skaffa en annan häst.

Efter åtskilliga fåfänga försök hade han någon vecka senare nöjet förkunna, att en sådan skulle komma med jarnvägen till Borisoglebsk, det var en guldfärgad fux, som ägde alla möjliga företräden.

Den kom, sågs — men segrade icke Bilkoff förklarade föraktfullt, att den helt enkelt var en *musjitskaja losjad*, hvilket på svenska är uttydt — en bondkamp Jag profred den och fann den snäll och lydig, men förvånande trög. Emellertid beslöt jag att denna gång hvarken lita på mitt eget eller öfverstens eller ens på Bilkoffs omdöme, utan tillkallade en veterinär

Jozef Fadejevitsj var polack och en mycket hygglig karl, som till och med ej var alldeles utan en liten anstrykning af vetenskaplig bildning Och en stor praktiker var han också, ty han hade hela kavallerikaderns många hundrade hästar under sin vård.

Han såg länge på djuret, om hvilket han för öfrigt strax fällde samma förklenande omdöme som Bilkoff, och sedan han med en spegel undersökt dess näsborrar, sade han.

»Hästen är sjuk, den har 'sapp', den svåraste och mest smittosamma sjukdom, som våra hästar någonsin kunna få. Den kommer att dö, innan ni hinner fram till Moskva!»

Zakaulok leddes fram. Veterinären granskade honom ett ögonblick och pekade så på det märke i form af en hästsko, som fanns inbrändt på hans länd.

»Det där», sade han, »är af mera vikt, än alla våra undersökningar. Det betyder att han är af blod; det är Tanbejevs märke och visar att hästen är från ett stuteri i Kaukasien, en bergskosack af ädel ras och med gammalt stamträd.»

Jozef Fadejevitsj ansåg, att Zakaulok kunde göra färden, om han blefve väl skött och vårdad. Han var endast allt för mager, men det var en sak, som borde kunna hjälpas med kraftig utfodring. Det är en »hafrehäst», sade Bilkoff öfvertygande, *avsionnaja losjadka*, och däri hade han rätt. Hvadan Kosacken därefter fick äta så mycket hafre han ville och behagade.

Ett annat märke, inbrändt på hästens hals, gaf Jozef Fadejevitsj anledning att tro, det den någon gång varit antagen som remont vid kadern, men af någon orsak blifvit kasserad; om detta varit för sjukdom, så fanns visserligen skäl att vara bekymrad, annars ej. Han ville derför undersöka saken.

Andra dagen kom han mycket belåten tillbaka. Han hade i rullan öfver regementets hästar anträffat beskrifningen på min Zakaulok och öfverlämnade till mig en kopia däraf. Af denna framgick, att hästen under hela sin tjänstetid aldrig varit sjuk, men blifvit kasserad på grund af vildsinthet, emedan rekryterna ej kunde rida honom. Det var alltså intet farligt fel, som orsakat afskedandet, tvärtom. Af vildheten fanns numera intet annat kvar än eld och lif, och att Zakauloks lynne var mildt och godt, det visste jag af erfarenhet.

Det blef därför sagdt, att jag icke längre skulle vänta på Igor Romanovitsj' hästar, utan behålla min gamle vän, och jag var glad däröfver; jag fick också sedermera aldrig anledning att ångra mig.

Jozef Fadejevitsj blef min bäste rådgifvare. Han skref åt mig en promemoria öfver de vanligaste hästsjukdomarne och deras botande, gaf mig medikament emot dem och lät under sina ögon tillverka och påsätta hästskor af allra bästa slag. Huru väl hans folk gjorde sin sak fann jag senare, då jag efter tre veckors ridt anlände till Moskva utan att hästen ännu förlorat ett enda söm. Och Kosacken bar samma skor hela vägen ända fram till Petersburg; de blefvo visserligen omlagda på vägen ett par gånger, och när de till sist togos af, voro de nästan tunna som löf, men då hade de också fått tjänstgöra under en färd af mer än femton hundra verst!

Igor Romanovitsj blef ledsen då han hörde om veterinärens undersökning af den sista hästen han skaffat, och erbjöd sig genast att försöka leta reda på en annan.

Jag tackade och pröfvade verkligen sedan ännu en gång ett par af hans kampar, churu jag redan var fast besluten att icke öfvergifva min trogne Kosack. Frestelsen var ej heller så svår, ty den ene af de hästar, som nu erbjödos mig, var visserligen förtjusande vacker, kolsvart och af Orlovblod, men hade det betänkliga felet, att han, som Bilkoff sade, ej hade några bakben — det får nu visserligen icke tagas i bokstaflig mening, men bildlikt taget var det sant nog, ty så fort jag steg i sadeln på honom, satte han sig på bakhasorna. Den andre var en stor, stark och klumpig kosackhäst, af en egendomlig mörkgrå färg. Hans svåraste lyte var, att han var så oändligt mager; refbenen syntes vilja komma ut ur skinnet och man var nästan rädd att kreaturet när som helst kunde störta omkull och ge upp andan.

Det var och blef alltså min Zakaulok, som skulle föra mig hem.

Igor Romanovitsj beklagade etc. etc. Som bevis på sin välvilja och sina goda tillönskningar gaf han mig en *vedro*, som verkligen var inventiös och blef mig till mycken nytta under färden. Det var en tygpåse af en vedros* rymd, med hvilken jag kunde mäta både vatten och hafre, och det var ingen svårighet att föra den med sig på sadeln, ty den vägde nästan ingenting, enär den var gjord blott af vattentätt tyg och rotting.

Sergej Alexandrovitsj hjälpte mig att fullständiga utrustningen med åtskilliga andra nyttiga ting, så att jag med full trygghet kunde börja min färd.

Historien med Igor Romanovitsj' hästar hade emellertid uppehållit mig en hel månad i den goda staden Borisoglebsk, en dyrbar månad därför att hösten redan var inne, och en onyttig månad, emedan jag därunder uträttat så godt som ingenting. Det var dock i alla händelser en intressant tid, och jag hade under densamma ett särdeles gynnsamt tillfälle att få en ganska djup inblick i det ryska sällskapslifvet.

Det skulle föra för långt att här söka ge en samlad bild af intrycken från denna tid; de skulle ju också strängt taget knappast höra riktigt tillsammans med skildringen af en färd »till häst genom Ryssland». Men några minnen därifrån kunna kanske försvara sin plats.

Sergej Alexandrovitsj' hem är äkta ryskt Det finnes ett ord, som ofta användes äfven när det egentligen ej passar

* Ryskt rymdmått

så väl; det heter »vårdslös elegans». Men om det någonsin är på sin plats, så är det vid skildringen af ett förmöget ryskt hem. Elegansen är där påtaglig, men vårdslösheten är det sannerligen ej mindre. Ingenting sparas när det gäller att anskaffa något nytt, men det som finnes faller det ingen in att vårda och underhålla. Ett helt rum är fullt af blommor — de dö af vanskötsel. Möblerna äro vackra och dyrbara, men akta dig bara att du ej slår dig ner för ovarsamt på en stol, ty det är knappast antagligt, att den har alla benen hela. Pianinot, från Rönisch, är nytt, glänsande och prydligt. Det har också den mest mjuka, fylliga ton, då du spelar på det, men står det hopfälldt, så kan du skrifva både namn och år och datum på klaviaturlocket. Golfvet är bonadt och blankt, nämligen så ofta golfputsaren gjort sin rund; dessemellan kan det vara mer än betänkligt. Och akta dig att kasta en blick i en kakelugnsvrå eller något annat hörn — de äro gärna gömställen för mångt och mycket. Fönsterbrädena i matsalen äro belamrade med husgeråd, inte sällan med läckerheter från bordet och en massa saker, som rätteligen hörde hemma i köksdepartementet. Bordservisen skulle vara smakfull, om inte soppterrinen vore trasig och tallrikarne omaka. Damastserveterna äro dyrbara och vackra, men tyvärr sällan ombytta. Och som servetringar just inte förekomma, så får man inte anmärka på att serveterna äro *commune bonum* — i dag min, i morgon din! Skedarne äro af silfver, knifvarne ha elfenbensskaft, men gafflarne äro trekloiga vidunder.

Sådant är det ryska hemmet. Och lifvet där?

Sent stiga vi upp om morgonen, och mycket sent äta vi frukost. Klockan två intages lunchen, och sedan börjar man lefva. Först beramas en utflykt. Sergej Alexandrovitsj och undertecknad till häst, de öfriga i vagnar. I hvinande fart genom stadens gator. Dammet ryker. Kurdasch och Zakaulok få sätta galopp och löpa kapp på den stora hufvudgatan; hvad den heter veta kanske fåglarne under himmelen, jag ej — men det är i alla fall den, där de stora butikerna äro och där fruktmånglarne hålla till. De ha då också god plats, ty gatan är i hela sin längd bredare än ett torg. Stenläggning förekommer naturligtvis inte annat än på små stycken här och hvar; nästan ingen stad i hela Ryssland har en ordentlig stenläggning utom Odessa, Kiev, Sevastopol och till en viss grad Petersburg. Här är det rama åkern. Att Borisoglebsk ligger i det breda bälte af mellersta och södra Ryssland, som täckes af *tsjornaja semlja*, svarta jorden, det har man ej svårt att se. Små kullar, diken och djupa hål midt på gatan. Är det torrt och varmt, så

Golfputsare i ett ryskt hem.

ligger den losa mullen fotsdjupt; om det regnar, äro groparne fulla med vatten och ett kärt tillhåll för grisar, gäss och ankor. Renhållning är ett okändt begrepp, och det är icke sällsynt att finna kadaver af kattor o. d. här och hvar på gatan.

Åt ena sidan ligger basaren. Där göras stora affärer, ty Borisoglebsk är hufvudorten för en rik bygd, en trakt,

VID BASAREN.

som årligen skickar tusentals pud säd till Rostov och Novorossisk och andra hamnar vid Svarta hafvet. Har hållas också stora hästmarknader — guvernementet Tambov är ryktbart för sina hästar Här säljas järnvaror från Tula, skinn ifrån norden, vidare hudar, lergods, vattenmeloner, mjöl — Borisoglebsk har fyra väldiga ångkvarnar, eller rättare sagdt hade, ty två brunno upp under min vistelse där — till mycken fromma för de båda andra.

På andra sidan om stora gatan ligger en kyrka under byggnad Den är anlagd såsom stadens förnämsta katedral, men tycks inte ämna bli färdig med det snaraste Den har en egen historia För några år sedan, då den stora hungern gick öfver Ryssland — icke den permanenta årliga hungern, som blott hemsöker vissa guvernement och dödar några gamla stackare bland musjikerna och deras gummor, ty de unga tåla bra vid att svälta — inte den, utan den stora, förfärliga hungern, som höll på att slå hela Ryssland med lamhet och suga bort all dess kraft och styrka — när den gick öfver landet, så ansåg man sig i Borisoglebsk böra bygga en kyrka af dittills ej anad prakt och skönhet — förmodligen för att blidka en förtörnad Gud och vreda helgon

Men tyvärr tog hungern slut innan kyrkan ens var halffärdig. Tyvärr, säger jag, ty då det inte längre fanns någon anledning att arbeta på det heliga verket — himlen var ju nådig igen mot Ryssland — fick det stå som det stod. En koleraepidemi åstadkom, att man hastigt byggde ännu några hvarf, men den tog också för snart slut Nu påstår mänsen, att så ofta missväxt hotar, bygges det ett stycke till på kyrkan, som alltså lär komma att bli fortare färdig i samma mån som skördarne bli sämre — Fromheten var stor, tror jag, också i Abdera.

Vid utkanten af staden ligger stadsträdgården, en liten

täck plats med lummiga träd, vackra gräsmattor och angenäma promenader, som visa hvad man kunde göra af staden, om man blott ville. Vägen här förbi taga vi ofta, då vi äro på återfärden från en rid- och åktur ut till skogen på andra sidan Vorona. Det lider då vanligtvis mot aftonen, och vi äro tvungna skynda oss hem till dinern, som väntar, men jag vill ändå stanna här för en minut och mellan trädens

Fyrspänd promenadvagn.

stammar se hur slätten breder ut sig framför oss; parken ligger vid branten af en ås, hvars fot sköljes af Voronas vatten, och långt, långt ut öfver slätten, så långt som blicken går, ser jag flodens silfverband och blanka speglar. Aftonmolnens guld och rosa blicka mig till mötes från vattnets yta, och de yppiga trädens ljusa grönska på åsen häruppe kallar fram minnet af svenska sommarlandskap. Väl är himlen mörk och mulen vid norra synranden, men tankarne ila längtansyra genom moln och dimmor till gamla Sverige, då skymningen faller tung öfver Rysslands slätter.

Hemma hos Sergej Alexandrovitsj tar den hörsamme Bilkoff emot hästarne. Middagen är dukad på balkongen, och när vi slutat den, sitta vi ännu kvar därute i halfmörkret, sedan lamporna flyttats bort. De glödande kolen i samovaren kasta ett svagt, rödt skimmer öfver duken och vid deras sken knäpper furst M på sin gitarr och Sergej Alexandrovitsj rör lekande mandolinens strängar. Balkongen vetter mot väster och därifrån kommer ännu ett svagt, tveksamt ljus,

>Som när alla färger leka
i den skenbart färglöst bleka
diamantens klara sten,
darrar än ett återsken
genom natten han
från ett solens land,
ej beträdt af sulor,
men hvars gyllne kors och kulor
glimma upp längs himlens rand»

Ibland kunde det hända, när vi hade ätit, att Sergej Alexandrovitsj lät sadla hästarne och sade: »Nu skola vi rida ut på steppen, Vladimir Viktorovitsj, jag längtar att få jaga fram som en vilde öfver fälten!»

Så svängde han sig upp i sadeln på Kurdasch, och jag besteg min Zakaulok. I snabbt traf bar det genom gatorna, och på några minuter voro vi utom stadens hank och stör. Där gaf Sergej Alexandrovitsj lösa tyglar åt Kurdasch och jag följde. Lyste månen, så var ingen fara, ty när man blott blef van vid det bleka skenet, såg man nästan lika bra som vid dager Men stundom hade vi blott stjärnljuset till vägledning; då fick det gå på vinst och förlust. Vägar finnas ju ej, utan vi måste följa de hjulspår, som teljagor och tarantasser plöjt i den mjuka marken, ofta tappade vi spåret och jagade framåt utan väg, utan mål. Zakaulok tyckte icke mycket om dessa nattliga utflykter, ty hans temperament är egentligen icke modigt. Därför höll han sig gärna tätt efter Kurdasch, för hvilken han syntes hysa ett obegränsadt förtroende och en varm vänskap. Jag lät honom gärna hållas, ty jag tänkte, att om det ändå var bestämdt att hästen skulle bryta sina ben och jag min nacke i någon grop på slätten, så kunde det lika gärna ske på det ena stället som på det andra; någon möjlighet att granska terrängen och taga mig tillvara hade jag ändå inte i mörkret.

Det var alltså inte utan sin fara, och jag kände mig verkligt glad hvarje gång vi kommo helskinnade hem efter dylika färder. Men trots detta brukade jag ändå nästan längta efter dem igen. Det kan ej nekas, att det var en säregen tjusning förbunden med detta mållösa, vanvettiga, vågsamma kringirrande i mörka nätter på öde stepper, och jag tror, att om jag vore ryss, kunde jag nästan vara färdig att instämma med Sergej Alexandrovitsj, då han sade: »Jag skulle annars inte ha något emot att bo i västern, i Sverige till exempel eller någon annanstädes, men det är i alla fall något, som jag alltid skulle sakna och längta efter, och det är just den frihet jag i mitt kära Ryssland har att göra hvad jag behagar, utan att behöfva tänka på, att andra människor tro mig vara galen.»

Han hade rätt. Man är verkligen fri i Ryssland, mera än kanske någon annanstädes i Europa, så underligt det kan låta att säga det. Ty den despot, hvars välde vi själfva pålagt oss i västern och som heter *det går icke an,* är ofta strängare än någon annan, men i hans rike är Ryssland en upprorisk provins, som föga frågar efter lag och förordning.

En gång under min vistelse i Borisoglebsk bereddes mig ett rart och sällsynt nöje Tidningarne hade meddelat, att den internationella geologiska kongressen, som under sensommaren varit samlad i Petersburg, skulle göra exkursioner till Ural och Kavkaz, och vi erforo nu en dag, att en afdelning af de lustfarande geologerna skulle passera stationen Filonovo och stanna dar någon timme för att supera Som man kunde sluta till, att äfven svenskar och finnar skulle vara med, föreslog mig Sergej Alexandrovitsj, att vi allesamman skulle resa dit, något hvartill jag så mycket hellre samtyckte, som jag inte sett en landsman på flere månader

Vi foro alltså med tåg till Filonovo, den för mig så välbekanta kosackstationen, dar Fedor Fedorovitsj hjärtligt halsade oss. Stationen hade tagit på sig sin helgdagsdräkt for att fira de långvaga gasterna, som skulle komma, och en stor mängd kosacker, hvaribland dock inga af mina narmare vanner från Filonovskaja, funnos samlade på perrongen. Då geologernas tåg löpte in på stationen, stod jag med min hvita svenska studentmossa midt ibland kosackerna, saker på, att om jag bland de ankommande hade några landsman, de genast skulle fasta sig vid den har på platsen helt visst ovantade uppenbarelsen af en student från Sverige. Då vagnsdorrarne öppnats och passagerarne strömmade ut, drojde det icke heller länge, innan en ung man styrde kosan ratt på mig och med några val valda kraftord uttryckte sin förvåning öfver att träffa en landsman midt i de donska kosackernas land. Det var docenten A—n, presentationen gjorde under rådande förhållanden föga besvar

Efter honom kommo flere andra svenskar; bekantskapen formerades latt, och jag hade sedan under järnvagsresan tillbaka från Filonovo nöjet att särskildt af docenten B—m, som intog té med oss i Sergej Alexandrovitsj' tjänstevagon, höra berättelsen om landsmännens öden. För mig var det en källa till uppriktig glädje att få tala mitt modersmål och ännu mera att få höra det talas, ett nöje från hvilket jag, som sagdt, redan ganska länge fått afstå.

Kort innan tåget gick från Filonovo fick jag till min stora glädje träffa min vän fredsdomaren från Filonovskaja, den gode Dmitri Ivanitsj, som af en händelse befann sig på platsen. Han tryckte hjärtligt min hand och berättade mig i hast följande löjliga historia.

En dag hade kosacken Pavl Stepanitsj Fokin kommit in till honom och sagt:

»*Drasti* — god dag, Dmitri Ivanitsj; har du hört något nyligen från vår vän Vladimir Viktorovitsj?»

»Ingenting särdeles just nu.»

»Men jag har», hade då Pavl Stepanitsj svarat och sett mystisk och viktig ut, hvarpå han förtäljde, att atamanens yngsta dotter hade varit i Borisoglebsk och där bland annat sett bemälde Vladimir Viktorovitsj. »Och han var inte alls klädd som här hos oss», tillade Pavl Stepanitsj, »som en vanlig kosack, utan han hade helt hvita kläder och en hvit mössa, sådan som våra generaler bära om sommaren! Vet du hvad, Dmitri Ivanitsj, att nu först hafva vi förstått hvem han var, fastän han aldrig ville säga det själf. Han var», och här hade kosacken sänkt sin röst till en hemlighetsfull hviskning — »han var *syn schwedskavo korola* — en konungason från Sverige!»

Fredsdomaren hade gjort lika ifriga som fåfänga försök att öfvertyga Pavl Stepanitsj om hans misstag. Men kosacken endast log och skakade på hufvudet. »Du misstager dig själf, Dmitri Ivanitsj», sade han, »jag vet bättre, *dolsjno bytj* — det måste vara så, att han är den jag

— 353 —

tror» — och med den öfvertygelsen hade han gått hem till de sina

Så att nu var det en gång för alla fastslaget, att den främmande man, som gästat Filonovskaja och bott som en arbetare hos Fokin, Pavl Stepanitsj, och hos Avrelian och Dunja hans hustru, och hos Olga Markovna, Pavls och Dunjas moder, var ingen annan än konungens son af Sveriges land. *Dolsjno bytj*, det måste så vara, så och icke annorlunda.

* * *

Efter denna lilla utflykt till de trakter, där jag vistats som kosack, blef jag icke länge kvar i Borisoglebsk. Då jag, som redan är berättadt, hade fått klart för mig, att Igor Romanovitsj' hästaffärer för min räkning icke skulle leda till något resultat och hade fått min ägande Kosack »pröfvad, gillad och stadfäst» af den nämnde Jozef Fadejevitsj, såsom ock förtäljdt är, sade jag en morgon ett kort men hjärtligt farväl till alla mina kära vänner och drog så icke utan tillfredsställelse bort från Borisoglebsk Ty fastän jag där ej rönt annat än godt och fastän jag hade trifts väl med min umgängeskrets, så drog mig dock min längtan allt starkare mot norr, mot landet där i fjärran bortom hafvet.

III.

Höst.

Det är egendomligt hur hösten kommer. Så olika alla de andra årstiderna.

Vi veta aldrig riktigt af hur det blir sommar. Vi tro hela tiden, att det bara är våren som kommit. Vi våga inte riktigt lita på värmen, på solen, på det vackra vädret. Våren är ju så förrädisk. Han lockar med leende fägring; solstrålarne, grönskan, den blåa himlen sjunga jubelhymner, fåglarne kvittra bekymmerslöst, marken doftar vår, den där feta, fuktiga, förledande vårdoften, som gör att vi mena vinterns välde

Men så kommer det igen en dag, då himlen mulnar, regn faller, eller kanske snö, och det blir kallt, rått, fuktigt — det är våren, det är April, som skämtar med oss. Man vågar aldrig vara riktigt säker på honom, inte tro honom mer än jämnt, inte förr än han varit länge hos oss — ja, kanske inte förr än han redan är borta. Då se vi en dag, att vårblommorna vissnat att marken är torr, att vårfåglarne slutat sitt kvitter, att maskrosen, aspen och sälgarne börjat sända sina hvita fjun ut i världen. Sommar har kommit utan att man visste af det.

Annorlunda är det med hösten. Den kommer inte stilla och obemärkt, fastän den inte heller gör så mycket väsen af sig som vintern. Men den kommer alldeles bestämdt, när den kommer.

I går var det sommar — i dag är det höst. Hvarför? Hvad är det — det veta vi ej rätt. Det är egentligen ingenting bestämdt. Löfven hafva icke gulnat på en enda natt, blommorna ha icke vissnat, fåglarne ha icke tystnat. Det är icke mycket kallare i dag än i går, solen lyser nästan lika klart, himlen är nästan lika blå, gräset är ännu grönt.

Du vet som sagdt inte hvad det är, men ändå känner du det så väl.

Kanske är det detta »nästan» — detta att allting icke är *riktigt* likt sig. Om du hör noga efter, skall du förnimma, att de fåglar, som ännu sjunga, ha fått något visst betryckt öfver sig. Deras kvitter är dämpadt, de våga icke »sjunga ut». Hvad har händt dem?

Det samma som dig själf. De ha känt, att hösten kom i dag. Det är nästan som om den komme inom oss, innan den kommer utom oss. Vi känna dess fläktande vingslag, och vi bli vemodiga däröfver; därför se vi allt i en annan dager, därför är hösten kommen plötsligt och på en gång.

Hösten är döden, naturens död.

Men nej, den är icke döden, utan döendet. En kvinna kan gråta öfver den, då hon ser blommorna vissna, ser fåglarne tysta draga bort. Men det är orätt. Hösten är icke något att gråta öfver. Den är vackrare än allting annat; intet är någonsin så skönt som när det håller på att dö. Och höstens skönhet gör, att vi icke kunna sörja öfver honom, fastän han har döden i följe.

> — — — »Som formade i drifvet
> Och blårödt guld stå land och stad,
> Jag vill bland höstens röda blad
> Bedårad prisa lifvet.»

Detta är döendets skönhet, detta är höstens, vemodets mystik.

Döendets skönhet?

Ser du inte huru löfven lysa röda i skogen? Ser du inte hur björkarnas toppar stå gula mot en klar himmel? Gulnade ligga fälten, gul är himmelen nere vid horisonten. Och solskenet är gult, icke hvitt, bländande hvitt som om sommaren, utan guldgult, vänligt, mjukt, men melankoliskt.

Gult är dödens farg hos österns folk. Det är en vacker symbol, lånad från naturens omätliga rikedom åt den fattiga människan.

Det rika, det varma, det brusande liffulla, det ungdomligt kraftiga som sommaren äger, det har icke hösten. Den är sval, behärskad. Men därför tycker jag om den.

Aldrig har någon årstid så blida färger som hösten, så fina toner, så mjuka former. Om himlen står i brand och glöd en afton, så lågar den icke i brinnande, sprakande, gnistrande flammor, och himlen står icke djupt och fullt och mättadt blå däröfver.

Utan molnen hänga tunga och svala och stilla. Ofvan äro de mörkblå, nobelt, obestämdt gråblått mörka. Undertill lysa de i violett-rosa-guld med en glans, som icke bländar, med en glöd, som icke glimmar. Det finns ingenting brännande i detta, det är det sista stilla, svala men ej kalla ljuset af en sjunkande sol, en försvinnande höstsol.

Och luften känns så lätt och så ren. Man spänner ut bröstet, man drar djupa andetag, hållningen måste bli rakare, minen djärfvare, blicken skarpare. Hågen blir mera fast, viljan mera stark.

Zakaulok förstår mig. Ty hösten är också hans tid.

Medan det ännu var sommar kunde han blifva trött, svettig, andfådd. Nu växer hans energi i ansträngningen, nu ökas hans krafter, hans eld, hans mod. Stolt ilar han öfver Rysslands slätter. Man skulle kunna tro, att han vet hvad som fordras af honom.

Hvad han är vacker, min Zakaulok! Min praktiga svettfux med sin raka rygg, sitt breda bröst, sina smidiga och starka ben. Och det vackra hufvudet med de stora, skygga, mörka ögonen, den lätt böjda, sammetslena nosen, de vida näsborrarne, som darra vid hvarje sinnesrörelse, och halsen, den koketta, smala, raka halsen, sträckt rätt upp emot skyn så djärft och spotskt som trots någon halfvild kosackhäst — det är en häst från steppen och för steppen, en häst, som kan och skall föra mig hundrade och åter hundrade mil genom tsarens vida länder.

Han känner visst, att det gäller något annat nu, än då han fick jaga vildt med mig på slätterna kring Borisoglebsk. Då jag roade mig med att rida i fyrsprång genom gatorna och i vildaste karrier slå åttor och öglor omkring mötande isvostsjikar, att tafla i kapp med Pavl Andreitsj på velociped eller med Sergej Alexandrovitsj på hans Kurdasch, att sätta öfver breda diken och släppa Barrabam lös på alla sätt och vis ..

Men Zakaulok blir trött ibland; då stiger jag af och går. Jag går framför med tyglarne kastade öfver armen, och han följer lydigt efter. Sadelgjordarne har jag lossat, så att han får dra långa, djupa andetag.

En kvart eller en halftimme är nog för att han skall bli pigg igen, och jag stiger i sadeln. By efter by passera vi vid vägen. Somliga äro små och bestå blott af en enda gata med några få kåkar; *derevnja* kallas en sådan by här i Ryssland, icke *chutor* som hos kosackerna. Andra äro stora och ståtliga med en kyrka, med flera gator och med prydliga hus. En sådan *selo* är hvad kosackerna kalla *stanitsa*.

Den första *selo* sedan vi lämnat Grjäsi, »det smutsiga», heter Tvolosjarka. Vid kyrkan är stor folksamling i dag, ty det är helgdag. Och nu ser man, att man icke längre är i kosackernas land utan i Ryssland. Och att det icke längre är sommar utan höst.

Ty kosackuniformen är försvunnen och har efterträdts af den ryska högtidsdräkten, och den tunna, röda eller rosiga sommarrubasjkan har gifvit vika för varmare plagg. Själf kan jag inte heller nöja mig med den; det är för svalt att vid denna årstid hafva blott en tunn bomullsblus kring rygg och bröst, och jag har nödgats taga till en rock dessutom. Men på vackra och varma dagar tar jag rocken af mig och snör fast den vid sadeln — då leker jag sommar. Kosackmössan har jag också lagt bort och ridbyxorna med röda revärer; alltsammans är nu svart i stället.

De ryska kvinnornas dräkter äro, som jag redan yttrat, smakfullare än de kosackiska. Männens kostym liknar till snittet kosackernas, men saknar det röda både å mössa och kläder. I stället är bröststycket på *padjovkan*, lifrocken, utbroderadt i granna, lysande men vackra färger och i mönster som äro originella och naiva, men hvarken fantastiska eller klumpiga.

Vid middagstiden måste vi rasta. För att min trogne kamrat skall bli fortare afsvalad, innan vi komma i kvarter, stiger jag af och leder honom ett par verst före ankomsten till den stanitsa jag bestämt till hvilopunkt. Där får Kosacken hö, och jag får en samovar med té och bröd och äpplen. Så för jag mina anteckningar eller skrifver bref, till dess tiden är inne att gifva hafre och vatten åt hästen. Och en half timme senare sitter jag åter upp.

Eftermiddagarne aro kalla och blåsiga. Vinden drar envis fram öfver de stora vidderna. Färden är icke längre oblandadt angenam.

Men så komma vi in i kuperad mark, långa, låga sluttningar. Backar, som knappast äro några backar, om man tänker på lutningen, men som i stället äro långa! En half verst eller en hel. Slätten är icke längre plan, utan vågformig — ett upprördt, stelnadt haf med väldiga böljor. Här och hvar en ravin — där ha böljorna brutits, störtat samman och lämnat gapande remnor. Marken är sandig, grusblandad, gulbrun.

Allt detta tyder på att vi närma oss en flodtrakt. Och där borta ha vi floden själf, glittrande, glimmande, på höger hand om vägen. Stranden på ena sidan är mycket hög och brant och nedtill utskuren af vattnet, stora jordmassor hänga öfver och hota städse att ramla. Den andra stranden är långsluttande; där synas trefna byar, vida åkerfält. Ett fenomen, som upprepar sig i hela södra Ryssland, är att flodernas ena strand på detta sätt är hög och brant, den andra långsluttande. Vid den väldiga Volga är det allra mest påtagligt; man kan geografiskt bevisa, att flodens bädd under århundradens lopp flyttat sig från öster mot väster och att hela den låga östra stranden därför endast är en gammal, uttorkad flodbädd. Sådant är fenomenet, flera förklaringar finnas på detsamma, men ingen är fullt tillfredsställande.

Vid floden finnes en skog, en härlig ekskog, genom hvilken vägen går fram. Där är marken mjuk för Zakaulok att trampa på; luften är mild ty här blåser ej, och bladen dofta. De sitta kvar på sina kvistar lika gröna och mörka och fasta som midt i sommaren; hösten besegrar aldrig en ek. Först vintern gör det, då löfven vissna och torka. Men det sker så grundligt, att hela långa våren knappt gör något

En teater.

intryck på safterna; sommaren är det förbehållet att se eken blomma och prydas af unga, gulaktiga blad.

Ut ur ekskogen — och framför oss ligger en stad; där blir nattkvarter.

Staden heter Lipetsk, är en brunnsort, har femton tusen invånare och ellofva kyrkor. Så mycket vet jag. Likaledes att floden, som jag måste öfver, heter Vorona. Den skiljer staden däruppe ifrån slätten och ekskogen nedanför.

Lipetsk är en vacker stad. Den påminner mig mycket om Novochapjorsk vid kosacklandets gräns, fastän den är vida mera betydlig och präktig.

Den ligger på två kullar, som stupa mot floden. I dalgången mellan dem äro mineralkällorna belägna i en vacker park.

Men denna är öde nu, öde och tom. Ty det är höst och badgästerna äro borta.

Kloster med ringmur.

Sedan jag tagit in i ett stort, tomt hotell och satt min häst i ett stort, tomt skjul, går jag ut att se mig om.

Strax invid gatan, som leder utefter den branta sluttningen ned till floden, står ett monument, en spetsig, trekantig pelare af sten med ornament och reliefer i gjutjärn. Utsikten där öfver slätten är hänförande, och jag går dit. Hvarför skulle man icke läsa inskriften? »*Nesabjennomu* — Till den Oförgätlige, den öfverallt och alltid Store, Fäderneslandets

Fader, kejsar Peter den förste, förnyaren af vår stad» o. s. v., o. s. v. Jag kan det redan utantill. Relieferna förhärliga gjutjärnstillverkningen i staden — som längesedan är död och glömd — samt mineralkällorna, som ännu sprudla. Peter skall hafva varit den, som upptäckt källorna och som satt järntillverkningen i gång.

Nere i parken är det tyst, tomt, mörkt. Gula blad ligga tätt på marken. Rabatternas blommor äro icke vissna, men vanskötta. Vattnet risslar i små rännilar fram mellan torrt och skramlande gräs. Kuranstalten — med en huggande yxa och en helande hand till märke — är stängd, restauranten stängd, paviljongerna stängda, stolarne bortflyttade, mänskorna flydda.

Jag vandrar genom de vackra men dystra gångarne, tills jag sjunker ned på en bänk i ett hörn af parken; det är så melankoliskt rundt omkring mig. Allt dör, blommorna dö, sommaren och glädjen dö.

Då susar det ofvanför mig i granarne — ett stilla, sakta, drömmande sus. Se så vackra granar! Och tallar med raka stammar och långa barr. Det är ju alldeles som hemma!

Och himlen är ännu blå däruppe mellan trädtopparne. Och solen skiner ännu öfver slättens breda vågor och öfver kullarne i Lipetsk, som lysa grönt och gulgrönt af lummiga trädgårdar eller hvitt af de hvita husen. En fågel kvittrar också högt öfver mitt hufvud. Huru härligt ändock allting är! Hur ljuft i sitt stilla vemodslugn, i sin glada, tysta bidan på döden.

Uppe på den ena kullen ligger domkyrkan. Den står efter vanligheten öppen. Jag går in, men där finnes ingen stämning af andakt, blott prål, glitter, dålig smak. Vackrare kyrkor kan man se i Ryssland.

Men märkvärdig är den delen af staden Lipetsk, som ligger

här omkring Sällan har jag sett något liknande. Arkitekturen är sådan, att man helst skulle vilja gjuta af alltsammans i gips och måla det i naturliga färger och ställa upp någonstädes att förvaras

Det är icke konstnärssjälar, som skapat detta, utan det är barnafantasier. Hvarje gård är en leksak, hvarje hus en konfekt. Djupa, varma, mattade röda färger, röda som vinrankans löf om hösten, som bokens blad om våren. Blåa, kalla och klara färger, hvita ramstycken, kramgula lister Tegel och rosafärg, men alltsammans på trä

Och formerna! Icke ett tak som är platt eller brutet på vanligt satt. Utan i oräkneliga vinklar, hörn, snedder och ytor Icke två fönster, som äro hvarandra lika. Timrade hörnposter, väldiga, framskjutande trappuppgångar med sirliga gammaldags järnstaket i nationell ornamentik — Lipetsk var ju järnstaden Och på taken likaledes altaner, balkonger, väderflöjlar och ornament i gjutjärn och plåt — Och allt detta inbäddadt i grönska . .

Det är ett stycke »Pierre I er», mera värdt kanske både för kulturhistorien och för den personliga känslan, än mycket af det som sant och falskt bär namn af en Louis eller Henri.

Kullen fortsätter i en ås utmed floden Det är Monte Pincio i liten skala, Roms Monte Pincio. Här liksom där vandrar man i skuggan af väldiga träd på en höjd, som gränsar åt ena sidan till staden, åt den andra ut till landet och från hvilken man har tjusande utsikt öfver en flod och öfver en stad. Men floden är här icke Tibern, utan Vorona, och staden icke Rom, utan Lipetsk

Lipetsk är verkligen vackert Vorona, som slingrar sig fram öfver slätten, gör en vid bukt omkring den höga åsen med dess branta sluttning och flyter sedan in genom staden mellan två kullar Sluttningarna där äro öfversållade med hvita hus — alla hus där nere äro hvita — och de många kyrkornas torn och kupoler gifva karaktär och relief åt det hela. Ett par förtjusande vackra kloster minska icke taflans behag.

Höstsolen sjunker sakta ned. Skuggorna bli långa och öfver slätten stiga gråblå, tunna töcken, som genomskimras af Voronas silfverband. Men på höjden och på mig lysa ännu några sista matta strålar. Sedan äro snart de gyllne stjärnorna på katedralens kupol och korsen och kulorna af glimmande guld de enda föremål, som ännu smekas af dagens döende ljus. Så slocknar det äfven där . . .

Det börjar bli kallt. I språngmarsch skyndar jag mig höjden utföre till hotellet. Kosack får en duktig ranson hafre och hö, och vatten efter behag; snart sitter jag själf vid en ångande samovar och äter bröd och på torget köpta drufvor och meloner. — — —

Drufmånglare.

Klockan sex på morgonen är jag åter i farten. Det är ändå nästan sent. Från Lipetsk färdas jag utmed järnbanan för att gina vägen. Eller snarare *på* järnbanan, ty de gemytliga ryska banvakterna säga ingenting om att jag rider på banvallen invid ralsen. Det är visserligen förbjudet — i Ryssland är så mycket förbjudet, men ändå nästan allting tillåtet — det beror blott på huru man tar det Man skall bara låta bli att bråka.

Då och då kommer ett tåg på banan, frustande, stönande, larmande Då får jag fart i min Kosack. Det gäller att passa sig, så att man kommer undan På sina ställen är platsen rätt trång, men det går väl för sig Värst är det en gång, då jag befinner mig på en ovanligt hög och lång bank öfver en vid sänka. Ett tåg höres. Bakom mig — framför mig, det är svårt att afgöra Då får jag se lokomotivet — det är icke en half verst aflägset, på några ögonblick skall det vara här Att vända om är icke att tänka på — tåget hinner upp oss, innan vi nå jämn terräng Och vallen är så brant och hög, att jag ofelbart riskerar en kullerbytta, om jag rider ned, jag ser redan för mig huru Kosacken stupar och vi båda ramla och bryta nacken eller benen.

Goda råd äro dyra Ett språng ur sadeln, jag fattar hästen vid tygeln och snarare kastar mig ned än springer utför banvallen Befriad från ryttarens tyngd reder sig Kosacken godt, och omsider stå vi båda helbrägda i sänkan där nere, just då brusar tåget fram ett hundra fot öfver oss, på den plats där vi nyss voro! Det är en smula ruskigt, och jag kan icke hjälpa, att en kall kåre ilar utefter ryggen på mig

Zakaulok, som icke har begrepp om den utståndna faran, hyser däremot en lefvande fruktan för det eldsprutande, rasslande vidundret, och sedd så har nedifrån är den petroleumeldade maskinen med sin flammande låga verkligen skräckinjagande för en landtlig stepphäst, som ej har en aning om kulturens välsignelser. Efter hand har emellertid Zakaulok lärt sig förstå att tågen icke vilja honom något ondt, och numera tager han knappt mera notis om ett kurirtåg i full fart än om en vanlig åkarkärra.

Tsjirikovo heter en station midt ute på slätten. Där ligger också en by, och där stannar jag. Det är visserligen icke långt lidet på dagen, men förmiddagsmarschen har varit sträng och dessutom — jag har egentligen ingen brådska. Alltså bli vi här öfver natten.

Hvar är *postojali dvor*, gästgifvaregården? En mötande ger anvisning, en lika ordrik och omständlig som otydlig anvisning. Så är det alltid i Ryssland.

Omsider finner jag »gästgifvaregården». Denna liknar så till vida de allbekanta småländska, att man äfven här »kan äta godt ifall man matsäck har som duger». Det finnes ingenting som anger, att man är van att mottaga gäster, och gården liknar till punkt och pricka alla de andra små smutsiga bondgårdarne i byn.

Stallet? Min stackars Kosack, hvad du måste utstå! Stallet är ett skjul med tak af halm och väggar af flätade kvistar. Det är i vanliga fall bebodt af en stor sugga med två små grisar. När min Kosack kommer dit med sin hafre, lockas också hönsen in. Marken därinne — tänk icke på ett golf! — är gropig och lerig. Och smutsig!

Sedan svinkreaturet med sin afkomma blifvit obarmhärtigt utföst, den värsta smörjan aflägsnad och ett tjockt lager af halm utbredt, så kan dock Zakaulok anse, att man sörjt någorlunda väl för honom. Hans herre har det icke mycket bättre. Ty golfvet i stugan är också jord, och bädden för mig är också halm; men insvept i min stora vida *burka* och med den tjocka sadelkudden under hufvudet skall jag dock sofva godt.

Hö finns ej att få för min Kosack. Ty skörden har ju alldeles slagit fel i år. Han får nöja sig med färska hafreagnar och det sträfva ogräs, som växt upp på hirsåkrarna i stället för säden. Men Zakaulok är icke så kinkig och hungern är en god krydda. Senare på dagen får han dessutom styrka sig med hafre i öfverflöd, hafre som jag själf måste gå ut och handla upp i byn, ty den välförsedda gästgifvaregården saknar äfven denna nödvändighetsvara.

För egen del lyckas jag i en *lavka*, en liten handelsbod, med möda snoka upp ett stycke *frantsuski chleb*, hvitt bröd' som jämte några små, dåliga äpplen och té från samovaren blir hvad jag får till både middag och kväll. Ty en samovar är det enda man kan bjuda mig i gästgifveriet.

Jag kunde bli het och gräla på människorna för att de sakna nästan allt hvad de borde ha. Men för det första tjänar det ingenting till, jag får icke mera i alla fall, och det är en klen tröst i nöden att vara ovettig på andra. Ryssland är en god skola för den som är kolerisk och argsint och otålig.

Du må gräla och bråka och storma och rasa hur mycket du behagar, du har ingenting för det, det nyttar till ingenting. Du har t. ex. begärt något. Man har svarat. »*charasjå, barin*, vi skola skaffa.» Men på den utsatta tiden får du icke det begärda. Orsaken? — »*My sabili, barin*, vi hafva glömt, herre.» Detta i den mest vanliga och deltagande ton. — Nå, så gör det nu då! — »*Sitjass, barin*, strax, herre!» — Strax är icke nu — vet man det ej förut, så får man lära det här. *Sitjass* är kanske lika med *saftra*, i morgon, och *siuminutu*, »på minuten», är lika med om ett par timmar. — Du väntar. Först tåligt, sedan otåligt. Nåå? Blir det något af? — »*Ve magu snatj, barin*, jag kan inte veta, herre.» — Hvad befalls? — »*Nelsja, barin*, det går icke för sig, herre.» — Men du lofvade ju, din .. »*Avoss, barin*, kan nog hända, herre.» — Så gör det då! — »*Nikak nevasmosjna, barin*, det är inte möjligt, ingalunda!» — Du är en *suckinsin*, en son af en hynda! — *Charasjå. barin, vasje vysokoblagorodie*, godt, herre, Ers högvälborenhet»!!!...

Så ungefär kan det gå. Då tröttnar man att gräla, att bråka. Hvad skall man säga till den, som alltid är höflig, ödmjuk, vänlig? Som endast har leenden och axelryckningar till svar på förolämpningar. Som säger *vasje vysokoblagorodie*, när han tituleras för *suckinsin!*

Nej, Ryssland är tålamodets land. Och det stora ryska folket är tålamodets folk. Ryssens tålamod är icke detsamma som orientalens stolta tro på sitt *kismet*, ödet, hvilket oföränderligt och orubbligt hvilar öfver honom och som han följer emedan det höfves en man och en vis man att följa det.

Rysk bonde.

Det är icke heller detsamma som det kalla, lugna, envisa tålamodet hos finnen, som tryggt men melankoliskt tänker sitt »*kyllä niin on* — visserligen, visserligen, det kan ju icke annorlunda vara», och som tyst och lugn och svårmodigt resignerad blir kvar på sin post i ödemarken, om än stormarne rasa kring honom och fälla honom till marken likt en enslig fura på mon.

Ryssens tålamod är det glada och förtröstansfulla, det

stilla, men frimodiga. Ryssen är egentligen sangviniker, mera till och med än söderns lättsinnade barn. Han vill gärna se den ljusa sidan i allting och hyser en orubblig tro på framtiden. Han hoppas alltjämt på något nytt, och detta hopp ger honom tro, lif och entusiasm. Därför äro ryssarne framtidens folk, därför skola de rycka upp i främsta ledet och bli världens herrar, till dess att de en gång ha lefvat och lidit lika mycket som vi, den gamla odlingens sena barn, till dess att de liksom vi ha förlorat framtidstron, den gudomseld, som gör lifvet värdt att lefva, gör det skönt och ljust och gladt. Och då kommer också för dem hösten, den bleka, kalla hösten, då allting gulnar och tynar, döendets tid, den tid, hvaruti vi nu lefva.

Det vilda vinet glöder om hösten i en färgprakt, som sommaren saknar, och då körsbärsträden skola dö, gråta de tårar af den finaste saft och förlora med hvarje tår en droppe af sin lifsvätska, men bären glöda rikare än någonsin. Kulturen ger, när den blommat, sin skönaste frukt åt dem som lefva kvar, de äta däraf, men de veta att därmed brister lifstråden. Kunskapens träd på godt och ondt bar en härlig frukt, en frukt, hvars doft och smak står öfver alla andras, men den fruktens namn är undergång och dess kärna är döden.

Detta är tankar, som pläga komma till mig sent om aftonen, sedan solen gått ned och kvällsmörkret fallit tungt öfver Rysslands slätter, det är nattliga tankar, tänkta sedan samovaren kallnat och samtalet domnat af i den trånga, kväfva *isban*, sedan ljuset blifvit släckt och jag svept in mig i kappan och sjunkit till hvila på min bädd af frisk, åkerdoftande halm...

Och det är tankar som hösten föder, då jag rider min långa väg genom allt Rysslands land.

IV.

Jelets och klostret Zadonsk.

När jag sluter ögonen kan jag när som helst se framför mig en glimrande hvit stad på en brantstupande sluttning, och framför den en bred flod och en grön slätt. Alltsammans öfverstråladt af höstsolens hvitklara sken.

Ty den taflan såg jag hvarje morgon från mitt fönster så länge jag vistades i Leonid Afrikanitsj' hus.

Floden hette Sosna och var en biflod till Don; staden var Jelets och låg i guvernementet Orel.

Jag hade stannat här ett par dagar dels därför att min häst behöfde hvila sig litet, dels emedan jag önskade besöka den gode Leonid Afrikanitsj, som jag förut kände. Jelets blef härigenom den andra stationen på min färd, och om jag icke dröjde där lika länge som i Borisoglebsk, så var det ej därför att jag icke ville, men därför att jag icke kunde.

Emellertid tog jag tiden i akt och såg mig om på orten.

Jelets är en af Mellanrysslands aristokratiska gamla städer. Den har en historia, som i sällsamma händelser föga ger någon annans efter, och dess nuvarande utseende är så pittoreskt och karaktärsfullt som man väl kan önska. Liksom

Lipetsk ligger den på kullar, som slutta brant ned emot floden, och liksom Lipetsk har den också en bestämd arkitektonisk karaktär, en prägel af stil, som man i vår stillösa eller stilöfverflödande tid — huru man nu tager det — dubbelt uppskattar.

Men Jelets är en mycket större och ansenligare stad än den andra och har dessutom en särskild ryktbarhet, den är i Ryssland detsamma som Vadstena hos oss — hufvudorten för en uråldrig knypplingsindustri. I de gamla borgerliga hemmen i denna stad, där allt går sin gilla gång så som det gjort i människoåldrar, idkas denna nobla art af handarbete ännu med samma säkra smak och samma virtuosmässiga skicklighet som i forna tider. Och härifrån utgå öfver hela Ryssland de graciösa små konstverk, hvilka skola pryda furstinnors dyrbara rober eller som små lätta, hvita skir öfver sammets- och sidenmöbler lysa upp salongernas ofta tunga, mörka prakt.

Icke endast staden själf utan hela trakten är ryktbar vorden för denna industri. Bondkvinnorna kunna ju icke täfla med stadens damer, hvarken i utförandets finess eller i uppfinningen af mönster, men förvånande är dock den konstskicklighet och den sunda, naturliga smak, som göra sig gällande äfven där de mest enkla medel stå till buds.

Ofta kunde jag om aftonen, då jag sent omsider fått kvarter i en stuga, sitta och rent af beundra den skicklighet, hvarmed de grannt utskurna knyppelpinnarne fördes af grofva arbetshänder. Knappt hade vi hunnit sluta kvällsvarden, innan bordet blef afröjdt och aftorkadt, brödkanterna nedlagda i bordslådan, samovaren ställd på spiselhällen och knyppelpallarne framsatta. Alla kvinnorna ha samma arbete utom husmodern själf, som vanligtvis är upptagen af bakning eller andra hushållsgöromål; då familjen i en rysk bondgård nästan alltid innefattar flere generationer och räknar både sonhustrur och rätt aflägsna släktingar inom sin krets, blir det oftast ganska många arbeterskor.

Det var något alldeles nytt för mig att se så mycken flit och händighet i de små, trånga och fattiga ryska bondstugorna, så mycket mera som jag bland kosackerna hade konstaterat en i ögonen fallande brist på bådadera. Huru skickliga och arbetsamma de ryska byamännen och kvinnorna äro, ser man för öfrigt bäst på de ofta förekommande s. k. *kustarni-* eller handtverksutställningarne. Dylika hade jag haft tillfälle att åse på olika ställen i Ryssland, såsom i Odessa, Nisjni, Tula och Petersburg, i hvilken sistnämnda stad äfven en permanent sådan finnes.

Man får där ett högt begrepp om hvad i denna väg kan åstadkommas i det vida Ryssland. Föremålen äro af mångfaldigaste art, från de gröfsta järn-, trä-, bast- och hornarbeten till de allra finaste saker i målning, väfnad och sömnad. Hvarje guvernement har sin specialitet och ofta nog hvarje by likaså. Men inom samma by bedrifves alltid ett och samma handtverk; ofta sker detta i stor skala på det sätt, att hela bygemenskapen uppträder som arbetsgifvare och bönderna hvar för sig arbeta för lön eller på beting. Det är på sätt och vis ett slags fabriksindustri, men en sådan byggd på kooperativ princip; strejker behöfva ej befaras, då arbetarne äro arbetsgifvare åt sig själfva. För öfrigt hysa de en allt för stark fädernearfd vördnad för sin egen byorganisation för att vilja bryta mot densamma.

* * *

En dag af vistelsen i Jelets bestämdes för en utflykt till Zadonsk, ett af Rysslands mest prisade kloster. Jag gjorde färden i vagn tillsammans med mina vänner, ty Zakaulok hade ju privilegium på att få hvila sig dessa dagar.

Öfver de vida slätterna närmast Jelets går vägen nästan snörrätt fram. Längre bort är trakten mera kuperad, och vår tunga vagn, som drogs af ett trespann små men starka kosackhästar, rullade uppför och utför mäktiga sluttningar

Jag skall aldrig glömma den syn, som tedde sig för oss, då vår vagn hunnit upp på krönet af den sista backen innan vi kommo fram till Zadonsk.

Framför oss låg en vid slätt Åt båda sidorna föreföll den nästan ändlös; dess gränser förlorade sig i ett skimrande dimblått fjärran, knappast skiljbart från himlens ljusa, töcknigt dallrande rand. Midt emot den höjd, där vi stannat, begränsades slätten af en lång, grön ås. Och midt på denna syntes som en hägring eller ett sagoslott en härlig byggnad, ett palats med torn och tinnar, med långa, hvita murar, med höga, spetsiga spiror, med gröna tak och ljusblå vaggytor, med kupoler af silfver och guld. Det var Zadonsk

Ett stycke därifrån lågo tvänne andra kloster, båda djupröda i färgen, en verkningsfull motsats till den omgifvande grönskan Bägge voro de af storslagen karaktär, men bägge smekte de också ögat genom på en gång pittoreska och harmoniska former.

Och nedanför den långa åsen, som drog fram utmed slätten, vred sig Donfloden i trögä, trötta bukter, som än tycktes vilja följa åsen efter, än nyckfullt gifva sig ut på makliga irrfärder genom slättens mjuka mylla.

På den långa, hvita vägen, som jämnt sluttade ned åt floden från den plats där vi stodo, var det en liflig trafik af vandrare. De voro samtliga pilgrimer, de där färdats hit från fjärran orter för att i det ryktbara klostret söka sina synders förlåtelse och bedja för sina eller de hemmavarandes själar En rysk bonde skulle blygas att lämna detta jordiska utan att dessförinnan ha aflagt ett besök på någon ort, där han kan få tillfälle att kyssa ett helgons ben, blifva välsignad af en stor *igumen* (abbot) och köpa en frälsande amulett att bära på sig eller fästa öfver barnens sofplats i stugan.

Tusende och åter tusende äro de, som i sådant ärende trampa vägarne i tsarens stora land. Kunde man i en enda blick omfatta hela dess vidd, så skulle man få se huru på

Pilgrim.

ett nät af vägar, som likt cirkelradier löpa samman i några få punkter — de ryktbaraste klostren — pilgrimer vandra, män och kvinnor, tätt som myror på väg till stacken.

Många gånger varar deras klostervandring ett år och mera, vägarne äro långa, dagsmarscherna korta. Och hvarför skulle man fjäska — Gud väntar nog. Kvarter får man i stugorna, hvar man kan; ingen är så hård, att han nekar en pilgrim härberge. Penningar har man ej många — man får ju nästan allt hvad man behöfver hos den gästfrie musjiken. Och man behöfver så litet. Varmt vatten finns ändå i samovaren, litet té, som redan dragit, ett par gånger och kanske torkats dessemellan, är inte vidare dyrbart, och brödet som Herren Gud gifvit, räcker nära på lika bra åt elfva munnar som åt tio — ja, vanligtvis blir det så mycket öfver, att det räcker till resekost också åt den frammande.

Och fattigt och föga fromt vore det folk i *isban*, som icke hade litet gurka eller inkokt svamp eller annat sofvel att gifva åt gudsmänniskorna, som vandra till heliga orter. I gengäld får man ju välsignelse och glädjen af ett godt samvete — kanske ock ibland, af dem som äro på återväg, någon liten amulett från klostren eller ett invigdt bröd.

Många sådana pilgrimer hade vi redan mött på vägen; en af dem, en gumma, fotograferade jag utan att hon visste af det.

I Zadonsk hölls just en kyrkofest, hvarför vi skyndade att försäkra oss om rum på hotellet. I de ryska klostren är man så van vid resande af alla stånd, att man åtminstone vid alla de mera ryktbara af dem uppfört ett eller flere hospitier; på somliga håll erhålles plats i dessa gratis, men man får då bekväma sig till att bo flere i ett rum, vid afresan gifves blott en frivillig gåfva efter råd och lägenhet. I andra kloster finnes en bestämd taxa med angifvet pris för hvarje rum, och då erhåller man också en uppassning, som hvarken är bättre eller sämre än på ett vanligt ryskt hotell af enklare slag.

I klosterkyrkan fanns, såsom man kunde vänta, en hel människomassa samlad till gudstjänsten, som dock för mig icke erbjöd något egentligt nytt. Något som jag likvisst ej förr hade sett, var utställningen af helgonaben till kyssande. På en hög fotställning till vänster i kyrkan stod en rikt sirad silfverkista, delvis höljd med band och dukar af guldstickadt tyg. Invid denna tronade en alldeles ovanligt ståtlig och vacker prästgubbe med böljande hvitt skägg och iförd den vackraste kåpa af djupviolett sammet jämte en präktig, guldornerad prästmössa. Medan gudstjänsten för öfrigt pågick på vanligt sätt, vandrade de mera nitiske kyrkobesökandena en efter en upp till kistan; ifrigt korsande sig böjde de sig ned för att kyssa helgonets gamla nötta ben, hvarpå de gingo fram till den ståtlige violette och kysste hans likgiltigt framsträckta högra hand.

På mina ortodoxa vänners uppmaning gjorde jag också samma vandring; jag böjde mig djupt ned öfver kistan, och medan jag slog några fumliga och högst okonstnärliga korstecken, såg jag att det föremål, som kysstes af mängden, icke var den egentliga reliken, som är alldeles för helig; det man fick kyssa var blott en liten glasruta, under hvilken syntes en smal, brungul benskärfva, som med rätt eller orätt uppgafs vara af den heliges ena lillfinger. Glasskifvan var våt och klibbig af kyssandet. Det är lätt att förstå hvilka hygieniska faror, som kunna uppstå genom ett sådant bruk, men däremot kan intet göras, ty kyssandet skall just vara en exponent af det religiösa trosnitet.

Helgongraf.

Efter gudstjänsten fingo vi under ledning af en gammal

DEN YTTERSTA DOMEN.
(En rysk folkplansch.)

smutsig och halfdöf munk i kyrkans rymliga krypta bese den helige Tichons och andra helgons grafvar samt höra den helige Tichons och andra helgons historia, hvars föga underbara händelser jag dock skall bespara mina läsare.

I stället vill jag berätta, huru jag något senare i den klostret tillhörande *lavkan* eller handelsboden lyckades tillhandla mig en kostlig tafla, om hvilken en bifogad afbildning kan gifva ett begrepp. Jag hade köpt en del egendomliga amuletter, radband, bilder o. d., då jag föll på att fråga om man inte hade till salu någon afbildning af *ad.* helvetet.

Den långlockige munken, som stod bakom disken, behöfde icke länge fundera. Han gick bort till ett bord, där han ur en väldig packe brokiga bilder i lysande färger tog fram en, som han räckte till mig; den föreställde visserligen inte helvetet

Nunna.

ensamt, sade han, utan hela den yttersta domen, men det gjorde ju ingenting, ty helvetet fanns ändå med därnere, ifall det var detta jag ville se.

Hela planschen kostade icke mer än tolf kopek; det var alltså säkert meningen, att äfven de fattiga eller kanske till och med just de skulle kunna vara i stånd att vederkvicka sina ögon med en på väggen i *isban* uppspikad tydlig och trogen afbildning af huru det ser ut både i himmelen och i helvetet. Att den verkligen är riktig, får man ej tvifla på, då den är högtidligen gillad och stadfästad af metropolitämbetet i Moskva, hvars officiella stämpel finnes i ena hörnet. Och allt är så noggrannt och påtagligt framställdt, att man bör vara en alldeles ovanligt förstockad syndare för att icke förstå, huru mycket bättre det är att dväljas däruppe i molnen bland änglar, som blåsa i basun, än nere bland människofrossande krokodiler och andra odjur.

Jag kunde vid åsynen af denna dyrbara målning icke undgå att erinra mig en episod, som inträffade, då jag med en reskamrat besökte Nya Jungfruklostret i Moskva.

En gammal nunna, som visade oss omkring i klostret — nunnorna i Jungfruklostret äro tyvärr mestadels gamla — fattade ett sådant behag i oss unga människor, att hon prompt ville omvända oss till den sanna läran; som lämpligaste utgångspunkt valde hon en i klosterkyrkan synlig väggmålning öfver nyss nämnda ämne, om möjligt ändå hemskare än den här återgifna. I det hon bekymmerfullt skakade på hufvudet, sade hon trohjärtadt med tårar i sina gamla ögon: »Se ni, sådant är helvetet, och *dit skola ni gå*, är det icke hemskt?»

Vi jakade gärna härtill och sade oss emellan, att hvilka synder, som än skulle kunna föra de fromma nunnorna i Jungfruklostet till en varmare ort, icke borde det vara smicker och brist på uppriktighet.

»*Tam sjarka, otjen sjarka*, där är hett, mycket hett», upplyste hon vidare, »och där skola ni stekas, ni stackars unga människor, om ni inte omvända er och bli rättrogna. Ty då komma ni till himlen; se hur ljufligt där är» — och hon pekade på den »högre regionen» i taflan. Hon utbredde sig sedan vältaligt om huru lätt det vore att komma öfver i den sanna kyrkans sköte; det kunde godt gå på en vecka.

Det vore hufvudsakligen blott att lära sig vissa böner, att gå i kyrkan, att äta invigdt bröd och att tända åt helgonen vaxljus *po tri kopjek*, för tre kopek stycket — mer behöfdes ej, och det var ju alltsammans så enkelt.

Det bästa af ofvanstående historia är tvifvelsutan, att den verkligen är sann; händelsen inträffade i nådens år 1896 i det kloster, som kallas Det Nya Jungfruklostret invid Moskva,

Nya Jungfruklostret.

hvaraf en bild, som blifvit mig gifven af *igumenas*, abedissans, egen hand, för yttermera visso bifogas.

I Zadonsk finnes också ett nunnekloster. Vi fingo tid att äfven där aflägga ett besök och lyckades bland annat göra bekantskap med en vänlig nunna, som till och med var nog artig att inbjuda oss i sin cell. Denna visade sig bestå af ett stort, ljust rum med två fönster och var försedd med många sådana små prydnadsföremål, som man brukar finna i ett hem, men knappast hade väntat hos en nunna. En symaskin skvallrade om, att ensligheten i klostret icke uteslöt den onda världens goda uppfinningar; systern berättade oss, att hon genom sömnad på fritiden kunde arbeta ihop åt sig en liten sparpenning.

Hon var vänlig nog att erbjuda sig visa oss klostrets

Klostermatsal.

kök. Men det borde hon ha låtit bli. De höllo just på att baka bröd därnere, sådant där godt svart surbröd, som man får i alla ryska kloster, och jag ämnade högljudt prisa detsamma, då min uppmärksamhet fästes vid en hel rad små ljusbruna fläckar på den hvita väggen i ett hörn af rummet; jag såg närmare efter — hu, det var kackerlackor, detta plågoris, som är så vanligt i alla ryska hus, men ännu mera i klostren, antagligen emedan man så litet bryr sig om att befria sig från dem. Och de funnos här icke i tiotal, ej heller i hundradetal, utan i *tusenden*!

Behagligare var det i *trapezan*, refektoriet, matsalen. De långa borden buro hvita dukar, på dem stodo uppradade snygga skålar och skedar af måladt och fernissadt trä; därjämte tennmuggar samt knif och gaffel; en liten kateder midt i salen var afsedd för uppläsning af heliga skrifter och böner under måltiderna. Det hela gjorde ett ljust intryck — betydligt behagligare än det jag fått t. ex. i munkarnes *trapeza* i ett kloster i Jelets, ett trångt, mörkt och otrefligt rum med lukt af härsken olja, unken fisk och gamla sura brödbitar.

Men kvinnan lär ju också framför mannen hafva ordningens och smakens privilegium.

* * *

Återfärden till Jelets skedde på aftonen. Hvad det hvita klostret glimmade i kvällsolens strålar! Och de båda röda brunno i flammande glöd. Från andra sidan bron måste vi se allt ännu en gång — den ändlöst långsträckta slättmarken, Donflodens bukter, den gröna åsen, de vackra klosterbyggnaderna.

När vi återkommo till Jelets låg skymningsdoket redan tungt öfver fälten. Men på mörkblå natthimmel strålade stjärnorna klara, och från staden lyste ljusen så vänligt.

V.

Bland bönder och prinsessor.

Fattiga och föraktade varelser finnas många på jorden, flera än man kanske alltid är böjd att erkänna.

Frågar du en rysk herreman, en af den riktigt »gamla stammen», hvilka han menar vara de uslaste af alla, så skall du inte bli förvånad om han svarar dig: »Våra bönder.»

Ryssen af de bildade klasserna har föga sympati för folkets lägsta lager; han är trots sitt gemytliga och godmodiga väsen aristokrat ända ut i fingerspetsarne. Han förstår inte folket och folket förstår inte honom. Lifegenskapens förbannelse hvilar tung öfver tsarens land, ännu trettio år sedan den officiellt blifvit bortlyft. Klyftan samhällsklasserna emellan är på få ställen större än i Ryssland, förståendet och sympatierna ingenstädes mindre.

Det skär i hjärtat att se hur ett folk, så rikt begåfvadt af naturen, så godt och vänligt till hela sitt lynne, förblir skiftadt i olika läger, fientliga mot hvarandra blott därför att de icke känna hvarandra. Ty därest de så gjorde, skulle de icke kunna undgå att akta hvarandra.

Men låt oss icke vara orättvisa! De finnas — sådana ha länge funnits och deras antal ökas dag från dag — som göra sitt bästa för att minska klyftan, för att bygga en bro, som skall förbinda det åtskilda, för att knyta band, som skola hela det söndrade, för att gjuta balsam i sår, som grymma och mäktiga händer fordom slagit och de där ej vilja läkas af sig själfva. Till den bron fogas i dag sten efter sten, bjälke efter bjälke, det bandet knytes allt fastare samman och i rikt mått skänkes balsam åt törstande själar. Det är många, som i dessa tider »gå till folket», såsom man säger i Ryssland, många just bland de förnäma, de högst bildade

Men de äro ännu för få, och deras verksamhet är för litet aktad af världsmänniskorna De äro fantaster, grubblare, opraktiska män och kvinnor, menar man, och lägger i deras väg sådana hinder, som endast ett stort moraliskt och personligt mod kan öfvervinna. I en obegriplig blindhet ser man ej, att det är dessa som bära framtiden på sina händer — ty framtiden tillhör ej de få och mäktiga, utan de många och svaga — det är från dem de skola komma, de som beharska världen Man gör oklokt i att sluta ögonen till därför

Bonden i Ryssland är för närvarande ett material, just ingenting annat Han är det råa virke, som måste mycket förädlas, innan man däraf kan bygga ett tempel kring kulturens altare

Men det är tungt och svårt att bearbeta materialet — det är så hopplöst ohyfladt Och det är inte heller lätt att komma åt. Århundradens slafveri har satt trälmärke på bondens panna, man får icke undra om förställning, list, krypen finnas kvar hos barnen af dem, som krupit likt rädda hundar för egendomsherrns piska, som drifvits likt boskap på fälten och som gått i ständig fruktan för sina söners lif och sina döttrars heder.

Tvärtom får man förvåna sig åt att folket är sådant det är, att det icke blifvit alldeles försoffadt och omöjligt för hvarje utveckling. Om man gör sig besvär att tränga igenom den mur af otillgänglighet, af slarf och smuts, af låtsad ödmjukhet och dold fientlighet, hvarmed den ryske bonden omgärdar sig liksom till skydd mot de högre klasserna, så skall man i de flesta fall finna, att där bakom döljer sig en typ, hvilken på bottnen af sitt föga invecklade väsen gömmer en hel fond af de bästa egenskaper — sådana som väl kunna lyfta den till ett framstående rum i folkens och klassernas värdeskala.

Men då måste man bekväma sig att lägga bort de eleganta vanorna, att afsäga sig lyxens angenäma företräden och afstå från mycket af det man ansett höra till hvad som med ett vackert — för vackert — namn kallas lifvets nödtorft.

Det är inte godt att äta bondens mat, det är inte mjukt att hvila på hans hårda trägolf eller på en bänk vid spiseln, det är inte angenämt att känna doften af sura stöflar, af gamla kläder och allsköns smuts, att sitta och äta, att bo, att sofva i ett rum tillsammans med ett dussin personer och åtskilligt objudet sällskap — det är inte alls behagligt detta för en människa med ordentliga och kanske rätt »petiga» vanor i sitt hvardagslif. Det är tvärtom ganska svårt och kostar åtskillig själfafsägelse. Men det lönar mödan, det ger intryck, som bränna sig fast i medvetandet, det väcker tankar, som annars aldrig vaknat — nya, vackra, varma känslor.

Jag gick till folket som en af dem, och jag ångrade aldrig den möda, de besvärligheter det kostade, den afsaknad jag måste vidkännas.

Huru sent jag en mörk och dyster afton kunde komma

till den lilla fattiga byn vid vägen, blef jag alltid väl mottagen i den första basta stuga, där jag bultade på. Aldrig möttes jag af hårda ord, aldrig af ogina blickar, ovanliga miner. Två och fyrtio nätter sof jag i bondens stuga, lika många gånger hade jag okänd klappat på en dörr och bedt om gästfrihet — en gång af alla nekades mig detta, men jag gick med hästen vid tygeln till nästa stuga och blef inslappt. — Hästen skulle ha basta platsen i »stallet», i det usla skjul, där man gaf husrum åt dragarne, han fick basta hafren och basta höet. Jag skulle sedan sitta högst vid bordet, i det heliga hörnet på bänken under helgonlampan, jag skulle ha basta maten, yppersta sängplatsen. Vanligt blef jag tillfrågad om hem och frander, ifrigt lyssnade man till hvad jag förtäljde. Var jag kosack, ryss eller svensk — för pröfnings skull gaf jag mig ut än för ett, än för ett annat — det gjorde detsamma, jag var alltid lika välkommen, lika gärna sedd, lika vanligt följd af välönskningar då jag for.

De ryska bönderna ha lärt mig mycket, mycket, särskildt af förståendets hemlighet, mera kanske än de flesta folk och människor jag eljes mött på lifvets väg.

Hvarför ha vi människor så sällan förmågan att förstå och förlåta hvarandra, så sällan viljan att akta hvarandra? Därför, tänker jag, att vi känna hvarandra alldeles för litet, att vi gå som främlingar för hvarandra genom lifvet och ej göra oss mödan att söka med kärlek få fram hvad den ene eller andre har af godt och ädelt. Jag har rätt ofta i lifvet haft anledning erinra mig en gammal tysk minnesvers från min barndom, som, om jag kommer rätt ihåg, slutade ungefär så här:

»Wenn mancher Mann wüsste, wer mancher Mann wäre,
Gäb' mancher Mann manchem Mann manchmal mehr Ehre.»

Det ligger icke så litet sanning i dessa ord Säkert är, att många människor skulle »gifva mera ära» åt andra, därest de kände dem bättre än de göra.

* * *

>»Höstens slagregn och steppens sol
> blekte pilgrimsdräkten
> Upp jag stod då hanen gol
> tidigt i morgonväkten
> Hundramilade
> han mot Sverige
> vägarne stego, och först mot kvälln
> trött jag hvilade, nattharberge
> bjöds på halmen vid spiselhälln» — — —

I byn Andrevka fick jag kvarter i en torftig stuga, en af de eländigaste som jag dittills bott i Boningshuset tycktes vara uppfördt mest af lera; som öfverallt i dessa trakter af Ryssland bestod det af tre afdelningar. Det mellersta rummet var utan golf och fullt af all slags bråte; där bodde för tillfället blott ett par grisar, som funno det för ruskigt ute i det fria. I *tjoplaja*, varmrummet, bjöds jag stiga in. Äfven där saknades golf, om det fanns, var det åtminstone så öfvertäckt af smuts och jord, att det ej kunde skönjas. Vid bordet i det heliga hörnet» satt en kvinna och sydde, en liten flicka lekte på marken Helgonbilderna på väggen voro simpla och illa medfarna, ordning och snygghet syntes ingenstädes. Utmed ena långväggen sträckte sig ifrån den fallfärdiga spiseln en bred, låg bänk, täckt med halm — det var sofplatsen Emellan denna och marken fanns ett rum, från hvilket allt emellanåt hördes ett svagt kackel eller snatter — där bodde hönsen och ankorna. Och om vintern få också grisarne en plats har — hvad skall en fattig bonde göra, då man föga har att elda med, och både djur och människor frysa!

Jag undrade icke på att kvinnan, som satt vid sitt arbete, såg betryckt ut och var föga tillgänglig. Jag förvånades mera åt att se, huru ägaren till denna armodets och eländets boning alltjämt visade ett gladt ansikte och omgaf sin okände gäst med alla de små omsorger han kunde uttänka. Utan bitterhet och nästan rörande undergifven ödets domar och Guds makt, berättade han mig om sina förhållanden och svårigheten att draga sig fram på en torfva, som ej var hans egen och för hvilken arrendet vissa år gick nästan till mera än skörden.

Då han hörde, att jag ville sofva i *cholodnaja*, »det svala rummet», redde han mig där ett läger af frisk halm, betjänade mig ödmjukt vid afklädningen och stoppade sedan med vänlig omsorg den vida burkan omkring mig, så att jag kunde hvila varmt och sofva godt.

På morgonen bröt jag upp med solen. Då jag ville betala min värd, blef han nästan ond och sade: *»Boch paslall* — Gud sände dig i vårt hus, då du var trött och det var mörkt om natten; han skulle icke vilja, att vi toge någonting af dig.» — Jag gaf då åt den lilla flickan en silfverslant och fick i stället många välsignelser. Så gafs af godt hjärta hvad som gafs, och ingendera räknade den andres gåfvor, såsom så kallade kulturmänniskor för sed hafva.

Och så red jag vidare bort öfver slätten, mot okända öden.

En dag kom regnet. Jag hade väntat länge därpå, ty det var ju höst. Men årstiden hade hittills varit ovanligt vacker.

När vinden sveper fram öfver de öde vidderna och stora, tunga droppar falla från hotfullt sammanskockade moln, då är slättens behag borta. Stormilarne hvina i de fåtaliga trädens aflöfvade kronor, regnet liksom springer öfver marken och piskar en i ansiktet, sticker som hvassa nålar och bränner som glödande järn. Den stackars Zakaulok har svåra stunder; blåsten håller nästan på att kasta omkull både honom och mig, men han skridtar modigt framåt, fastän med nosen dystert sänkt mot marken.

Jag var glad att efter någon timmes ridt komma till en by, både för min egen skull och hästens, allrahelst som det redan blifvit mörkt. Våt, frusen, trött och olustig höll jag framför en stuga, ur hvilken en karl just kom ut.

»Hvad heter byn?» spörjer jag.

»Mjedvedka», svaras. »Hvart rider du, *barin?*»

»Till Tula och sedan till Moskva och Petersburg.»

»Du skulle icke färdas så sent, *barin.*»

»*Nitjevo* — betyder ingenting.»

»Men du kan råka illa ut, *barin;* vill du ej bli kvar öfver natten hos oss? Det är i alla fall ruskigt att färdas i mörkret.»

»*Spasiba bolsjoje* — mycken tack, gärna kommer jag till dig, ty jag tror du är vänlig, fast din by har ett svårt namn.» — Mjedvedka betyder björnplatsen.

Värden gick att öppna gårdsporten, och jag satt af.

De tunga reglarne skötos ifrån, och min trötta Kosack följde villigt in på gården. Där var nästan kolmörkt.

»*Padasjditje,* vänta litet», sade jag och tände den lilla blindlyktan jag hade i sadelpåsen. Vid dess klena lyse fick jag Zakaulok »installerad»; som alltid sadlade jag själf af honom, borstade honom, tvättade hans ben och hofvar och gaf honom foder. Så gick jag med värden in i stugan, där alla voro samlade.

»*Dobri vetjer*» — god afton!» »*Blagadarju vas* — vi tacka», var hälsningen.

Får man samovar och té? — De hade redan druckit, och det var för sent att ställa upp samovaren ånyo, ty detta tar sin rundliga tid. Men mjölk fanns och bröd och litet annat ätbart.

Jag letade ur min packning fram ett litet tékök med tillbehör. Det dröjde inte många minuter, förr än tévattnet muntert kokade och min måltid var färdig.

Det var lustigt att se det goda folkets undran öfver min *malenki samovar*, min lilla samovar, som de kallade den. »Allting har han med sig», sade de sinsemellan, »när det är mörkt har han en lykta, när han är hungrig har han en samovar, och genast är det i ordning, som han behöfver. Han är en främling och ingen ryss.»

Vi hade suttit och samspråkat en stund om ett och hvarje, då jag kom ihåg, att jag vid ankomsten till byn i halfmörkret skymtat en lång, hvit mur på andra sidan vägen. Jag frågade nu min värd om det kanske fanns ett slott därborta.

»*Jestj, barin* — ja, herre» lydde svaret.

»Och kanske en prinsessa också?» sporde jag muntert.

»*Jestj, barin*», svarade bonden igen med mycket allvar. »*Knaginja jestj*, där finns en prinsessa, men ingen prins.»

»Ser man på! — Hvad heter då den sköna?»

Han nämnde namnet på en bekant furstlig släkt i Ryssland. »De äro för öfrigt fyra», tillade han, »änkefurstinnan och hennes tre döttrar; den unge furst Dmitri är nygift och borta i utlandet.»

Fyra furstinnor — det lät något. I sju dagar hade jag nu färdats från närmaste stad, och på hela tiden hade jag inte fått tala annat språk än rådbråkad ryska. Jag behöfde litet vederkvickelse, så mycket mer som jag var rätt trött och ledsen och dessutom en smula ansatt af reumatism. Ett litet äfventyr således, hvarför inte? Det skulle ju blott bli af det angenäma slaget, hoppades jag.

Skulle jag genast storma fästningen? Kasta mig upp på min springare och i hvinande galopp skynda till de skönas borg? Men Kosack var trött, och jag själf såg just inte ut som en salongshjälte, sedan jag i sju dagar kamperat hos bönder. Prinsessorna kunde få slag och dö af rädsla, kanske. Eller jag kunde löpa fara att bli skymfligen utmotad som i Urupino.

Man måste vara diplomatisk.

Jag tog fram mitt portativa bläckhorn samt den spetsigaste penna och det vackraste visitkort jag ägde och skref på den ståtligaste franska jag kunde åstadkomma:

»*Princesse* etc. etc. Vill Ni tillåta en resande svensk, som färdas till häst genom hela Ryssland och som allt för länge fått umbära behaget af en spirituell konversation, att aflägga ett besök hos Er i kväll eller i morgon. Tillgif etc. etc.»

Denna utmärkta skrifvelse inlade jag i ett kuvert och försummade icke att bifoga: generaladjutant Obrutjevs rekommendationskort, inrikesministerns officiella anbefallning och den donske kosackatamanens ämbetsskrifvelse om min resa — ett försiktighetsmått, som i Ryssland föll sig alldeles naturligt och väl antagligen blef orsaken till att jag denna gång fick ett gynnsamt svar.

Bonden, som jag afsände härmed, kom efter en halftimme tillbaka och hade då åt mig ett kort från furstinnan med vänlig inbjudan till dejeuner på slottet följande dag.

I god tid nästa morgon fick han sadla min gångare. Själf ägnade jag den ömmaste omsorg åt min toalett. Den förblef visserligen ändock tröstlös. Hade den inte varit alltför elegant då jag började min färd, så hade den sannerligen ej blifvit bättre under resan. Men det kunde nu inte hjälpas.

Stolt red jag upp på slottets gård. Där kastade jag tyglarne åt en slaf och *burkan* åt en annan samt sprang hurtigt upp på trappan, besluten att segra eller dö, liksom »les cadets de Gascogne» på stridsfältet vid Arras.

Prinsessorna voro älskvärdheten själf i olika faser. Först var det gracernas moder — till åren kommen, men ännu vacker, nobel, fin, full af esprit och vetande. Hon var armeniska och ägde rasens hela liflighet och intelligens. Tiden flög så fort under vårt samtal, att jag knappast hann sakna de tre gracerna själfva.

Så kommo de. Den första var lång och klok, den andra var liten och vacker, den tredje både klok och

Prinsessornas kusk.

vacker. Den långa kloka hade haft skola med bybarnen, den lilla vackra hade skrifvit bref till sin fästman, och den yngsta, den som var både klok och vacker, hon hade läst på sina läxor. Därför hade de dröjt.

Vi gingo alla på en promenad till parken, som trots hösten eller kanske snarare på grund af hösten var hänförande skön. Björkar, väldigare än jag någonsin eljes sett, granar, med hvilka endast de som växa i Sveriges mörka skogar kunna täfla, ekar, lindar, lönnar. Björkarne stå i sin mjuka, guldgula fägring, lönnarne äro blodröda mellan mörkgröna granar. Eken står ännu bladig och marken är ännu grön, frosten har icke tagit trädgårdens blommor. Allt är fullt af de mättade färgernas fyllighet. Men det ligger liksom ett tunt flor öfver alltsammans, ett septemberflor, en oktoberslöja. Man ser den inte, det finns ingen dimma i luften i dag, men man tycker sig känna den i formernas mjukhet, i färgernas symfoni. Luften är hög, men så stilla, så stilla; om ett blad sakta hvirflar ned, kan man nästan höra dess fall.

Jag minns ej om vi sade allt detta emellan oss, men jag minns att jag tänkte det.

Vid lunchen, som serverades i en härligt vacker rotundasal, satt jag med sju prinsessor omkring ett rundt bord; antalet hade nämligen ökats med tre, som kommit till »mina» prinsessor på besök. I denna omgifning glömde jag bort min bristfälliga yttre människa, och må det sägas till de ryska prinsessornas beröm, att det föreföll som om också de gjorde detsamma.

Den långa kloka berättade mig om sin skola. Hon lärde bybarnen att sy, läsa, skrifva och räkna, med hjälp af ett par andra unga damer; en andlig gaf religionsundervisning åt hennes skyddslingar. »Men jag måste sluta nu», sade hon, »ty min mor tycker det är för kallt och är rädd för min hälsa; vi skola alla snart fara in till Petersburg, där vi bo om vintrarne. Ni skall komma och hälsa på oss där, ty vi hinna nog dit före er!»

Jag tackade för inbjudningen och frågade vidare om hennes skola. »Är det Tolstojs idéer om barnuppfostran och skolor för folket, som ni följer?» Hon föreföll att vara familjens »fria hufvud»; därför kunde jag fråga så. Men jag hade likafullt misstagit mig.

»O, nej, honom gilla vi ej här. Han är ju så öfverspänd Vi umgås ej alls med familjen, fastän de bo helt nära, tjugufem verst härifrån Vi voro där en gång, på Jasnaja Poljana, men besöket blef aldrig besvaradt. Känner ni honom — är ni kanske en van af hans åsikter?»

»Både ja och nej Jag beundrar hans person, kanske också hans lära, men jag följer honom ej och har knappast heller någon lust att göra det. Dock synes han mig viktig för samhället, ja rent af nödvändig. Vår tid är en sådan, ser ni, då andarne drabba samman, och det behöfves att de bästa krafterna äro ständigt verksamma, äfven om de skjuta öfver målet, äfven om de gå utom tidens kraf och människornas mottaglighet.»

Då den lilla vackra fick höra, att jag nyligen varit i Tolstojs hus, ville hon nödvändigt veta om det var sannt hvad som berättades om den underliga familjen på Jasnaja Poljana, att barnen fått växa upp som vildar, att de ginge utan skodon med mera i den vägen Jag kunde lugna henne med att de flesta af de historier, som förtäljas om Tolstoj och hans familj, äro gripna ur luften och att de unga människorna där äro fullkomligt *comme il faut* så väl beträffande sin fotbeklädnad som allting annat

Efter lunchen kvarstannade jag ännu ett par timmar hos prinsessorna.

Då jag vid tretiden på dagen tog afsked för att till kvällen hinna tillryggalägga det vägstycke, som skilde mig från Jasnaja Poljana, tycktes mig dagen ha förlupit så fort som ingen af de närmast föregående — ett faktum, som jag ej fann någon anledning att dölja för mina värdinnor.

Och så red jag tillbaka till mina bönder i byn, för att

betala för nattkvarter, innan jag färdades vidare. Två främmande män, som jämte mig bott i stugan under natten, stodo just i begrepp att också begifva sig af — deras färd var dock en annan än min: *de gingo till fots* från Moskva till södra Krim, en resa, som var föga kortare än den jag förehade; och deras mål var ett annat, ty de gingo för att söka arbete. Jag frågade dem hvarför de icke hellre foro på järnväg; det kostade ju inte mera än tio rubel eller så.

»Det blir oss billigare att gå», svarade de, »ty vi gifva ej ut mera än tjugu till fyrtio kopek om dagen för oss båda, och om vi äro på väg en månad, blir ju det för hvardera icke ens hälften af hvad ni säger, *barin*.»

»Men om ni bli sjuka under den långa vägen?»

»*Vu sjtosje! Boch pomagajet* — Gud hjälper nog!»

Det kändes förödmjukande att höra detta; samma färd som jag gjorde för en nyck och med en häst, som jag hvarken behöft förut eller senare eller ens nu, om jag användt det betydligt billigare sättet att färdas per järnväg — samma färd gjorde dessa arbetare för bröds skull och på egna ben!

Och jag blygdes också för det yppiga öfverflödet i prinsessornas borg, då jag tänkte på att dessa två män lefde dagligen båda af en summa knappast större än den drickspenningslant, *na tjaj*, jag ansåg mig böra kasta åt stallpojken, som höll i stigbyglarne när jag steg till häst och lämnade slottsgården.

Vi tänka allt för litet på hvarandra, vi människor.

Tolstoj vid plogen.
(Efter en tafla af Rjepin.)

VI.

Till Moskva.

$\mathfrak{D}$et var en ganska obehaglig situation. Detta är för öfrigt en rätt mild benämning på det läge, hvari jag befann mig.

Jag stod nämligen ensam med min häst midt ute på en slätt, som låg insvept i det djupaste mörker; den enda ledning jag hade för min vidare färd var en liten svagt lysande punkt i fjärran; där, hade man sagt mig, låg Jasnaja Poljana.

Jag kunde för öfrigt vara tacksam för att jag verkligen var där jag var och för att jag nyss undgått att bryta nacken af mig. Saken var den, att enär Tolstojs hem ligger afsides från landsvägen och mörkret inte tillät mig att färdas efter karta, hade jag i en krog vid chaussén fått tag på en käring, som skulle visa mig vägen. Hon hade af oförstånd eller illvilja fört mig vilse på fältet och nu själf tumlat ned i en djup ravin, som någon af de talrika vårbäckarne lämnat kvar. I samma ögonblick det skedde kände också jag marken vika under mina fötter och skulle väl ha ramlat efter om ej Zakaulok, som gick bakom mig, varit försiktigare och hållit sig kvar på säker terräng. Ett kraftigt tag i tyglarne, dem jag hade lindade om armen, hjälpte mig upp på fast grund.

Att gumman ej lidit skada till lif och lem, därom blef jag lifligt öfvertygad, då hon muntert ropade till mig nedifrån djupet: »*Ja upala, barin* — jag föll ned, herre» — men hvad som sedan blef af henne, vardt aldrig uppdagadt, ty hon svarade ej på mina tillrop, utan förblef försvunnen i kvällsmörkret. Hon var väl rädd för repressalier.

I det jag kände mig för med fötterna lyckades jag med någon svårighet först komma ned i ravinen och sedan upp på andra sidan, alltjämt ledande hästen vid tygeln. Och där stodo vi nu.

Emellertid var intet annat att göra än att fortsätta färden i riktning mot det ovissa skenet, som jag snart lyckats återfinna. Så gjorde jag äfven, och gick hela tiden bredvid hästen, för att om möjligt undgå opåräknade kullerbyttor.

Förvånande nog lyckades detta, ehuru vägen öfver fältet var besvärlig och äfventyrlig. Till sist befann jag mig alldeles i utkanten af en by. Jag behöfde icke lång tid för att öfvertyga mig om, att detta var Jasnaja Poljana.

Några minuter senare hade jag bundit Kosacken vid en verandastolpe framme vid hufvudgården, där gamle grefven bor. Jag skyndade därpå upp för trappan till öfre våningen.

Familjen var samlad vid tébordet i stora salen, där jag sist spelat schack med Tolstoj. Jag blef mycket vänligt mottagen och måste genast i korthet berätta om min färd.

Jag hade från början endast tänkt att stanna på Jasnaja Poljana öfver natten och tidigt nästa morgon fortsätta färden Men det blef ändring i planerna.

Tolstoj hade just i dagarne fullbordat en tidningsartikel, eller snarare ett öppet bref, som han önskade rikta till den skandinaviska publiken Till detta brefs affattande på svenska begärde han nu min hjälp — ett förslag, som jag naturligtvis med glädje upptog. Det dröjde tre hela dagar — vi arbetade tillsammans blott om eftermiddagarne — innan artikeln var fardig att afsändas. I Sverige vackte dess offentliggörande på sin tid åtskillig diskussion med ratt lifliga meningsbyten

Det ar latt att förstå, att de dagar, som jag i denna anledning kom att tillbringa på Jasnaja Poljana, skulle vara synnerligen rika på intryck Tolstojs egen personlighet fick för mig en ny och klarare belysning, som i hufvudsak stadfäste de föreställningar jag bildat mig om honom vid en föregående, mera flyktig samvaro och genom läsningen af hans skrifter.

Under detta mitt besök hos den gamle Tolstoj hade jag bl a. också tillfälle att stifta narmare bekantskap med en af hans söner, Lev Lvovitsj Tolstoj, hvilken som bekant aktat en ung svenska Jag fann honom vara en ovanligt sympatisk, ädel och varmhjärtad man, som arft många af faderns basta egenskaper och som just för narvarande ar på farde att skapa sig ett litterärt namn Med en novell, som bar det för läsarne af den gamle Tolstojs bok Kreutzersonaten ratt betecknande namnet *Chopins preludium*, har han under det sista året vackt ett ej ringa uppseende såväl i sitt hemland som afven utom Rysslands granser, den unge Tolstoj uppträder i detta arbete som en varm förfäktare af kärlekens ratt att utgöra en af de hufvudsakligast bestämmande faktorerna i det mänskliga lifvet, på bekostnad af åtskilligt, som annars vanligen får undertrycka denna rätt till förmån för en samhällskarriär eller andra mera till det yttre lifvets område hörande mål.

Man har i den nämnda novellens tendens och kanske ändå mera i dess namn velat se en polemik mot den gamle Tolstojs i Kreutzersonaten framlagda teorier. Med kännedom om det varma, hjärtliga förhållande, hvari Lev Lvovitsj synes stå till sin berömde far, har jag svårt för att här tänka på en polemik i vanlig mening — snarare då på en kritik och på ett resultat, som är afvikande, som går på sidan om, men ej står i direkt och öppen strid mot det, till hvilket den gamle Lev Nikolajevitsj kommit. Tvifvelsutan har också dennes Kreutzersonaten i allmänhet blifvit uppfattad på ett något olika sätt emot hvad författaren önskat. Då jag kommer in på denna fråga, frestas jag lätt att tänka på den liknelse om krafternas parallelogram, som Tolstoj vid mitt första besök hos honom framställde och som jag äfven i detta arbete återgifvit. Enligt denna skulle Tolstoj i vissa fall med flit ha skjutit öfver målet — då det finnes så många som draga åt motsatt håll, måste man för att nå ett syfte välja sitt mål *bortom* det som man närmast vill nå — sådan är denna, om man så vill, misslyckade princip. Jag har alltid tyckt mig finna, att det är den han tillämpat i Kreutzersonaten. Och detta skulle också kunna stå som en förklaring till att förf. af »Chopins preludium», som ju delvis behandlar samma ämne, men i en helt annan anda, kunnat göra detta alldeles utan polemik.

Hos Lev Lvovitsj och hans unga grefvinna tillbragte jag under dessa dagar åtskilliga angenäma stunder, för mig så mycket kärare som de ständigt förde mina tankar till Sverige. Deras hem är nämligen som en liten svensk ö i ett

LEV NIKOLAJEVITSJ TOLSTOJ.

Till häst genom Ryssland.

stort ryskt haf, och jag njöt där icke blott behaget att höra svenska talas af värden lika väl som af värdinnan, utan jag hade också den genom hela milieun underhållna illusionen, att jag verkligen befann mig hemma i fosterlandet. Mitt minne dröjer alltid med tacksamhet och glädje vid dessa erinringar

———————————————

Sista morgonen på Jasnaja Poljana var oförgätlig

Jag satt då i gamle Lev Tolstojs arbetsrum, kändt genom så många afbildningar, hvaribland också en blifvit reproducerad i denna bok, och hörde där af den gamle siarens mun en glänsande framställning af de nuvarande politiska och sociala förhållandena i Ryssland, illustrerad af målande och karaktäristiska exempel ur lefvande lifvet Vid samma tillfälle fick jag läsa ett bref till Tolstoj från en af hans för sin verksamhets skull förvisade meningsfränder, hvilket gaf bevis på den mest rörande tillgifvenhet för den sak som förfäktades, och ett annat från en holländare, en framstående man, som, utan att adoptera Tolstojs läror, uppskattade efter förtjänst hvad han i dem fann godt, och sökte lefva därefter. Detta senare bref, hvilket tycktes mig vara som skrifvet ur mitt eget hjärta, visade inför hvilka fruktansvärda konflikter en människa ställes, som i våra dagar smakar bildningens frukter af kunskapens träd på godt och ondt och som vill försöka att lefva i öfverensstämmelse både med sitt hjärta och sitt hufvud, utan att gifva efter på fordringarne från någotdera hållet — konflikter, hvilka det måste vara framtiden förbehållet att lösa, om de ens någon gång skola lösas! Vi kunna icke undgå, att de stridiga makterna kämpa i vårt inre, men vi skulle väl knappast ens vilja det, ty så länge den striden varar, ha vi åtminstone alltid hoppet kvar att en tid en gång skall komma, då

»det kvinnligt veka i mänskosinn
skall frälsa världen och ringa in
förbrödringens framtidsrike» — — —

*   *   *

Grefve Lev Lvovitsj visade vänligheten att följa mig till häst ett stycke på väg emot staden Tula. Det var en ovanligt vacker höstdag, och jag skall icke snart glömma hur härligt eftermiddagssolen lyste öfver de ljusgula björkskogarne i den kulliga nejden. Vid Koslovka skildes våra vägar, då han vände åter till de sina; med ett kraftigt handslag lofvade vi hvarandra att försöka styra så till, att vi ännu en gång finge återses i lifvet.

Jag vill icke trötta min läsare med att bedja honom följa mig dag efter dag på min vidare färd. Liksom jag börjat den egentliga skildringen af min resa från den dag, då jag först kom till Jasnaja Poljana, så vill jag nu afsluta den utförliga redogörelsen för mina öden i och med den dag då jag lämnade »Det ljusa fältet«, som namnet lyder. Hvad som ligger emellan dessa tidpunkter är i alla händelser det mera intressanta af hvad min resa kunde gifva.

För att emellertid icke öfvergifva en läsare, som kanske icke vill öfvergifva mig och min Zakaulok förr än vi båda hunnit väl i hamn, skall jag ägna ännu några blad åt en kortfattad redogörelse för våra vidare öden.

Tula, dit jag kom framemot aftonen, hade ingenting särskildt som höll mig kvar längre än nödigt, det vill säga öfver natten och morgonen. På kvällen hade jag dock nöjet bese en liten ganska nätt utställning, som hölls i en vacker park tätt under murarne af det gamla Kreml. Morgonen ägnade jag hufvudsakligen till inköp af åtskilliga för min vidare färd

GREFVEN och GREFVINNAN TOLSTOJ.

Efter blott fyra mils ridt denna dag fick jag nattharberge på en krog, som märkvärdigt nog var lika snygg i sitt inre som dess yttre var afskräckande. Nästa dag tidigt om aftonen anlände jag till Serpuchov, en stad med omkring tjugufemtusen invånare, belägen på norra sidan om Oka-floden, hvilken jag öfverskred på en imposant järnvägsbro Därmed lämnade jag bakom mig guvernementet Tula, mot hvilket Oka är gränsflod för guvernementet Moskva.

Serpuchov är typen för en medelstor stad i mellersta Ryssland. Med lika många kyrkor som den har tusental invånare, med nästan hvar enda byggnad målad i hvitt och med de egendomliga ljusgröna taken är den utomordentligt pittoresk, där den ligger på några kullar å ömse sidor om en liten bäck, som tömmer sitt vatten i Oka

Från det gamla, till hälften raserade Kreml har man en hänförande utsikt, helst om aftonen, obeskrifligt härligt är också att sent på kvällen, när månen lyser hvit på himlen, vandra öfver den breda ängen mellan nunneklostret — där man fåfängt försökt slippa in så dags på dygnet — och stadens gamla del Kors och kupoler på alla de många kyrkorna glimma i den trolska måndagern, från en eller annan af dem höres kanske den sena massan, sång eller böner, ute är det annars så tyst och stilla, att du kunde höra ett löf falla. — Men det allra mest tilltalande, mest omotståndligt intagande tycker jag nästan ändå är, när man ser en sådan där liten stad från en höjd och den ligger i klart solsken. Det är något så intensivt ljust i en sådan syn, något så genomgående gladt och friskt och rent, att man känner sig illa till freds, när man sedan en gång kommer nära. På afstånd sedt är Serpuchov en förtrollad stad, en underlig, hvitglänsande skapelse af osynliga andehänder, sådan att man tror den kommit dit och kan flyttas bort med

Aladdins lampa — på nära håll åter är det en mycket pittoresk, men mycket smutsig stadshåla.

Att guvernementet Moskva är ett fabriksdistrikt, relativt sedt åtminstone, finner man både här och i det midt emellan Serpuchov och hufvudstaden liggande Podolsk, liksom också

Kreml-porten i Tula.

på många ställen under vägen. Moskvaguvernementet är desslikes ett af de bäst odlade och tätast befolkade i egentliga Ryssland, och man ser redan af byamännens bostäder, att välståndet är större här än längre söderut.

Framemot eftermiddagen af den 26 sept. ser jag småningom vägen blifva bredare, trafiken lifligare, byarne tätare, människorna mera sysselsatta. Öfver allt odling och kultur af det litet säregna slag, som anger en stor stad. Många fabriker, många krogar, många telegrafstolpar. En otrolig massa karror och tunga vagnar, lastade med sten eller trä Naturen litet luggsliten, dammig och misshandlad.

Men ändå! Hur jag gläder mig åt alltsammans, ty jag vet att bakom allt detta finnes ju *Moskva* — Moskva, som jag ställt som det första målet för min långa färd för att ej få det allt för aflägset. Har jag väl hunnit hit, så är den sträckan som är kvar till Petersburg blott en småsak, ehuru rent geografiskt nära på lika lång. Men nu är jag van, nu går det liksom af sig själft, och då jag lyckligt kommit till Moskva, kan jag högst betydligt öka min egen tro på att färden skall få ett godt slut.

Det är därför med en lätt förklarlig känsla af tillfredsställelse jag kort före skymningen rider upp på Sparfbergens åsar, från hvilka jag har en stämningsfull öfverblick öfver den mäktiga staden. Ett sakta sorl stiger upp till mig därnerifrån — det är metropolen, som andas, med djupa jämna andetag. Af allt hvad jag ser är det f o egentligen ett, som fäster sig i mitt minne — det är Frälsarekyrkans kupol. Som en väldig gyllene luftballong tycks den sväfva på kvällstöcknet, på den gråvioletta, halfgenomskinliga slöja, hvari staden långsamt sveper in sig — man förstår knappast hur den kan hållas uppe eller att den ej sväfvar bort, långt, långt bort.

Några minuter senare rider jag in genom den stadsport, som bär namnet *Serpuchovskaja Sastava*. jag är i Moskva

Troitski-klostret vid Moskva.

VII.

Hem.

Två korta veckor hade förflutit, sedan jag kom till Moskva. *Hvart* de tagit vägen visste jag knappast; i alla händelser voro de borta.

Det började kännas i luften, att det led mot vintertiden. Kosack, som stod på stall, där han åt och mådde godt och gjorde ingenting, fällde hår och fick vinterludd. Träden i parkerna stodo snart nakna och aflöfvade.

Sedan några dagar hade jag känt hemlängtan växa starkare i mitt sinne, men ibland kom det ena, ibland det andra emellan och höll mig kvar. Än var det en utflykt till det ryktbara Troitski-klostret utanför staden, än var det i själfva

Moskva något minnesmärke af gammalrysk arkitektur som skulle besökas; min vän Sergej Fomitsj var specialist på dylikt och hade en otrolig kännedom om alla möjliga gamla gårdar och gator i tsarens stad, där sådana sevärdheter voro till finnandes. Svårt var det att slita sig från alltsammans och så gick den dyrbara tiden.

Moskva.

Men en dag, då jag motionerade min Kosack på fälten utanför Nya Jungfruklostret, grep mig en obetvinglig lust att nu, just nu lämna Moskva och börja den sista delen af min ridfärd. Jag längtade bort från staden; i månader hade jag ju fört friluftslif, och jag blef nu led vid att vara instängd i en stad, till och med i en sådan som Moskva. Länge nog hade den hållit mig kvar, förtrollat och bedårat mig och kommit mig halft att glömma hela min resa och min längtan till fosterjorden. Men det var tid att göra ett slut därpå, att skaka af mig de bindande bojorna; jag beslöt omedelbart att redan nästa dag vända den trolska sirenen ryggen.

Sagdt och gjordt. Ett hastigt farväl till mina vänner, nyförvärfvade och gamla; några inköp för resan, bland annat

Gatubild från Moskva

af en *polusjubok*, en ridpäls, och tillhörande pälsmössa — så var jag färdig.

Inom mindre än ett halft dygn steg jag sedan fullt rustad i sadeln och red i långsam skridt genom Moskvas trånga gator till Petersburgska porten. Jag kände mig främmande för det brokiga lifvet omkring mig och allt vimlet på gatorna, hvari jag dock så nyss deltagit; de veckor, som jag tillbragt här, syntes mig som en sällsam dröm, ur hvilken jag vaknat och det föreföll mig som om alls ingen tid förflutit sedan jag på Zakauloks rygg en oktoberafton drog härin.

Jag ångrade emellertid icke alls, att jag gjort ett hastigt slut på drömmen — den hade varat alldeles för länge och kommit mig att förgäta verkligheten. Det var så härligt att åter sitta till häst, att åter ha framför sig en lång dagsmarsch, att åter igen få möta nya öden, få se nya människor, nya trakter. Och då jag på Chodinkafältet framför Petrovski-

Petrovski-palatset vid Moskva.

palatset för sista gången vände mig om i sadeln och såg Kremls guldkupoler förblekna i ett aflägset fjärran, var det med en lättnadens suck öfver att ändtligen vara utanför den trollring, som tsarernas stad vetat draga omkring mig.

Så var jag då redan på »hemfärd». Ty Moskva hade alltid stått och stod ännu för min föreställning som ett slags vändpunkt i min resa. Ända dit hade mitt intresse städse varit i stigande, min färd osäker, äfventyrlig. Nu var jag redan van därvid, nu kände jag mig så trygg i hela min ensamhet, och dagarne kommo den ena efter den andra utan att medföra något, som kunde göra mig synnerligen öfverraskad. Jag visste nästan på förhand huru hvar dag skulle gå, och som jag nu red efter karta, kunde jag alldeles bestämma min marschroute och mina nattkvarter Det var blott detaljerna som erbjödo något nytt, något verkligt fängslande Intressant var särskildt att iakttaga och göra jämförelser mellan folkets väsen och språk i de olika guvernement jag passerade, mellan odlingens art och karaktärer, stugornas typer. Det hade varit frestande att här söka framlägga dessa iakttagelser, diskutera dem och draga de nödvändiga slutsatserna Men mina erfarenheter äro både för allmänna och för speciella, för att väl lämpa sig för en dylik framställning — de äro för allmänna, ty de gå icke djupt i detalj, och för speciella ty de röra endast obetydliga delar af det väldiga ryska riket, de hafva därför närmast sitt värde egentligen blott i sammanhang med andra studier, och om de någonsin få sin behandling, lär det väl också ske i sådant sammanhang.

I stället vill jag blott försöka att med få ord teckna resans gång till dess slut, ifall läsaren möjligen innan vi skiljas åt skulle hafva kvar en smula intresse af att höra huru det gick för mig och min Zakaulok

Den elfte oktober (efter rysk räkning) hade jag lämnat Moskva Dagarne voro nu korta och vanligtvis måste jag börja min dag i gryningen och rida länge efter sedan det blifvit mörkt, därest jag ville medhinna min föresatta dagsmarsch — omkring fem mil Men jag tänkte knappast längre på dessa »skymningsridter» Vägen var städse bred och Kosack hade goda ögon, någon fara att komma på villospår fanns ej. Folk som jag mötte, gjorde aldrig en min af att visa sig obehagliga, medan jag i början ständigt varit på min vakt och hållit mig beredd på att möjligen bli antastad, blef jag småningom allt mera sorglös och red med samma

trygghet om natten som om dagen. Jag kände folket som
godmodigt och fridsamt och visste, att jag knappast behöfde
frukta något ondt. Dessutom hade det ädla djuret jag red
på blifvit mig så förtroget genom vår långa kampanj tillsammans, att jag i en kinkig situation visste mig kunna lita
på dess absoluta lydnad och oöfverträffliga snabbhet. Med
dessa garantier kände jag mig nästan tryggare i mörkret på
de ryska landsvägarne, än jag skulle gjort om jag i en liknande situation befunnit mig t. ex. — utanför Stockholm.

Då jag om kvällen knackade på fönstret till en stuga och
bad om nattkvarter, hände det som nämndt är aldrig, att
jag blef nekad, det kan ju stå som ett ganska godt bevis på
det ryska folkets gästfrihet, en gästfrihet, som ju här måste
öfvas icke blott mot ryttaren, utan också mot hans häst,
något som i hemlandet tvifvelsutan mycket skulle ha ökat
svårigheterna.

En enda gång höll jag på att komma i kollision med
rättvisans handhafvare under min färd från Moskva till Petersburg. Det var en s. k. *urjadnik* (närmast motsvarande landtpolis hos oss), med hvilken jag råkade träffa samman en mörk
afton i byn Jedrovo. Han slog sig i språk med mig och frågade
bland annat hvarifrån jag var. Det roade mig att upplysa
honom om, att jag var från Kaukasien, hvilket gaf honom
anledning upplysa mig om, att han trodde jag ljög, något som
ju ock var med rätta förhållandet öfverensstämmande. Han
påstod, att jag måste vara från Livland, hvilket föranledde
mig att upplysa honom om, att *han* ljög, han också, hvilket
icke var mindre sant. Då begärde han i litet nervös ton att
få se mitt pass, och vi gingo båda in i en stuga, där jag
ämnade be att få bli öfver natten. Här synade han noga mitt
svenska pass, låtsade som om han kunde läsa den tyska öfversättningen och lämnade till sist igen det med en något osäker

slutsats: »Ja, jag ser jag hade rätt — ni är ju ändå från Livland...!»

Jag lade då under hans näsa mina ryska papper, det ena efter det andra. Han läste dem uppmärksamt under tystnad. Därpå steg han upp och bugade sig mycket djupt:

Klosterkapell.

Värdigas förlåta, *vasje vysokoblagorodie* (ers högvälborenhet), en ringa man, som gör sin plikt i tjänstens ärenden! Hade jag vetat hvem ni var, skulle jag aktat mig att falla besvärlig.»

Så mycket kunna »papper» göra.

Och ändå mera. Ty när bondfolket i stugan, som icke rätt kunde följa med våra underhandlingar, med någon misstänksamhet frågade »herr urjädniken», hvem den främmande var, svarade denne med en oefterhärmligt komisk hög-

»*On . . . on . . .* han är . . . han är . . . *general!*
Jag hade vunnit befordran.

Denna episod är emellertid den enda jag från hela min färd bevarar som ett minne af någon konflikt med den så mycket fruktade polismyndigheten i Ryssland, hvilken man ju annars lätt kunde tänka sig skulle haft ögonen fästa på

Spas nereditsa vid Novgorod.

en sådan »vagabond» som mig, den där dref land och rike omkring utan egentligt mål.

* * *

Det gick fort undan med hösten, sedan den väl en gång börjat. Också red jag ju från värmen till vintern, från söder till norr. När jag (den 15 okt.) kom till staden Tver, hufvudort i det liknämnda guvernementet, hade de flesta löfträden redan förlorat sina blad. Björkarna stodo dock ännu gula, åtminstone i topparne, vid den tid då jag anlände till Valdaj, som ligger ungefär halfvägs mellan Rysslands hufvudstäder. Där hade jag tänkt att hvila min häst en dag, men den vackra naturen med dess sjöar, vikar, skogbevuxna åsar, uddar och holmar lockade mig till utflykter bland annat till det närbelägna Iverskaja-klostret, hvars talrika små helgon-

Heliga Jungfrukatedralen i Novgorod.

kapell ligga inbäddade i skyddet af hundraåriga granar vid Valdaj-sjöns allvarsamma stränder.

Därför fick också Zakaulok tjäna mig oafbrutet under nio dagar på resan mellan Tver och Novgorod, i det han gick miste om hvilan i Valdaj. Istället gaf jag honom en ersättning, då jag lät honom stå stilla i Novgorod i fyra hela dagar, medan jag ägnade mitt lifligaste intresse åt studiet af de egendomliga, delvis uråldriga kyrkorna i denna gamla, innehåller rätt väl bevarade freskomålningar, som hållas för de älsta från kristen konst bevarade i hela Europa. Andra äro högst märkliga såsom typer af olika riktningar inom kyrkoarkitekturen och led i den utveckling den ryska kyrkostilen genomgått från sin tidigaste upprinnelse; några hafva härigenom ett för konsthistorien enastående värde, såsom till

Sofiakyrkan och riksminnesvården i Novgorod.

exempel hufvudkatedralen, den redan af grekiske mästare byggda *Sofiakyrkan*.

På morgonen af min sista dag i Novgorod fann jag, då jag vaknade, att det var så ovanligt ljust. Jag drog undan gardinen. Den syn som mötte mig var oförgätlig.

Snö hade fallit under natten, och öfver nejden låg snötäcket helt. Af moln fanns ej en prick på den klart grönblå himmelen, men solen kastade bländande strålknippen öfver de vida snöfälten, som glänste i en hänförande renhet. Midt framför mig flöt floden, den mäktiga Volkov, som tömmer Ilmens vatten i Ladoga, dess mörka yta hade under natten delvis blifvit täckt med en tunn isskorpa, där snön låg hvit i skarpaste kontrast mot det svarta, öppna vattnet. På andra stranden höjde Novgorods åldriga röda fästningsmurar sina krenelerade torn; solskenet gjorde det röda teglet intensivt blodrödt i färgen, och mot denna röda färg stod snön på taken och på marken ännu mer bländande hvit. Och midt öfver alltsammans höjde Sofiakyrkan sina fem väldiga gyllene kupoler..

Vintern hade alltså kommit.

Lyckligtvis hade jag dock icke långt kvar till Petersburg. På fyra dagar tillryggalade jag afståndet från Novgorod och hade den gynnsamma slump att hvarken köld eller ytterligare snöfall inträffade. I stället gestaltade sig denna del af min färd som en glänsande afslutning på det hela. Om dagen solsken och snö, om kvällen månsken och snö! Och sista dagen till och med månsken på morgonen, då jag bröt upp före gryning för att komma till Petersburg före skymningen. Naturen har sällan, åtminstone för så vidt det gäller ljuseffekter, något skönare att bjuda än när månens silfversken strider med den gryende dagens rosenglans. Men det är ej ofta den njutningen beredes oss människor, ty vi äro för tröga att göra oss omak för att bevista naturens högtidsstunder, skapelsens gudstjänsttid passar inte alltid in med våra lefnadsvanor, och dess klockor kalla så tyst, så sakta, att vi ej höra dem, om vi inte noga lyssna, mycket, mycket noga.

För mig var denna morgon i dubbel mening högtidsdag, ty den var också ju hemkomstens morgon — det låg nu i mitt eget skön att afgöra hur snart jag åter skulle få skåda Sveriges kust. Men det var också vemod i det högtidliga,

ty denna dag var den sista af en lång, härlig, minnesrik resa.
Och med alla dess vedermödor hade dock denna färd varit
mig kär mera kanske än någon föregående. Det var den
allvarligaste jag gjort, och liksom den för min kropp var i
högsta grad stärkande, kan jag också säga, att jag till den and-
liga behållningen däraf får räkna något af det bästa jag äger.

* * *

Och min »Kosack», min Zakaulok?

Kunde jag ha hjärta att sälja den, som så troget tjänat
sin herre under alla mödor, i alla väder, och som så ofta
varit mitt enda sällskap i ensamheten?

Nej, han var min vän, och sina vänner säljer man inte.
Därför skulle Zakaulok få följa mig hem trots alla besvärlig-
heter som mötte — han hade mödat sig så mycket för mig,
nu fick jag anstränga mig litet för honom i stället.

Ty det var icke lätt att få Zakaulok till Sverige. Först
fick jag följa honom på järnväg genom Finland i tjugu gra-
ders köld. Så måste han bli kvar i Åbo i två långa månader
för karantänens skull; där mådde han dock som pärla i gull
under öm omvårdnad. Och sist fördes han, med mycken fasa
för sig själf, öfver Bottenhafvets vågor till Sveriges hufvud-
stad. Där njuter han nu sitt *otium cum dignitate*.

Och jag tror inte han behöfver klaga öfver det öde, som
utsåg honom att bära mig på sin rygg genom Ryssland.

INNEHÅLL.

		Sid.
Inledning		7

På väg till kosacklandet.

I.	På järnväg genom Ryssland	21
II.	Hos Lev Tolstoj på Jasnaja Poljana	43
III.	Söderut	88

I tjänst hos kosacker.

I.	Min första dag i kosackbyn	111
II.	Tröskningen	139
III.	Halusjkin och fredsdomarens gästabud	163
IV.	Helgdagar	190
V.	Plöjningen	247
VI.	Zakaulok. Farväl, Filonovskaja!	274

Till häst genom Ryssland.

I.	Genom kosacklandet	295
II.	Borisoglebsk	334
III.	Höst	344
IV.	Jelets och klostret Zadonsk	370
V.	Bland bönder och prinsessor	384
VI.	Till Moskva	397
VII.	Hem	410

www.ingramcontent.com/pod-product-compliance
Ingram Content Group UK Ltd.
Pitfield, Milton Keynes, MK11 3LW, UK
UKHW030628120225
454952UK00005B/19